丛书主编 /贺雪峰

湖北省学术著作出版专项资金资助项目

·中国现代农业治理研究丛书·

# 去小农化

## 国家主导发展下的农业转型

冯小 著

本书在社会快速转型的背景下，考察了我国农业现代化的发展战略在农村的具体实践过程及其影响；在人文主义方法指导下，以个案研究的方式呈现皖南平镇自税费取消后的农业变迁过程。经历过变迁的平镇，无论是农业生产，抑或是政府的农业治理都表现了高度一致的去小农化。

華中科技大學出版社
http://www.hustp.com
中国·武汉

**图书在版编目(CIP)数据**

去小农化：国家主导发展下的农业转型/冯小著. —武汉：华中科技大学出版社，2017.8(2019.9 重印)

(中国现代农业治理研究丛书)

ISBN 978-7-5680-2825-7

Ⅰ.①去… Ⅱ.①冯… Ⅲ.①农业经济-转型经济-研究-中国 Ⅳ.①F323

中国版本图书馆 CIP 数据核字(2017)第 105826 号

**去小农化：国家主导发展下的农业转型** 冯 小 著

Quxiaononghua：Guojia Zhudao Fazhan xia de Nongye Zhuanxing

---

策划编辑：易彩萍

责任编辑：易彩萍

责任校对：张会军

封面设计：刘 卉

责任监印：朱 玢

出版发行：华中科技大学出版社(中国·武汉) 电话：(027)81321913

武汉市东湖新技术开发区华工科技园 邮编：430223

录 排：华中科技大学惠友文印中心

印 刷：武汉市金港彩印有限公司

开 本：710mm×1000mm 1/16

印 张：16.25

字 数：230 千字

版 次：2019 年 9 月第 1 版第 2 次印刷

定 价：118.00 元

---

本书若有印装质量问题，请向出版社营销中心调换

全国免费服务热线：400-6679-118 竭诚为您服务

本书为西北农林科技大学农村社会研究中心、陕西省乡村治理与社会建设协同创新研究中心、西北农林科技大学“农业治理研究”课题组的阶段性成果，受到西北农林科技大学博士科研启动基金项目“农业转型与乡村治理变迁（编号 2452015331）”、陕西省社会科学基金一般项目“农业经营主体多元化与农业治理转型研究（编号 2016G006）”的资助。

# 前　　言

中国社会正处于快速转型当中，农业与农村社会也不例外。以20世纪70年代末实施的家庭联产承包责任制为起点，中国的农业经营体系经过30多年的改造，已经在诸多领域发生了变化。国家对传统农业改造的决心和政策执行力度，在连续12年聚焦三农的中央一号文件中得到充分体现；中央在政策方面不断地调整，逐步改变农村以家庭为主体的经营体系。近年来，从聚焦于变革农业经营制度、推行农业产业化政策、创新土地流转方式、引导工商资本下乡流转土地经营农业，再到鼓励适度规模的家庭农场的发展，农村各地根据自身的不同情况，在不同程度地践行中央的土地改革政策和创新农业经营体系的发展方式，农业经营主体已经扩展到农户家庭之外，新型经营主体如工商企业、专业大户、合作社等正在不断涌现。

笔者在近些年的田野调查中发现，乡村存在诸多不同实践形态的新型农业经营主体。2013年1月，在跟随叶敬忠教授对河南省南部进行"农村留守人口"的调研中，笔者发现，在地方政府的积极推动下，农民放弃土地经营权，大片耕地被流转给外来工商企业，形成了公司农场，农民或举家外出打工，或成为公司农场的雇工。在这里我们看到了马克思所预测的拥有大生产优势的资本化大农场，以及这种农业转型之后出现的类似于工业中工厂制的雇佣关系；而与马克思预测的不同之处在于，在当前各地的农村实践中发现，这种作为"先进"生产方式的公司农场并不具有先进性。公司农场的亩均效益并不高于小农家庭经营的亩均效益，使用雇佣劳动力的大农场的经济效益(成本-收益)并非是源于土地的投入和产出，即大生产带来经营优势，其市场竞争力主要来源于国家的干预和支持，它们必须依靠国家补贴和政府项目才能维持赢利的经营地位，换言之，"国家支持"成为公司大农场的资本运作来源之一，也是其获得市场竞争优势的关键要素。

在我国当前的农业现代化进程中，当资本注入农业经营领域、市场体系快速植入乡村社会，将会对乡村农业和农民造成何种影响，以及资本化的现代农业的发展成果与社会成本在乡村社会是如何分配的，这是本书关注的重点。2013年1月，笔者在陕南老家观察到，邻村3个村民小组的600多亩耕地被整体流转给一个主要种植草莓和蔬菜的外来公司。该公司在村庄投资建立了标准化的草莓生产基地和大棚蔬菜园，结果一年不到，公司赔本，又将土地重新转包给当地农户，公司退出了种植环节，转而向农户提供技术和市场服务，由分散的农户承包种植，公司以收购农户产品的方式继续发展，实质是公司以与农户的订单合作创办特色种植合作社，被评为示范合作社和市级龙头企业，获得地方政府的特色种植补贴以维持其所谓的规模经营。同样的案例发生在2013年4月，笔者在湖北省黄冈市调研时发现，某大型粮食加工企业流转农民土地，雇佣农民种水稻。企业经营失败后，同样改成返租倒包形式，将土地再次分包，与农民签订收购订单，公司提供种子和技术服务，形成订单农业，自己获取地方政府现代农业的各项扶持资源。两个案例的共同点是，雇工式的资本化大农场在当地的社会环境下是没有内在发展的盈利空间的，资本化的公司化农场最终还是要保持与家庭经营的血肉联系。国家花大力气推动公司化农场模式的发展，将资本化大农场作为农业现代化的发展方向，但最终发现，资本化大农场还是与家庭经营密切相连，难以形成此消彼长的替代关系。

进一步可以讨论的是，家庭经营能否成为小农向资本主义式大农场发展的替代途径？不可否认的是，在这一过程中，伴随着资本和市场全面地进入农业，催生了诸多不同于小农的新型家庭农场。2013年暑假，笔者在皖南F县[①]一个农业大镇平镇调研时发现，当地于2007年冬天开始实施农业现代化示范区项目，在2008年，政府开始对传统的、一家一户耕作的、分散的小农经营形式进行改造，实行大规模的土地流转，政府引导

① 后文中所涉的行政村名和人名、公司名称均已按照学术惯例做了隐匿处理，若有雷同，实属巧合。

农民把土地集中流转到村委会手中，再向社会公开发包，优先选择资金和实力雄厚的企业，自此开启了一次雇工经营的资本化大农场浪潮。然而好景不长，依靠雇工经营的资本化大农场在具体的经营过程中陆续全面亏损，倒逼地方政府在随后的三年内进行制度调整，改变土地流转制度，引导后续农业发展为适度规模的家庭农场形式。从 2010 年开始到 2012 年，当地已经形成了一批依靠适度规模经营的家庭农场主群体。值得一提的是，这批稳定的、有一定规模的新型农业经营群体的出现在时间上早于 2013 年，作为政策术语的“家庭农场”模式则是在 2013 年的中央一号文件中提出的。

本书中，笔者用农业转型来概括皖南平镇自 2007 年以来农业经营领域发生的这种变化。平镇演变的总体路径是，政府力图用多维度的政策诱导农业变革，力图快速、全面改造小农，鼓励和培育新型的高度资本化农业经营主体，也即当今聚焦的新型农业经营主体。新型农业经营主体是指当前新出现的一批公司农场和家庭农场，他们是在当地政府争取国家大量的农业项目并承接上级政府资源的大量输入过程中产生的，换言之，平镇以涉农项目来撬动农业经营形式的变迁和整体的农业经营体系的变革，即本书所称的“农业转型”。

从 2014 年 3 月开始，笔者再入皖南平镇，开始了累计 3 个多月的专题调研，截至 2014 年国庆结束，笔者对皖南平镇农业经营的变迁历程有了深入了解。从总体上看，经过由政府实施涉农项目撬动的农业现代化改造，全镇已经从之前的 8700 余户分散、小规模的小农经营体系，转型成为由 5 个公司农场和近 100 个家庭农场主为经营主体的农业经营体系，基本实现了政府所期待的农业现代化。平镇农业转型的主导趋势呈现一条“小农—公司农场—家庭农场”的线性转换路径，经历农业转型之后，当前这些新型的“家庭农场”的生产形式、农场组织方式出现了一些共同特征，即农场出现了显著的资本化和商品化发展。首先，资本化表现在单位土地面积的资本投入快速增加，主要体现在以机械为主的固定资本和农资为主的流动资本的快速增加。其次，农场主大幅提高机械化程度和使用农业新技术，实现了单位劳动产值的增加，以及单位劳动力劳动生产率的提高和发展。再次，农场的商品化程度逐步加深，农场农资要素的市场购买，从生产过程中诸如耕地、收割等环节的市场化外包以及产后农产品的销售过程来看，整体生产体系的产前、产中和产后环节深深融入市场交换中，农场的生产与再生产体系高度嵌入资本驱动的市场经济系统中。最后，从农场的利润分配来看，农场的农业产值越来越多地被工商资本所分享，生产环节的利润逐渐被农场外的工商资本通过市场交换和流通过程以及初加工来挤压利益空间，原来保存在农民手中的生产环节的农业利润逐步外流。

皖南平镇的农业转型目前形成了以资本化的家庭农场为主体的稳态结构，这种高度资本化、商品化、专业化作业的家庭农场承担了平镇农业现代化的主要任务。平镇的经验显示，高度资本化的公司或者企业农场遭遇多种实践因素而失败，最后变成了专业化生产的家庭农场，但这能否证明“家庭式的农业生产”在市场中取得了胜利呢？我们看到，家庭农场与小农经济在内涵和外延上都具有了很大的不同，从资本的角度讲，家庭农场的固定资本和流动资本投入完全不同于传统的小农家庭经营形式，农业资本化程度提高的同时，家庭在农业经营方面的组织机制也完全不同于传统家庭生计。

在中国的农业经济研究领域，家庭农场算是一个新生事物，无论是家庭农场的形成路径、实践样态还是本质性的结构特征，都还没有形成理论共识，因此，对于家庭农场的形成和发展过程还需要进行大量的经验研究。本书采用皖南平镇的农业转型个案进行分析，将分析样本定格在平镇这一具体的政治经济格局中。首先，分析新型农业经营主体（公司农场和家庭农场）的产生过程，特别是关注由国家主导的发展项目干预是如何塑造不同农业生产方式的基础条件的。其次，当今政策届所热衷的家庭农场与小农经济到底有何本质区别，该如何分析当下市场竞争中两难的家庭农场，又该如何认识嵌入市场交换中的家庭农场与工商资本为主的市场经济体系之间的复杂关系。最后，要进一步追问的是，平镇的农业转型给当地农业、农民、农村带来了什么，在这场快速、颠覆式的变革中，哪些人获得了“发展”的益处，哪些人为“这样的发展”付出了怎样的代价。所以本书着力描述皖南平镇农业转型的微观实践，进而分析其相关的问题。

为了便于分析，笔者采用扬·杜威·范德普勒格的去小农化概念，将平镇的农业转型内涵凝练为去小农化的过程。一是，平镇资本化大农场的农业经营形态的确在剥离小农经济的特征，农业经营体系整体从乡土社会脱嵌出来，服从于高度商品化的市场再生产体系。二是，新成型的家庭农场虽保有家庭的外形，但正如前文所述，其已经完全不同于小农经济的组织逻辑了。

去小农化的过程离不开政府力量的推动。回顾新中国成立以来的发展历史，在从计划经济向市场经济的转型过程中，“发展主义”无时无刻不在影响着全民大众的日常生活和社会发展的步伐。自 20 世纪 80 年代起，中国开启了市场化改革，即从计划经济时代“城市偏向”(Abdulaziz B. Shifa,2011) 的发展战略转变为新改革时期的统筹城乡发展战略。这些战略的核心无不指向去小农化，将小农经济视为落后的生产方式，试图将农业交给“更适合”的主体经营，小农经济与乡土中国正在遭受这种发展主义的影响。我们还看到这一发展战略给农村也带来了前所未有之变：无论是讨论新时期双重制度约束下半工半农的小农家庭（黄宗智，2006a)，还是重点关注新时期生存境遇面临多重考验的农村留守人口（叶敬忠等，2008)，抑或从近郊农村关注因市场机会发展经济作物的商品化农业而迎来新机遇的农村家庭（高原，2011)，以及全方位地从农业生产和农民生活消费整体论述商品化侵蚀农村形成的农村人群依靠自我剥削来维持家庭生计的社会现实（任守云，2012)，等等。按照伯恩斯坦(2011)的理解，这些研究均可统一概括为：以深化商品化关系来改造农民和农村。正如伯恩斯坦所言，尽管农业和农村的发展政策呈现了大量的制度性变化和频繁的范式更替，即总在不断更新方式，但现代化的政策和计划遵循了同一个逻辑，即以深化商品关系为基础来提高农业生产，无论什么方式都是国家遵循发展主义的现代化方向(伯恩斯坦,2011:110～111)。在发展被奉为我国新时代主旋律的今天,国家以发展为名全面地改造乡村,地方政府也成为推动农业转型的主要力量。在阐释清楚了农业转型、去小农化背后的以发展主义为本的文化逻辑之后,我们还需要仔细去分析这种力量的具体实践逻辑,即在具体地方实践过程中的复杂的社会关联机制。因此,本书在前述的总体背景下,将着力去分析地方政府如何在行政力量的主推下进行现代化的农业转型,特别是在新时期的诸多惠农资源、涉农项目大量输入乡村的背景下,行政力量主导下的制度干预以及与其相关的市场资本力量的相互作用,二者是如何使平镇的小农经营实现去小农化的。

值得一提的是,平镇目前维持了家庭农场为主体的暂时稳态结构,但没有理由认为这是农业转型的最终结果,而且每一种生产形式都会随具体的社会生产条件而变化。同时,依据内在变迁过程的理论,笔者认为社会变迁并不存在一个最佳状态,组织理论认为,社会变迁的方向、速度以及最终状态是由其具体的演化过程所决定的(周雪光,1999)。因此,在分析农业变迁过程时,笔者尽量从多角度、多方面来呈现其变迁图景,侧重其变迁机制的揭示,着重分析皖南平镇具体各阶段的农业运行逻辑,重点讨论如何在政府力量干预下,不同类型的主体依据自身的利益偏好采取相应的行为,进而促成了当前平镇农业转型的结果,最终阐释特定时空背景下农业转型的发生机制和组织过程。

# 目　录

# 第一章　农业转型的历史与理论

从传统农业向现代农业的变迁在历史上统称为农业转型。在这一历史过程中，传统农业理论、现代农业理论、农民学理论和以组织为参照点的农业资本主义理论从土地、劳动、资本和生产组织等不同方面在建构农业变迁的理论解释。

有关农业变迁的社会科学研究一直有着传统、现代的二元区分。传统的农业变迁理论主要着眼于土地、人口视角，即农业投入的劳动密集型道路和“内卷化”的解释。在经历传统到现代的变迁解释中，影响深远的莫过于经典的农业资本主义生产方式(资本化大农场)与农民生产方式(家庭农场)孰优孰劣的争论。除了这些宏观历史的农业转型道路之外，还有从农民农场本身的内涵，即商品化和资本化的视角描述微观的农场再生产过程，分析农业变迁。因此，本书便从上述几个方面分别对相关的研究进行文献梳理。

## 第一节 农业转型:传统到现代的嬗变

### 一、传统农业社会的变迁模式

传统农业社会变迁的经典研究，当属埃斯特·博塞拉普的人口压力下的农业集约化理论(Boserup,1993)，他将传统农业社会的变迁总结为人口压力下的农业集约化过程，即随着人口的增加，农业生产受养活人口的压力而不断变革。其主要表现，一方面是农业生产中土地利用的集约化，另一方面是单位土地面积劳动投入的集约化(Boserup,1975)。传统农业社会主要表现为一个在人口压力作用下，单位面积土地上的劳动投入不断增加，且土地产出不断提高。从刀耕火种式农业(20～25 年一作)、灌木休耕农业(6～10 年一作)，到近现代的三年两作农业和一年一作的种植方式，以及部分人口稠密地区土地的复种制，这些耕作方式的发展进程既包含了农业生产中土地利用的集约化，也包括了农业生产过程中劳动投入的集约化(Boserup,1993)。但是，随着农业人口的增长、人口对土地造成的压力增大和劳动集约度的不断提高，边际劳动生产率呈现出递减倾向，其结果就是出现格尔茨所解释的“农业内卷化”(Geertz,1963)现象。格尔茨在对印度尼西亚进行研究时发现，外岛和爪哇岛之间存在二元的发展模式(Geertz,1961)。外岛的部分地区利用新的生产技术对农业生产进行改进，农业生产日趋向资本密集型方向发展，与之相对的是，爪哇岛的部分地区因为人口稠密，不断地向土地增加劳动投入，农业生产向劳动密集型方向发展。爪哇岛聚集了印度尼西亚 2/3 的人口，主要从事农业、粮食生产和小型的家庭手工作业等劳动密集型行业；而外岛分布在爪哇岛以外的广阔地区，土地、水源等资源丰富，且殖民者的进入使得那里形成了高效率、大规模、用于出口的新型工业发展道路。爪哇岛农民由于缺乏资金，土地数量相对人口极其有限，加之一些地方政府的行政性障碍，无法转移农业人口，也没有其他工业或者服务业的发展来吸纳劳动力，致使当地的农民劳动力不断投入家里的水稻生产中。水稻作业中人力劳动的不断增加最终使得水稻生产的边际劳动生产率逐步下降。在概括这一过程的时候，格尔茨使用了“农业内卷化（agricultural involution）”的理论化概念。

延续这一研究传统，黄宗智（2000）在研究中国明清以来的小农经济变迁时，也将焦点集中在土地、人口（劳动）上，发现中国的小农经济变迁存在同样的内卷化过程，中文翻译表述为“过密化”，形象地说明了中国相对于可耕土地的过度人口压力。与格尔茨不同的是，黄宗智发现了中国小农经济在过密化（内卷化）的同时，也呈现经济增长趋势，即随着边际劳动报酬递减，仍然不断增加农场劳动投入，却带来了农场总产量的增加，进而提出“过密化增长”，并且描述了其在长江三角洲地区带来的“过密型商品化”现象。“过密型商品化”是他在研究长江三角洲地区小农经济时的重要发现。长江三角洲地区的“过密型商品化”是指农民在应对土地压力时所作出的反应：小农无奈，为了维持生计，不得不扩大经济作物种植（详见黄宗智，2006b：13～14，44～56）。小农将家庭劳动力（不分男女老幼）投入经济作物种植中，因为种植经济作物的劳动力投入较粮食作物的密集，比起单一粮食作物增加了单位土地面积的产值，但劳动日收益逐步下降。虽然单位劳动的日收益下降了，但家庭总收入有所增加。这是小农维持生计的策略，是人口压力推动的过密型商品化，而且是生产的家庭化支撑了长江三角洲地区的高水平过密型商品化。但是这一过程必须与推动近代生产力发展(高资本投入下的单位劳动力的生产率提高)的质变性的商品化过程进行区分。马克思基于西方经验得出的经典理论预设,即商品经济的发展能够催生两极分化的资本主义生产方式的发展和家庭农场的解体,而中国的小农经济发展显现出一条完全不同的变迁方向,与马克思的预言恰恰相反,长江三角洲地区的小农家庭的过密型人口导致的商品化经济反而巩固了小农家庭的顽存。

## 二、农业转型:传统到现代的嬗变

在农业从传统向近现代的转变过程中,有两种认识视角:一种是从生产力层面认识农业的现代化,主要是指农业资本化;另一种是为人所熟知的侧重生产关系和阶级分化的“农业资本主义”理论,即农业资本主义生产方式的转型(桂华,2013)。毫无疑问,这两者并不是孤立、毫无联系的,主要是分析侧重点不同。农业现代化论者主要是考察生产过程中生产要素的变化,特别是生产技术的突破,生产关系视角的农业转型主要是从政治经济学视角认识农业现代化过程中作为社会主体的人群,即无产阶级与资产阶级的权力关系问题。

### (一)马克思主义传统下的农业转型

依据新古典经济学将“资本、劳动(人力)和土地”并列为三个基本生产要素的理论,保罗·萨缪尔森等(1999)将资本定义为:“资本(或资本要素)包括那些生产出来的耐用品,它们在进一步的生产中被作为生产性投入。”将“资本”仅视为一种生产要素的观点认为,农业资本化(即“资本深化”)指的是资本与劳动比率的上升。按照这一基本要点,“农业现代化”则主要是指西方国家的农学家们对第二次世界大战后在许多国家和地区发生的以绿色革命为核心的农业变迁的总称(王立新,2011:79)。以绿色革命为核心的农业现代化的内涵主要是指“某种类型的技术突破”(Thomas and Donald,1973:246)。虽然这种技术突破构成了农业现代化必要“启动器”,但是相对于绿色革命,农业现代化具有更丰富的内涵。相关研究(Frankel, 1973:120~151)指出,除了绿色革命所代表的那种技术突破，完整的农业现代化过程不仅仅涉及农业生产技术，还应该包括与应用这种革新技术所必需的其他相关经济社会制度的变革，特别是由于技术带来的农民参与的差异性，以及由此推动农民政治参与和政治行为变革的组织、机构建设等，突出了技术变革的政治含义。

沿着这条脉络，现代农业区别于传统农业的是“资本”这种生产要素在生产过程以及整个生产体系中的重要作用。传统农业的基础是土地，而现代农业的重要基础则是资本(资本品)。传统农业考察的是农地的土地自然产出率，现代农业的生产率则表现为资本的生产率(或劳动生产率)。与传统农业相比，现代农业日益需要用从农场外部获得的“外部投入”(市场化资源)取代从传统的农场内部获得的“内部投入”(土地自然肥力和家庭自有资源)。现代农业就不再是传统农业那样表现为农户本位的小农业，而是表现为社会本位的大农业(王立新，2011:82)。因此，以绿色革命为核心的农业现代化主要是指从传统的劳动密集型农业向现代资本密集型农业的转变。在劳动密集型向资本密集型农业的转变过程中，劳动力也被逐步解放出来。

恰恰是因为资本替代劳动，解放劳动力，提高劳动生产率，才有了资本主义大生产替代或瓦解小农生产，小农分化成为无产化劳动者和与其对立的资产阶级，这就是马克思主义论域中的农业转型问题。虽然马克思的观点主要是基于西欧农业变迁经验的探讨，但是在后续整个发达国家与发展中国家的农业变革中都引起了广泛的讨论。马克思主义理论中的农业资本主义转型的问题核心是小农的命运问题，也即如何变革小农生产方式的问题。在马克思看来，这种农民所有制早已越过自己发展的正常阶段，即它还是一种现实存在，还是符合社会经济需要的、使本身处于正常生活条件中的那种生产形式和财产形式的阶段。但它已经进入了自己的没落时期……由于农艺学的新发展，这种生产方式本身已经老朽了(马克思，1972:419～420)。

正是基于此，马克思认为现代的资本主义农业生产方式的发展将必定会消灭和代替旧式的农民及其小农生产方式。这种发展道路恰恰是马克思基于西欧一些地区，特别是英国西部农业的发展所历经的那样，现代资本主义生产方式将替代旧式农民的“小块土地所有制”，大生产优势将农民从小块土地上排挤出来，使其成为无产化的劳工，从而为以城市无产阶级为主体的社会主义革命作出贡献。对此，恩格斯在《法德农民问题》中明确写道，资本主义生产形式的发展，割断了农业小生产的命脉；这种小生产正在不可抑制地灭亡和衰落(恩格斯，1972:296)。因此，马克思主义学派的主要观点便是，农业转型本质上就是指旧有的小农农业如何转变成以雇佣劳动为基础的英国式资本主义农业的问题，也即旧式农业经济中的农民阶级如何在历史的发展过程中分化为新式资本主义经济中的资本主义农场主和雇佣劳动者这两个现代阶级的问题(王立新，2008)，以便为将来城市工业当中无产者的社会主义革命作出贡献。

延续马克思和恩格斯的理论传统，考茨基和列宁继续在这条道路上探索、前进。不论是对考茨基，还是对列宁来说，农业问题依旧是农民问题，农业转型抑或发展的核心依然是农民的阶级分化问题，农业资本主义转型与农民的阶级分化是相伴而生、一体两面的过程。

董正华(2014a)对考茨基的研究进行评论时谈到：对于考茨基来说，与其说他(考茨基)研究的是农业的资本主义转型问题，不如说他研究的是农业的资本主义转型为什么没有像人们所预先估计的那样快速进行，而且是很不平衡、极其缓慢和很不显著地发生的问题。在考察法国的农业时，考茨基发现大量的小自耕农存在，并未被资本主义生产方式所吞噬。因此，马克思和恩格斯把农业向资本主义的转变理解为一种能够在农业部门内独立发生的过程，但考茨基在《土地问题》中将农业转型问题同资本主义生产方式的发展整体联系起来分析，却发现“农业遵循着自己的规律，但这绝不是说农业的发展与工业的发展相对立，并与之不相容，恰恰相反，它们两者是向着同一个目标进行的。不应当把它们彼此孤立起来，而是必须把它们视为一个同一过程中不可分离的要素”(考茨基，1955:16)。董正华认为，虽然考茨基看到了农业资本主义发展得不一致和不平衡的情况，但他将其归因于农业资本主义转型的进程深受工业部门中资本主义发展的影响，他仍然坚信马克思主义意义上的大生产中，随着工业的发展，农业部门会逐步适应外部资本主义的发展需要而发生调适性转变，最终走向资本主义生产的方向[①]。

列宁在《俄国资本主义的发展》一书中考察农业的资本主义转型问题时指出，资本主义经济发展的国内市场的基础，是小耕作者分化为农业企业者和工人的过程(列宁，1957：39)，农民的分化创立资本主义经济发展的国内市场条件(列宁，1957：136)。在这里似乎他与考茨基在农业与工业资本主义发展孰先孰后的观点上有矛盾，列宁认为是先有农民的分化，创立资本主义国内市场的条件，才可能发展成资本主义生产方式。而考茨基则认为，资本主义工业大生产发展不够快，农业受工业的影响，进而阻碍了小耕作者生产方式的资本主义转型。但是，他们二者在社会发展趋势上都同意马克思的论断，认为未来资本主义的发展必将伴随着小耕作者的分化。

马克思和恩格斯对农业转型和社会发展趋势的论断，在考茨基和列宁那里具有一致性(Bernstein，2009)，但是他们对于具体的发展过程及其影响因素方面有着不同的看法。马克思和恩格斯在预设农民生产方式让位于资本主义生产方式，小生产在未来必然要被资本主义的大生产所取代的论断时，是基于大生产优于小生产的内在经济学意义上的规模效益差异，是在农业部门内部仅仅考虑生产效益得出的结论，是在假设农业部门和工业部门具有一样的生产特性前提下的结论[②]。与之相异的是，考茨基和列宁则逐步跳出农业部门，将二者整合起来分析，放在整个社会体系内，从农业外围的工商部门与农业部门之间的相互关系来认识农业的资本主义转变进程与发展规律。这就是王立新(2008)所概括的“农业转型概念的双重化”，对于农业转型，将其分为“内在的农业转型”(本质是

① 董正华. 中外农业生产中的家庭经营与小农传统——农业资本主义，还是“农民的生产方式”[J]. 人民论坛·学术前沿，2014(2)：17-47.

② 当然后续有研究否认这一观点，认为农业自身有着不同于工业的发展规律。考茨基(1955：16)已经有所发现，后来有很多研究认为存在资本投资农业的天然障碍，这也不同于资本投资工业的发展。详见伯恩斯坦的《农政变迁的阶级动力》(2011：134～137)。

资本主义大生产优于小生产，农业部门内部生产的组织过程中生产方式上的优势）和“外在的农业转型”（农业部门与资本主义工商业部门发展之间的关系，即使农业部门内部经营形态本身没有变化，但是，使农民无产化的农业转型也可以发生，只要外界有能力将农产品的价格压低到足以使农业剩余通过市场外流的程度）。

按照王立新（2008）的分类，后续有马克思主义者在“外在的农业转型”视角逐步拓展这一认识。后来的诸多研究在农业与社会其他部门（工业、商业等）的关系方面作出了新的探索。例如大卫·古德曼（David Goodman）和迈克尔·芮德克里夫特（Michael Redclift）对农业转型（agrarian transition）的解释，他们将“农业的资本主义转变”定位为从一种农民占主导地位的农业转变为一种以庞大农村无产阶级的存在为特征的农业过程（Goodman，Redclift，1981：5）。他们的观点与马克思主义的经典作家们的理解相比，已经发生了很大的变化。马克思主义的经典作家们认为，农业的资本主义生产方式应该和工业的资本主义生产方式一样，建立在雇佣劳动制度的基础上，以资本家和无产者这两个阶级的对立为基本特征。农业与工业有着相同的生产方式。其实，这正是马克思所看到的 19 世纪英国农业从小农所有制生产变成大地产制的雇工生产的发展历程。但是随着历史的发展，现在他们（David Goodman，Michael Redclift）发现这种资本主义农业的典型形态，即以雇工为基础的资本主义大农场已经不是农业资本主义的唯一形态了。他们依据马克思在《资本论》第一卷中对绝对剩余价值和相对剩余价值的区分，以及劳动对资本的形式隶属和实质隶属的区分，提出了“非价值化的劳动时间”（devalorized labour time）这一概念。

大卫·古德曼和迈克尔·芮德克里夫特的“非价值化的劳动时间”概念主要是指，在以非资本主义特征的家庭劳动为单位的农业生产中，农业剩余或者剥削方式主要是通过商品（农产品）的价格控制（即家庭劳动的劳动价值）来实现的。由于未付酬的家庭劳动不计入实际的市场价格和机会成本，商品（农产品）价格（劳动价值）便会下降。因此，来自农业中技术革新带来的生产力提高的收益也被城市工商部门榨取了，这主要是通过国家对相对价格的控制来实现的(Goodman，Redclift，1981:78)。在这种情况下，农民就被看作事实上的农业无产阶级了，因为农场生产中的关键性生产要素即商品性投入及农产品销售等，均受制于资本的控制。农民的土地所有仅仅代表形式上对生产资料的控制与占有，即形式上的所有权与支配权，但实质上的所有权已经掌握在工商业资本家手里(Goodman，Redclift，1981:150～151)。因此，农业的资本主义转型，即以雇佣劳动为基础的生产形式——这个前提再也不是必然性特征了，它可以在保留传统的农民家庭生产形式的基础上实现农业发展中的资本主义转变。因此，这样的解释，一方面深化了农业资本主义概念的内涵，另一方面扩展了农业资本主义转变的外延。

拜尔斯(Byres，1986)也是延续这样的认识的。就生产关系而言，没有资本主义式雇佣劳动关系的农业，这种农业结构在任何形式上都不能看作是资本主义农业，但它既不阻碍资本主义的发展，也不妨碍整个资本主义转型的事实。拜尔斯认为：一个充分发展的、资本主义占主导地位的农业，即有着显著资本主义生产关系(雇佣劳动关系)的农业，未必是成功的资本主义转型，未必是资本主义工业化的结果，也未必是社会结构全面资本主义转型的结果。只要剩余能够被榨取出来用于农业部门以外的资本积累，即使存在农民家庭生产或小生产者的再生产，这也是成功的资本主义转型。换言之，拜尔斯的观点可表述为：家庭生产虽不是资本主义农业，但它并不阻碍农业的资本主义转型。

实际上，经典的雇佣劳动形式的农业资本主义理论发展到这里，已经发生了质的变化。他们认为资本主义生产方式可以绕过雇佣劳动形式，通过市场部门压低价格使得家庭劳动“非价值化”来实现。农民农场劳动的“非价值化”是因为农业部门以外的工商业部门发生了资本主义转变，而非农业部门本身的变化。因此，王立新(2008)将这种理解和认识差异概括为“农业转型的双重性”，即经典理论家所说的“内在的农业转型”。而研究后续马克思主义者的“外在的农业转型”时可以发现，“外在的农业转型”理论的核心已经从价值产生的生产环节转为交换、流通环节了。他们认为资本通过交换、流通领域来剥削农民家庭劳动的剩余，这个理论核心与马克思的劳动价值论是相违背的。因为在马克思主义政治经济学里，只有劳动能创造价值，只有可变资本（即劳动）能创造剩余价值，可以最终产生剩余价值，其他的物质资料都是不同形式的转换而已。因此，在交换、流通过程中是不可能产生剩余价值的，交换、流通过程仅仅只是价值的转移，而非创造。当然，这又回到了经济学当中的劳动价值论与生产要素价值论的基本论点。因此，在这里，笔者并不需要去考究劳动价值论和生产要素价值论的孰是孰非，而是从以往的研究中吸取对本书主题有益的理论资源，能够借鉴不同的视角认识和解释当下平镇发生的农业变迁。

与此相关的是，在平镇的农业变迁过程中，以雇佣劳动为基础的大生产形式（内在的农业转型）农业企业存在过，存续不久后，就变成了土地转包为家庭经营，转而通过控制家庭生产来使得企业（公司）获益（外在的农业转型），产前（土地、农资交易）或者产后（粮食销售）的商品交换环节通过价格压低家户式经营者的利益，进而实现公司自我的资本积累。从具体的实践形态能发现，这两种形式的农业经营模式在平镇都出现过。但是这两种模式却与上述经典理论分析中的关键要素（大生产的优势抑或商品交换过程中的价值转移）有所不同，它的核心机制在于政府的干预对地方的农业经营体系的重构所造成的意外之果。

### （二）民粹派恰亚诺夫的农民学视角的农业变迁理论

与马克思主义传统不同的是，民粹派恰亚诺夫（1996）认为资本主义生产方式在渗入农业的过程中，农民群体却因自身的经营逻辑和顽强的生命力持久存在。他将农民经济视为另一种有着自我独立运行逻辑的生产方式，强调家庭农场以家户为生产单位，依赖家庭成员无酬劳动的特殊经济理性（恰亚诺夫所谓的自我剥削）构成农民经济与资本主义经济竞争的有利条件，因而家庭农场在资本主义经济主宰之下仍然能坚韧地存活下去。因为农民农场是特殊的组织结构，服从劳动消费均衡的农民经济组织形式，不同于资本主义企业扩大再生产的经营逻辑。在指出农民农场具有优胜于资本主义农场的特殊经济逻辑时，他又指出："农业中资本主义影响的增大和生产集中的发展，不一定如人们曾经预料的那样采取大地产的形成和发展的形式，更为可能的情况是，商业与金融资本主义会建立起对数量极多的农业生产组织的经济控制，而农业生产过程仍会一如既往地由小规模家庭劳动农场来完成，后者的内在组织方式则遵循劳动消费均衡原则（恰亚诺夫，1996:17）。"这说明农民农场既然是整个经济体系的一部分，就免不了受资本主义经济体系运行规律的影响。因此，在书的结尾处，恰亚诺夫提到，资本主义经济一体化的发展，会使得除生产以外的销售、运输、仓储、水利等领域成为资本主义渗入农业的一些新形式，这些形式将农民变成了使用他人生产资料的劳力（恰亚诺夫，1996:263）。在这些情况下，分散而独立的小商品生产者，也被纳入了资本主义生产方式主导的经济体系中，并受其控制。为应对笼罩市场的资本主义经济控制农业的"纵向一体化"，而非"横向一体化"，他认为未来农民农场的可能发展方向便是"合作化"（恰亚诺夫，1996:268），即家庭在农业部门的基本生产组织形式将保持不变，并且鼓励其在供销、加工环节的合作与发展。所以，后来农民农场大量存在的现实（无论发达国家还是发展中国家）使得 20 世纪后半期以及 21 世纪以来的历史似乎更加朝着恰亚诺夫的预言在往前走，因此，这种观念在后来的社会发展现实中得以印证，并在整个学术界得到了进一步强化，现在几乎已成为一种不言自明的公理。

事实上，在 20 世纪下半叶，雇佣农场的式微，以及家庭农场的繁荣与发展也在一定程度上否定了经典马克思主义有关农业转型的论断。但是，家庭农场的实然形态也被解释为，家庭农场有利于新型农业资本的积累和发展，是资本故意为之，保存生产环节的家庭生产状态，甚至是资本允许和鼓励小规模农场进行再生产的利益（伯恩斯坦，2011:133）。他们认为资本主义农业创造了一些方式，通过这些方式将小农、家庭农场或农民纳入自己的市场结构和积累的动力之中，只要这样能为资本带来益处就行(伯恩斯坦，2011:142)。上述有关农业转型的经典研究系统性地阐释了农民家户农业与资本主义农业二者的区别和关联，更多的是区分了二者之间的生产组织差异和组织原则的区别，为笔者认识皖南平镇的农业转型过程提供了对比性的认识视角。马克思论域中的农民农场本身便是小商品生产者，但它和传统的农民农场，即小农有本质的区别。这在皖南平镇的小农和家庭农场是毋庸置疑的现实，因此，需要进一步去认识，虽然是同样的生产组织——家庭，但组织原则却有本质性的差异。

## 三、农民农场的商品化转型

从上述历史文献回顾可发现，以雇工经营为核心的农业资本主义生产方式只存在于特定的历史时期。作为历史主导的农业生产组织形式仍然是家户式生产。然而，农民的家户式农场从自然经济向商品经济发展的过程中，本身也发生了不同程度的内在变化。

在分析农民经济的变化时，一般是相对自然经济而言的，自然经济状态下的农民经济更多指向的是自给自足的小农经济。自然经济是生产直接用于满足消费需要而非交换的经济，其本质特征是生产的自给自足(方行，2004:212～235)。讨论商品经济时代的农民经济时，主要是讨论商品化和市场化发展过程中农民自给(维生)式生产的相对消退。随着商品经济的扩展，经济活动日益摆脱非市场(家族、社区、宗教)因素的干预。哈里特·弗里德曼(Harriet Friedmann)认为家户式生产在人类历史上一直存在，正如恰亚诺夫所说，几乎与跨越历史界限的生产方式一样普遍且久远，所以，哈里特·弗里德曼对农民经济的家庭生产便是依据“家户式生产是否是依靠商品化的过程实现家庭再生产”来进行分析的。家庭生产依靠商品化关系和商品化过程实现再生产时视其为小商品生产者，而非小农。小农生产形式的内涵是指，小农生产形式的生产与再生产是依靠家庭自身成员和亲属以及社会关系，而非市场的经济关系。即使小农生产形式的生产与再生产部分地参与市场，也是这个市场带来的商品关系不会脱离当地社区，以及他们所在地域的社会关系系统（Harriet Friedmann，1980）。

当农民从地方性的自足生产转向非地方性的商品化生产时，一方面，价格由遥远的市场决定，特殊的社会关系由市场决定，而不再受地方社会影响；另一方面，他们的社会关系不再受地方社会影响融入抽象市场时，便变成了个体化的企业农民。用韦伯（Weber，1958：363）的话说，就是绝对经济个体主义的农民（absolute economic individualism of the farmer），他们与其他农户和社会群体的来往都是由经济性的市场关系所决定的。相对于自然经济以血缘、地缘和等级关系结成的“自然共同体”，成员之间的关系力图把生活各个方面都转移到商品交换、理性计算的轨道上来简化人与人之间丰富的社会关系。那么，此时商品经济的发展也会造成一种比过去自然经济社会的“超经济强制”更有强制力的“经济强制”的社会（杨魁森，1997）。在此自然经济——商品经济的序列中，学者们更多是用“商品化”来说明农村自然经济的解体。

在用商品化分析农村经济变迁时，亚当·斯密和马克思共同认为商品化会导致小农经济发生质的变化。斯密认为自由的市场竞争和个人对致富的追求会导致劳动分工、资本积累、社会变革，乃至随之而来的资本主义发展。马克思的观点与之相同，即商品经济的发展会促进资本主义生产方式的盛行，会导致两极分化。但是黄宗智（2006b）通过对长江三角洲地区历史资料的考察发现，这并不符合中国明清时期农村的商品化发展进程。一方面，小家庭生产并没有像亚当·斯密和马克思所说的随着商品化的蓬勃发展而衰落，恰恰相反，而是重新激活和巩固了小农家庭生产。从微观视角可发现，商品经济的发展增加了家庭辅助劳动力的就业机会，使其充分就业。就长江三角洲来说，商品经济的发展不仅没有导致小农经济的衰落，反而支持并巩固了家庭生产的发展。另一方面，亚当·斯密和马克思都认为商品化将带来小农劳动生产率的增长，但是明清时期长江三角洲经济的增长是以单位工作日的报酬递减(即“过密化”投入)为代价实现的。总产出在以单位工作日边际报酬递减为代价的条件下扩展,明清时期是过密型的商品化,而非发生了质的变化(劳动生产率的变化)。而且部分农户进行商品化生产并非为了牟利,而是为了糊口或者缴租。将长江三角洲的商品化形式概括为“剥削推动的商品化”,即指农民为了缴纳土地租金而进行的市场行为;“生存推动的商品化”,表现在农民为了糊口而进行商品化生产,在市场兑换粮食;最后一种才是“谋利推动的商品化”,指农民在满足需求后寻找最佳机会出售剩余产品获取利润(黄宗智,2006b:105)。因此中国经济史当中存在一种看似悖论的发展现象,即以边际劳动报酬的递减为代价进行劳动投入增加带来的单位面积总产值的增加,即过密型增长。农村经济的商品化过程也是一种“没有发展(劳动生产率提高)的增长”。

改革开放以来,农民与市场的关系越来越密切,农民已不再是传统的封闭小农。著名学者徐勇等人将市场化背景下农民的生产、交往的特点概括为社会化小农(徐勇、邓大才,2006)。他提出应该将乡村农户放在历史变迁过程中加以考察,虽然他们的经营规模很小,但是他们已经与传统的封闭小农经济形态渐行渐远,越来越深地进入或被卷入一个开放的、流动的、分工的社会化体系中来,进入社会化小农的阶段(徐勇,2006)。社会化小农主要是指进行商品生产和市场交换的小农,市场和货币已经成为他们再生产的必要前提和条件。不仅如此,这也描述了农户社会交往范围的扩展,农民与外部世界的交往广度和深度发生了前所未有的变化。综合表述了在高度流动、开放以及分化的社会里,农民生产、生活的社会化(卢昌军、邓大才,2007)。

在“社会化小农”的框架中,足见小农的商品生产以及市场化关系的扩展。而对于当前市场对农户的影响,黄宗智(2012a)指出了市场的结构性压力,其实质是大商业资本的垄断地位和在流通中的结构性位置形成了农户在市场出售产品时的不平等交换。他指出了目前流通领域存在的基本结构性现状,即生产户绝大多数是分散的“弱势”小农,缺乏资本,不具备谈判条件,由此形成压倒性的“买方市场”,小农户因此比较容易受人摆布。因此,这种农业剩余价值榨取形式几乎是大商业资本通过压低农产品收购价格来实现的,拉大收购与销售之间的价格差额形成剩余价值。例如以奶业为例,钟真、孔祥智(2010)通过对鲜奶流通比较扎实的研究指出:大奶制品公司需要依赖中间商为他们从大量分散的小农那里收购鲜乳,加工并储藏,以便自己更集中力量用于奶制品的生产。因此,近年来有大量收购鲜奶的奶站兴起。作为大资本公司的经纪人,这些奶站对分散的小农户享有垄断或近乎垄断性的权力。小农户基本不具备任何讨价还价的实力和条件,收购价格因此基本上由奶站说了算。这种市场交换的结构性不平等导致了大商业资本新型的剩余价值榨取方式。黄宗智(2012a)分析此现象时谨慎地指出,古典马克思主义“剩余价值”或“剥削”所指的是生产领域中的关系(劳动价值论),而不是流通领域中的关系。“商业资本不直接生产剩余价值”,而只通过流通领域获得产业资本在生产领域中所榨取的剩余价值的一部分。简单地把商业资本视作与产业资本同样性质的榨取剩余价值的资本,这会混淆产业资本和商业资本,并引起众多误解。提醒大家必须要区分流通领域与生产领域的不同剥削形式,同时更深刻地认识到商品化农业所带来的农户与大商业资本之间新型的剥削方式与剥削关系的存在。武广汉(2012)根据更详细的数据研究指出,小农户在对接市场时所获利益的变化,相对商业资本所得利润,农户所得已从1999年的56%下降到2010年的43%。如果剔除农民“家庭用工折价”来计算,农民所占纯利润的部分1999年只有29%,2010年更降到20%。这些实证研究都指出,农户参与市场,商品化的农业生产都表现出小农户在市场交换时的不平等地位,特别是在对抗大商业资本讨价环节的弱势地位。在这里可以发现当今黄宗智、武广汉的分析,也可说回到了基础的问题,即资本主义经济积累的方式是必须通过剩余价值的剥削还是可以用其他的方式,如流通市场的控制来间接获取。因此,这仍然是面对经典理论话题时所遭遇的现实困境。

中国当前农业的整体趋势是正在经历从口粮种植到高附加值农产品生产（即商品性种养业）的这一“农业的隐性革命”的变迁（黄宗智、彭玉生，2007），这一生产导向从自给自足转变为商品交换，将他们与外部环境的关系从对国家粮食收购系统的依赖转变为在充满风险与不确定的市场中生存。与这一隐性农业革命相对的显性变化便是，近十多年来，随着20世纪90年代中国农业产业化政策实施，新的农业资本进入农村（即资本下乡）也给农村带来巨大的变化。张谦便从生产关系的角度着重研究中国农业资本主义因素的发展与增长方面，称其为“农业资本主义的兴起”（Zhang and John A. Donaldson，2008）。张谦等依据一些个案，对云南省、山东省等地的咖啡、花木、蔬菜、畜禽养殖等一些企业经营的大农场进行研究，通过研究企业与农户的合同农业模式，宣称中国出现了农业资本主义。在发现中国农民的家庭农业正在远离原来自给自足的小农经济模式时，张谦等（Zhang and John A. Donaldson，2010）细致地发现，农业生产的劳动力、土地和生产要素市场的发展将规模生产重新引入中国的农业生产中，这种生产规模超出了家庭所有的土地、劳动力和资金的能力。因此，长期在中国存在的农民阶层的经济基础正在逐步转型，农民阶层的分化正在开始。多种生产形式的存在也显示着农民的阶层分化正在通过多种形式展开。张谦等甚至提出，在中国部分农民阶层的消失，是否意味着农民“终结的开始”的疑问。

与上述研究不同的是，黄宗智则侧重从生产力发展的角度，即资本化的视角来认识农民农场的变化。在对中国农业资本有机构成的快速增长的研究过程中，他认为中国农业是快速的资本化，并且指出资本化的投资主体仍然是小农（相对于国家、企业来说，仍是家庭农民）（黄宗智、高原，2013b）。分析中国当前农业资本化与生产关系变化的文章，绕不过黄宗智等（2012b）的《没有无产化的资本化：中国的农业发展》一文，该文区别了农业生产中的资本化与雇佣关系。虽然中国农业发生了资本化现象和资本化比例普遍提高的现象，但黄宗智用农产品成本数据推算农业雇佣劳动力的农户比例仅有3%，大大低于典型的农业资本主义国家——印度的45%，因此，他将中国的农业发展概括为"没有无产化的资本化"，将生产关系层面的"无产阶级"概念和生产力层面的"资本化"统合起来，描述了中国农业的发展特点。

从商品化的微观视角出发，无论是第三世界还是发达国家，农业都与市场相连。弗兰克·艾利思(Frank Ellis,1993)试图以市场为据，在欧洲农业与第三世界农业之间划出一条具有理论意义的分界线。他认为，"小农只是部分地投入不完全的市场之中"，而"商业化的农场……则是完全融入了全速运作的市场之中"(Frank Ellis,1993:4)。同样哈里斯(Harriss,1982:22)认为，"商品化的过程……或者说农村家庭生产者与资本主义生产之间的各种联结方式……这或许是当代农业社会变革的主要过程"。但是，商品化的过程绝不是线性的，它们向着不同的方向展开(Marsden, 1991)，既能前进，也能后撤，既能受到积极的促进，也能遭到质疑和阻挠。因此，商品化的市场过程涵盖了很多竞技场，拥有不同利益和愿景的各类行动者在此竞技场内各据其位，他们有时彼此结盟，有时又陷入旷日持久的斗争中(Winter M.,1987)。但是在面对资本企业进入农村时，仍然有学者延续传统的马克思列宁主义观点，强调资本的发展逻辑及其改造社会的能力(De Janvry, Alain,1981;Patnaik,1979)，认为农业企业资本的进入会取代家庭农场。另一派则从恰亚诺夫的著作出发，强调家庭农场的顽存和生存的恒久性(Friedmann,1978;Susan and James M. Dickinson,1978;McMichael and Frederick H. Buttel,1990)。

面对市场的复杂化和竞争性，在农业生产的商品化和市场化发展历程中，小农户均会与市场有不同的联系。不论小农户是否参与市场，进行商品化的农业生产的发展趋势是否最终会表现为古典的二元对立模式，农业资本家和无产阶级一直持有理论上的争论和现实的一些经验悖论(柯志明,2006;王立新,2009;黄宗智,2006b)。但是其经典的理论分析视角给予笔者诸多启发，在具体的经验分析中，仍然可以对其资本化和商品化的分析进行操作化运用。但整体来说，二元对立性的理论分析框架不足以充分阐释当前皖南平镇复杂而丰富的经验世界，因此，需要另辟蹊径，寻找新的分析视角。而且农民农场的存活与持续受制于相应的政治经济条件，内在的自我组织原则所具有的竞争优势能否在现实的国家干预中持续存在，还需要结合现实条件来分析。面对商品化和市场化的大趋势，国家是怎样干预的，也需要我们详细考察；并且在国家干预过程中，农民到底是如何应对以及会产生什么样的结果，也是本书需要进一步去探究的问题。

## 第二节　多元视角的农业转型再认识

基于以上对农业资本化和农业转型研究文献的梳理和简要述评，在基本观点上，一方面主要是劳动密集型向资本密集型转变的农业现代化模式，这一讨论基点着重考察的是农业生产要素的组合，即土地产出、劳动和资本产出的增长。这个理解体系的基点把农业本身当作研究对象，就农业本身而论，就农业谈农业。另一方面指农民经济向资本主义经济的转变这个视角，分析的立足点则是农民，是人这个主体，而非农业这个客体。在转变过程中，会存在人的分化，即农民阶级与资产阶级的分化与阶级对立。如果考虑人这个主体，那么行为动机和目标就有差异，因此与资本化大农场和家庭农场对应的便是资本主义生产方式与农民生产方式孰优孰劣的争论。这两派观点都是基于二元分立的认识视角，要么是传统落后与现代先进，要么是农民生产方式与资本主义生产方式的争论。

除了宏观道路方向的争论外，也有微观视角的考察，比较自然经济下的农民农场与商品经济时代农民农场的内在差异，加入市场和商品化这个分析视角，能够让我们认识到农民农场本身相同组织结构下的模糊界面。因此，范德普勒格的三元分析框架能够综合性地表达农场的内在组织形态以及商品化的内涵差异，特别是能够区分三种农业模式下农场经营的自主性问题。这有利于我们更清晰地认识商品经济时代农场组织模式的本质性差异，既能看到农业模式之间对农业的影响，也能看到农场主自主性方面的差异。

范德普勒格(2013)从各地发展的实践出发，通过具体案例的纵向维度考察古典二元模式之间的对立性和过渡性，并且摒弃发展谱系中所强调的中心和边缘的二元模式，他认为应该发展出一套适用于当代与历史的农业模式，需要建立第三个维度，即将小农和农业企业家(企业农场主)进行区分。他指出现代化进程已经重塑了世界的政治经济分化，无论是在世界经济的中心还是在边缘地带一律如此，除了已为人熟知的小农之外，现代化进程还在第三世界的农业部门创造出了农业企业家和企业农业的模式，如同在欧洲和世界其他地区一样，这种现象的产生使得经典的二元对立理论(小农相对于资本主义农场主)顷刻间不足以对乡村生活进行充分的理论解释。现在用来界定小农阶级的不再是两个维度(小农与无产阶级，小农与资本主义农场主)，而需要有第三个维度，即将小农与农业企业家(或企业农场主)进行区分(范德普勒格，2013:25)。对于企业农业模式，他特别举例说，譬如在巴西，由父亲、三个儿子和两个叔叔组成的拥有 1500 公顷高度机械化大豆种植园的富有农民家庭，与另一个可能是与之相邻的，由父母和三个孩子组成的只有 15 公顷贫瘠的土地以种植蔬菜，并在土地上放牧少量奶牛的贫困家庭之间，可能找不到任何理论上的差异。

因此，依据范德普勒格对企业农业与小农的比较分析来看，一方面是内在的农场自有资源库存在差异，另一方面农场与农场外的物质交换(即市场)和循环也差异显著。在小农的资源库中，基础是与自然交换，农场的生产与再生产则依靠内在循环。虽然小农也会参与市场交换，但他们从市场购买的产品是作为使用价值参与生产的，而不是作为交换价值进入生产过程中，不需要人们按照交换价值对其进行严格的评估。这种资源利用的特性赋予了小农足够的自由(范德普勒格，2013:38～39)。仅从上述两点来说，企业农业模式与小农农业模式有着显著的区别，其基础性差异则是以资源库为核心的自主性程度不同(详细见表 1-1)。

**表 1-1　小农农业模式与企业农业模式的主要区别**

| 小农农业模式 | 企业农业模式 |
|---|---|
| 以自然为基础并将其内化，协同生产与协同进化是核心 | 与自然分离，“人工化”农业 |
| 对生产投入市场的远距化，产品的差异化（商品化程度低） | 对市场的高度依赖，高度商品化 |
| 手艺和技艺型技术是核心 | 企业家精神和机械型技术是核心 |
| 以劳动的质量和数量为基础的持续集约化 | 以扩大规模为主要发展方向，通过技术获得集约性 |
| 多功能的 | 专门化的 |
| 过去、现在与未来的连续 | 过去、现在与未来的断裂 |
| 社会财富不断增加 | 社会财富的控制与再分配 |

注：范德普勒格，2013：136。

因此，本书在考察皖南平镇的农业转型时，对比小农、资本化大农场和新型家庭农场时，也借助了范德普勒格的划分方法，否则在经典二元对立模式下，无法区分现在的新型家庭农场和之前的户均不足10亩的家庭农场之间的本质性差异，因为二者在生产组织上并没有本质性的区别，都是以家庭为单位的。这也正如上文范德普勒格所列举的巴西家庭农场的案例一样，找不到任何理论上的差异。范德普勒格对三种农业模式的区分，可以综合生产组织形态内在资源的动态性差异以及农场与市场的联系，也可以很好地区分不同模式下农民的生产自主性问题。因此，在研究皖南平镇的农业转型时，可以将新型的家庭农场等同于范德普勒格笔下的具有企业农业模式特征的农业经营形式，将公司雇工大农场称为资本化大农场，在考察它们的兴起与发展时，笔者将其不同的农场组织形式和生产过程放置于具体地域和具体的政治经济结构背景下的乡村社会中进行细致考察，完整呈现，详细分析三种生产形式各自发展和失败的缘由。

另外，面对前文中的单一分析市场、商品化对农民农场的影响，这种市场垄断性的解释，有意或无意地忽略了国家干预的作用，特别是国家主导发展的作用。描述和分析国家在发展中的作用的经典著作当属詹姆斯·C. 斯科特的《国家的视角》[①]，他主要从国家的视角来分析那些试图改善人民生活的国家项目是如何失败的，这些项目包括林业、语言、度量衡、土地制度、城市规划、村庄改造和工业化农业等方面，其中对工业化农业进行了重点探讨，详见《国家的视角》的第三部分。该书阐述，对国家利用权力进行集中式农作，即从分散的小规模农业到规模化的大农业的发展，主要是基于国家的目的，集权国家与现代主义对社会民众地方知识的漠视，一味服从于国家的统治目的进行改造，服务于国家的管理和控制需要，对大型机械化和工业化农场的迷信，即对所谓的现代农业的盲从，这些实践与深层的极端现代主义的价值导向直接相关（詹姆斯·C. 斯科特，2011：241）。通过对集体农庄、定居、固定姓氏的创建、度量衡的标准化、土地调查和人口登记制度的建立、城市规划和运输系统的组织等的关注，詹姆斯·C. 斯科特发现，这些社会工程的目的是，国家试图使社会更为清晰，清晰性是国家机器的中心问题，其目的都在于清晰化和简单化（詹姆斯·C. 斯科特，2011：2），也便于国家的控制与管理。面对国家发起的社会工程带来的巨大灾难，詹姆斯·C. 斯科特总结为四个相关要素：①对自然和社会的管理制度——简单化；②强烈而固执的极端现代化意识形态；③一个独裁主义的国家；④软弱的公民社会。在这些相关因素的作用下，被设计和被规划出来的社会秩序一定是简单的图解，国家经常会忽略真实的、活生生的社会秩序的基本特征（詹姆斯·C. 斯科特，2011，4～6）。詹姆斯·C. 斯科特对国家干预的社会工程失败的研究，倡导要打破极端的现代主义意识形态，要对地方知识——米提斯[②]尊重，要能够充分认识到社会和自然的多样化所具有的弹性，并提醒我们，极端现代化视角的国家机器对活生生的复杂社会以及米提斯知识了解是十分有限的。詹姆斯·C. 斯科特的《国家的视角》给笔者研究皖南平镇的农业变迁带来的最大的启发是，要充分认识加快农业现代化的国家政策干预

---

① 本书中简称为《国家的视角》，参见斯科特（2011）。

② 米提斯主要是指来自实践经验中的知识，是一种实践知识的特征，需要认识社会和自然的多样化。详见《国家的视角》，导言第7面。

的意图和地方政府的具体政策实践,以及认真审视国家干预后的实践效果,特别是在国家的干预下,农民到底收获了什么,失去了什么。

## 第三节　研究方法:以平镇为主的个案研究

### 一、个案研究

本书属于质性研究,以人文主义方法论为指导,采用实地研究的方式来考察平镇的农业变迁过程。实地研究是一种深入研究对象的生活背景中,以参与观察和非结构式访谈为主的方式收集资料,并通过这些资料的定性分析来理解和解释社会现象的一种研究方式。实地研究是一种典型的理论生成活动(艾尔·巴比,2002:239～240),其优势在于用丰富的细节来探索事物发生的社会环境和事物所传递的社会意义。本书研究的是平镇的农业变迁历程,是对一个地区的农业经营体系和制度变革进行个案研究。平镇近10年来农业经营体系的变化构成了一个农业转型的整体事实,从而成为一个文本意义上的个案。

个案研究在社会科学中有着丰富而悠久的历史传统,其中经典的个案研究著作是马林诺夫斯基的《西太平洋的航海者》。该书对库拉交换圈的叙述,系统性地描述了当地居民的社会生活,成为个案研究的典范。后来,经由人类学和社会学对此方法的应用,以实地研究为特征的个案研究方法成为与量化研究相对应的重要的研究方法之一。

个案研究中的个案既可以是社会中的一个或几个事件,也可以是对一个实体单位进行叙事式的分析。在中国,20世纪20年代以来,一批社会人类学家开始了对中国社会的本土研究,其中个案主要体现在以"社区"为单位的研究中。在功能学派的影响下,吴文藻、费孝通等人从结构功能的视角理解社区中各种社会现象与整体社会结构的相互关联,进而将基于社会的认识和分析作为对中国社会变迁的解释。在这样的基本关怀之下,费孝通的《江村经济》就成为"整个中国农民的生活"的缩影。

在这种研究旨趣的导引下，以社区为个案的研究主要表现为村庄研究。村庄成为社会的缩影，而社会则是村庄的无限放大。但是基于村庄的个案研究到底能不能够成为一个自动延伸的过程，一个未必典型的村落有何凭据说它是全社会的缩影呢？从村庄到社会，这种村庄研究能否反映全社会的整体概貌，也即“个案研究的代表性”问题，成为后续对个案研究以及个案意义的质疑。

对中国社区研究提出质疑的主要是海外的汉学家和人类学家，弗里德曼(Mautice Freedman)认为村庄民族志式的个案研究不足以把握有着长远历史传统的文明大国的特点，因此，社区不是社会的缩影，对于中国社会的研究还得借助文献，并采用文明史和大型社会结构的方法(转引自王铭铭，2003：6～9)。从而，对中国社会的研究需要走出社区，要跨越更大的空间维度和更长的时间跨度来分析和解释社会变迁。

费孝通晚年也对自己的社区(村庄)研究进行了反思，他认为，“对中国农村的调查不能仅限于农村，因为在经济上它是城乡网络的基础。离开了上层的结构就不容易看清它的面貌。在意识形态上，更受到经济文化中心洗练过用来维持一定时期的整个中国社会的观念体系所控制。这里存在一个立体的上下关系，基础和上层建筑的关系(费孝通，1996：35)”。因此，村庄(社区)研究仅仅是在数量上的堆砌，无法描绘出整体中国社会的景象，这正是试图从村庄研究上升到认识整体中国社会时所面临的一个方法论困境。但是，也有一种村庄研究，这种研究从学理化层面出发，不追求“以小见大”，不追求典型村庄的代表性，而是注重村庄的深度研究，力图从中发现人类生活的一般特点。利奇(Leach)就持这种观点，并对费孝通等人的早期研究进行了评论。

费著(指费孝通的著作)的优点在于他的功能主义风格。与社会人类学者的所有优秀作品一样，它的核心内容是关于关系网络如何在一个单一的小型社会运作的细致研究。这种研究没有，或者不应自称代表任何意义上的典型。它们也不是为了阐明某种一般的论点和预设的。它们的意义在于它们本身。虽然这种作品以小范围的人类活动为焦点，但是他们能告诉我们的是有关人类社会行为的一般特点，其内容远比称为文化人类学的普通教材丰富博大（转引自王铭铭，2005：30）。

从利奇的评论来看，他其实并不否定个案研究，而只是否认个案研究的代表性，同时又认同个案研究的丰富内容所揭示出来的人类生活的复杂面和一些基本特点所具有的意义。后来，随着大规模抽样调查的定量研究以及统计模型的分析方法充斥当今的社会科学研究，面对数量化研究的主导压力，有人呼吁，个案研究必须进一步“走出个案”（卢晖临、李雪，2007），以实现对“个案研究方法”本身的合法性论证。费孝通认为个案可以解决代表性的问题，具体是从村庄研究到类型研究，进而推广到对整体社会的认识。沿着这条思路，有研究者（桂华、贺雪峰，2013；贺雪峰，2007、2012a）继续努力，倡导基于农村社区的研究应该上升到区域比较的结构性视角来实现对整个中国的认识。

在社会科学研究领域，任何基于微观研究单位的观察所得出的结论只有超越个案本身，具有一般性特征时才有意义。个案所能呈现的现象虽然具有特殊性和偶然性，但是对个案所呈现的现象及其内涵的挖掘和机制的揭示却可能具有普遍性，从而实现知识的可迁移性。因此这条路径便不会质疑个案的代表性，便不会因为其缺乏严格的科学抽样而失去存在的研究价值，其重点是对个案挖掘的深度。因此，作为一种与量化研究相区分的质性研究，皖南平镇的农业转型，是当前中国农业变迁的一个普通的个案，并不能解释中国普遍的乡村社会整体到底在多大程度上发生了与之相应的变迁历程。但是，本书以皖南平镇为例来展现当地的农业转型过程，其目标是揭示当地农业转型的特征以及发生机制，并不追求其在全中国的代表性。因此，本书采取个案研究的方式，虽不追求个案的代表性，但是并不否认个案特征的代表性。正如卢晖临、李雪（2007）所说，人们时常混淆个案的代表性和个案特征的代表性。研究者研究的是个案特征，而非个案。也就是说，个案可以是非常独特的，但是它所呈现出的某些特征却具有重要的代表性。

虽然上述梳理集中在以“村庄(社区)”为单位的个案研究，但是也不乏其他研究单位的选择。除了费孝通的《江村经济》之外，还有施坚雅(1998)对四川盆地的研究认为，农民生活的区域不是村庄，而是基层市场，构成中国乡村社会基本单元的应该是以基层集镇为中心的，包括18个村庄在内的，具有正六边形结构的基层市场共同体。通过基层市场，一层一层往上推演，他以此来理解中国农民与外界社会的整体关系。在关注村庄与整体国家层面的研究时，看到宏观力量与微观力量相互接触、交错的界面逐渐让学者们认识到“乡(镇)”研究单位的重要性。21世纪以来，“县域”和“乡镇”的研究单位代表了一种新的研究尝试。不过，在坚持以田野调查的方法来研究“县政”时，势必会遭遇单个研究者不易把握的规模效应问题。对于“县政”的田野研究往往因研究者结构和过程的张力而无法很好地发挥田野研究揭示复杂情态的优势。可以说，尚未见到比较成功的以田野方法所作的“县政”研究(狄金华，2008)。

与之相比，介于村庄与县域之间的乡域研究则更加具有研究的可行性。相对于村庄研究，乡域研究能观察到村庄研究所无法观察到的更多经验和现象。本书以乡镇为研究的基本单位，以乡镇内发生的农业变迁作为整体的观察对象，能够更好地观察政府干预的结果，即本书的主题：国家干预下的农业经营体系改革在乡村社会的具体实践。本书之所以以乡镇为基本单位，首先，与当地的农业项目有关，县乡政府所设定的现代农业示范区早已跨越村庄，超出单个村庄的范畴，个体化的村庄研究无法观察到整个项目的推进和实施效果；其次，以项目为核心的政府干预在项目区村庄与非项目区村庄具有时间的延展性，这样的参照视野既能看到项目村庄与非项目村庄的差异，同时也可以发现项目推进过程中前后的调整，另外以农业为核心的生产灌溉的山河、水库系统是以乡镇政府为中心展开的，粮食的前后供给(农资购买、粮食销售)等相关的市场服务是围绕集镇的基层市场体系展开的，这些要素早已超越个体化的村庄，是在以整个乡域为核心的基层市场体系内展开的，因此，在既有的生态系统内，基层政府、农民、农资经销商，以及当地的粮食加工企业都是直接的利益相关方，他们之间的社会互动和利益博弈直接影响了农业经营的变迁方向。

## 二、资料收集

由于本书考察的是农业转型的过程，因此在以皖南平镇为个案的研究过程中，本书的调研材料主要分为两个层面：一个是乡镇层面以及县农委的调研，另一个是村庄层面的调查。因为农业转型的前后过程是在全镇范围内以农业项目推动的变迁，因此，乡镇政府的意志和安排深深地影响着乡村经营主体的变化。而在具体资料收集方式上，主要采用了访谈、参与观察法，详细介绍如下。

访谈：笔者对政府实施的项目以及农业生产活动当中涉及的主要知情人士进行了深度访谈。首先是围绕项目展开的乡、镇、村工作人员，以及管理农业的县农委工作人员；其次便是当地的种粮大户，包括流转大规模土地的加工厂老板、公司负责人，还有就是一些包地的家庭农场主；另外还有小农、自发流转土地的中农、农村打零工的雇工、卖机械服务的农机手、作为个体户农资店的老板，包括化肥公司的代管人；还有一部分完全不种地、在外打工回乡的青年男性和妇女，以及一些到镇里、县城买房做小生意，彻底离开农村不再务农的农民。通过对这些人的访谈，首先，可以掌握农业项目实施的基本情况；其次，可以了解直接生产者的生产状况；最后，通过非农人员则可以了解其对市场以及农业变迁的态度和感受。

这些访谈其实也是分步骤、分主题集中进行的，并不是漫无目的地与乡村干部和农民聊天、访谈。第一次访谈是在 2013 年 7 月暑假为期一个月的调研中，主要了解了当地的土地流转工作和收集了 50 多位家庭农场主的材料。在 2014 年 3 月至 2014 年 5 月的调研中，前期集中了解了政府的项目运行和实施情况，以及对农田基建工程的调研；接着集中了解了当地农民的就业方式及工厂企业状况；后来乡村基层市场的变化也进入了笔者的视野，便进一步考察了市场体系的变化。这些主题性的实地调研和材料收集直接成为本书的核心资料。

参与观察：在从2013年7月至2014年8月的调研过程中，经历了当地7月份的双抢时节（双季稻，早稻收获，晚稻栽秧），2014年的3月到4月，笔者实地调研经历了当地的春耕，详细地了解了当地农业的春耕、秋收过程。特别是在调研期间，偶遇了一些特别的事，例如春耕时，农户因为政府项目实施延误和质量问题，向政府讨说法的抗争行为。在2014年4月，小麦因为大雨和病虫害而减产，家庭农场主集体合作与农业保险公司进行谈判。2014年7月，早稻收获，农民因为不满粮食加工厂收购的苛刻条件和价格问题，集体联系外商来购买，对本地的垄断企业进行抵抗。这些偶遇到的事件，算是在当地比较有影响力的集体事件了。从生产、销售、赔偿方面，都看到了农民的抗争。除此之外，笔者在从一开始进入村庄时，当地政府和农民就知道了调研目的是有关土地流转和农业变迁。在与当地乡民的持续互动中，还结交了一些好朋友，并一直保持联系，他们也提供了一些笔者不在调研点时产生的重要信息。

## 第四节　平镇农业变迁概述

本书的内容主要是以皖南平镇为研究对象，观察当地的农业变迁历程，探讨自然环境、社会经济结构和政府治理作用之间的相互影响。自然环境是农业生产的天然资源，农业既受自然环境的影响，也受人地的结构性约束。中国作为拥有世界最多人口的国家，自始至终都将农业置于重要的决策和发展战略当中。因此，农业发展受到既定的自然环境和行政力量的双重影响。

### 一、生态环境与农业生产

平镇位于安徽省F县，与南陵县交界处，坐落在长江之滨，漳河之畔。

此地属于北亚热带温润季风气候区南部，全年气候温和，四季分明，冬夏时间长，春秋时间短，雨量适中，光照充足，年平均气温为 15.3℃，年平均降水量为 1244.1 毫米，年平均日照时数为 2068.3 小时，年均无霜期为 231 天，再加上此地在漳河边，境内地势平坦，水面较多，沟渠灌溉系统发达，属于南方典型的稻作区。该镇在当地的生态系统中，处于圩区与丘陵的过渡地带，即当地俗称的半山半圩区。"圩区"虽与"围区"同音，但严格说起来，两者完全不同，围田是指围垦湖边或临水的浅滩，圩田则是指用堤圩保护起来的低洼田。从广义上讲，圩田可指整个系统，包括耕地和配套的排灌沟渠①。平镇辖区有 4 个山区行政村（比邻山区）、6 个半山半圩区村、3 个纯圩区村庄。平镇辖区沿漳河河堤的长度为 19.1 公里，堤埂平均高 15.5 米，有排涝站 10 座、斗门涵闸 16 个，镇内拥有小⑴型水库 2 座，小⑵型水库 2 座②，全镇的水利灌溉条件是当地最好的，从南到北，即使低缓的丘陵地带也可用提灌设备保证灌溉。与漳河灌溉相并行的是在山脚下有一条旱河，名叫山河。雨季时有水，旱季时则会断水，需要从漳河提灌抽水，满足山区村庄的抗旱灌溉需求。

历史上漳河一直是皖南地区重要的运输航线，地跨 F 县、芜湖、南陵三县。皖南山区的土特产和粮食都是经由此河运输南下的。1949 年后，水土流失严重，河道淤塞，不再有大型轮船通行。随后地面交通的快速发展替代了之前漳河的运输功能。现在仅剩下工农业的生产、生活用水由漳河提供。漳河的维护与整修工程是按照区域分设的，平镇每年都会承担辖区沿线的河道清障工作以及防洪灌溉功能维护。集体时代，河堤维护与河道清障工作都是以公社为单位的，每年冬天公社都会按村抽调部分劳动力集体劳动，每个大队的劳动力都是自带干粮、自备工具参加集体劳动，劳动力以计工分的形式分摊到农业生产当中获取劳动报酬。因此，集体时代的漳河维护工作比较顺利，清障成为当地公社每年冬天都必须

---

① 对于圩田的介绍，详见黄宗智的《长江三角洲小农家庭与乡村发展》。

② 水库按照库容分为小型、中型、大型，其中小(1)型库容为 100 万～1000 万立方米，小(2)型库容为 10 万～100 万立方米。

组织的活动。公社解体，家庭联产承包责任制实行之后，漳河沿线的清障和日常维护工作就按照平镇的各村行政规划来分摊，落在了沿线圩区的9个行政村上，剩下山区的4个村庄则不再承担此任务。与之相应的是圩区村庄不用承担山河的清淤工作，这项工作就落在了山区的4个行政村当中。若是在大旱季节，需要乡镇政府出面来调节村庄间的合作，夏季排涝季节亦如此。因此，抗旱和排涝是当地半山半圩区乡镇常年都存在的工作。

内有山河，外有漳河，具有了天然优越的灌溉条件，且处于亚热带温润季风气候区，无霜期较长的平镇，适宜种植双季稻。当地早稻是每年的3—7月份，早稻采用稻种撒播技术，晚稻采用育秧抛秧技术。早稻收割与晚稻下田前后时间在每年的7月20日至8月5日，半个月内要抢收抢种，当地俗称“双抢”。“双抢”时节为了完成收割、插秧，劳动强度非常大，一天中劳动时间也是最长的，属全年中最忙的季节。双季稻的时间是每年的3月至11月底。如果是单季稻，则采取稻麦或者油菜结构（中稻+小麦/油菜）。当地的农户一般拥有农地较少，绝大多数都会采取双季稻模式，但是在田块和面积上会根据自家的劳动力情况作出调整。如果劳动力足够，会把全部的农田都种植双季稻；如果劳动力不足，则会采取全部农田种植早稻，然后晚稻种一半农田，余下的一半空田冬天改种一些油菜或者作为炕田[①]（休耕）。农户大多都会采取多样化的安排，3月至11月底双季稻都结束了，1月至3月份属于农田休耕时节，也属于农民的过冬与过年时节，是农民休闲与人情往来最频繁的季节。

① 当地炕田的意思是水稻收割后，把田土翻转，晾晒干燥，来年土比较松软。冬天很冷，也会将农田的虫子冻死，第二年春天的早稻病虫害较少，可大大减少施农药的次数。

## 二、土地制度与农户生计

平镇辖区拥有可耕土地面积 3.4 万亩(之前计税面积仅有 3.07 万亩[①],另外水面面积为 1.6 万亩,林地面积为 4.6 万亩),辖区总共有 3.1 万人口,其中仅有 1000 多非农业人口。因此大约有 3 万农民,共 8770 户,共享 3.4 万亩耕地。在这里土地虽紧张,普遍达不到"户均不过十亩"的人地比例,却并不比北方旱作区的收获少。当地人均耕地面积远少于北方,但皖南有较长的无霜期,因而可以种植双季稻,比北方复种指数高,因此,农村家庭的耕地面积和复种指数统和起来,再加之南方稻作区单位面积的产量较高,土地的产出率远高于北方。根据黄宗智(2006b:41)对长江三角洲和华北区域的比较发现,长江三角洲的农村比华北平原的要相对稳定,部分原因是因为长江三角洲的生态环境相对稳定得多,农民收入高,也有较少的农民会在社会经济的层次上下跌为无地的农业雇工。因此,从历史上来看,稻作区的农民生活水平整体要高于旱作区。

由于南方稻作区有较高的土地产出率,因此历史上由于生态系统的差异形成了不同的土地占有制度(黄宗智,2006b:40)和亲属系统(莫里斯·弗里德曼,2000)。北方是自耕农为主的、以村庄为主体的社会,而南方是以家族关系为核心的农村社团,在同族内部也有亲疏程度的不同,而形成了多层次的村社认同。1949 年以前,平镇当地的土地就由 7 个地主所组成的 7 大家族所占有,这是典型的地主-佃农社会结构,但是地主与佃农之间还有不同程度的亲属同族关系。经过土地革命和后续时代的洗礼,这样的社会结构彻底被打破,重塑为生产队组织的集体公社组织。在

① 该镇原来的税费统计面积是 3.07 万亩耕地,2007 年开始实施现代农田改造项目时,对农田面积实施了 GPS(全球定位系统)测量,发现面积比之前的面积总体有增长,相比原面积有 20%～50%的增长。根据乡镇干部的估计,山区可能误差更大,会达到原耕地面积 2 倍的比例,估计全镇有近 5 万亩耕地。山区没有实施农田改造,便没有精确的新数据,依然沿用之前的统计数据。因此该镇目前耕地统计数据是 3.4 万亩。山区耕地的地利和生产条件远逊于圩区,且有部分已转化为林地,无法精确估计。而本书的考察对象是农业经营,更多是在探讨粮食生产的耕地,所以本书便沿用官方的新数据 3.4 万亩。

1978年之后，完全变成当前的家庭联产承包责任制，变成一家一户独立经营小块田地的现代小农制（董正华，1994）社会。

地权和土地制度的变革重塑了农村的社会经济结构，但社会制度一直嵌入在当地的文化系统当中，规范着农民的行为和观念。1978年开始实行的家庭联产承包责任制，使生产和财产单位回归到历史上的“家户”单位，但是农村家庭又笼罩在了非正式的家族关系和正式的村社组织之中。即使变成了一家一户的农业生产，亲属之间和同生产队（同组）之间农民的合作与来往在日常生活中比比皆是，农业生产当中的互助合作、联络情感与互惠的人情往来都显示了村庄共同体生活的实质。不仅如此，还有以农维生的农村群体在农业生产的社会化分工中紧密相连，形成了一套自洽的乡村农耕系统。例如，从依靠犁田为生的兼业化犁田工到现在的农机手，从走乡串门收粮贩卖的小商小贩到现在开着卡车的粮食经纪人、经营农资的经销商，以及制造简单生产工具的手工业者。依靠农业的社会化分工与平均的地权分配，农村农民家庭拥有了多样化的生计模式。随着20世纪80年代以来市场化改革的发生，城市非农就业机会的增加和劳动力工资的上涨，吸引了大量的青壮年劳动力进城务工，形成了中国因城乡流动而独特存在的流动经济，以及乡村普遍的半工半耕生计模式。

## 三、政府干预与农业变迁概述

由于天然的生产条件、便利的灌溉基础，平镇被地方政府的发展规划定为工业大县F县的农业大镇，芜湖市的后花园。除了良好的自然条件之外，平镇交通也较为便利。高速公路G50过境长度达3公里，省道三荻路于2008年12月建成通车并贯穿全境，驾车由漳河大桥向东，经国道205至芜湖市中心仅20分钟车程。同时，通过两年的不断建设，新建村村通公路近100公里，全镇循环型农村公路基本建成。依托公路上的便利交通条件，普通农民可享受便利的公交服务，由村里可直接坐公交车到县城汽车站。便利的交通和优良的自然条件、农业大镇和后花园的定位，使得该镇远离工业化的发展模式。该镇自 2009 年纳入全国的基本农田保护区，限定了其土地用途和利用规划。因此当地目前较具实力的龙头企业主要是粮食加工厂和蔬菜种植、畜禽养殖公司，可以堪称是无工业的城镇。

作为农业大镇，没有工业的发展，也限制了当地农民非农就业的机会。但由于 F 县是个工业大县，有多种劳动密集型企业，含服装、食品、制药、建材、家电、铸造等多种企业，因此，平镇的许多农民会去附近的乡镇、县城或者外省寻求就业机会，和全国的许多农村一样，平镇农民也随着改革开放的步伐融入了外出打工的洪流之中。相比许多中西部大省，该地农民外出打工历史比较早，且具有专业型特色。当地的农户家家都有从事泥水匠、瓦匠、钢筋工、木工、装修工等涉及建筑行业的农民，这是当地农民外出谋生的主要职业。相比一些没有技术要求的工种来说，平镇的农民外出打工则是具有技术和专业化水平的。因此，平镇的农民外出打工收入比较高，但危险系数也高。

作为农业大镇的平镇因为没有工业来源的财政税收，是全县最贫困的乡镇。自从农业税费取消之后，贫困的农业大镇主要依靠上级的转移支付维持正常运转。对于乡镇领导来说，近几年中央政府高度重视农业问题，成为农业发展的契机。因此，平镇依托国家近几年的大量支农资源下乡来实现发展，即采取“项目强镇，民生稳镇”的路子。因此，自 2007 年农业税费取消后，平镇便承接了来自中央、省、市、县的各种涉农项目，开启了农业现代化的社会改造工程。平镇作为基本农田保护区的农业大镇，又是 F 县唯一的农业大镇，承担了 F 县主要的粮食生产任务和农业现代化工程。因此，来自县级政府的大力扶持、国家项目推动、惠及民生的现代农业的政绩驱动极大地调动了平镇政府实施农业现代化工程的积极性。所以，农业税费改革之后，贫困的农业乡镇需要进行“项目强镇”，以开启现代农业的社会工程来改变发展之路，因此便有了本书开篇的研究议题。

平镇自 2007 年开始实施县级现代农业示范区项目，后来又推进了基本农田保护区、省级现代农业示范区项目。乡镇政府从 2007 年冬天开始实施农田改造项目，引资下乡大规模地流转土地，实施大规模的农业现代化经营。政府依据项目要求，积极动员农民放弃土地经营权，引导农民将土地集中到村委会手中，集体向企业发包，土地流转推进规模大、速度快，掀起了一场大规模的现代化资本化大农场经营模式，即资本家公司依靠雇工的经营方式。然而，这种现代化的资本化大农场在后续的农业实践中全面失败，逐步衰退。于是，企业或公司老板纷纷将土地进行再转包，分成 100～300 亩不等规模的农田再加价转包给当地或外地愿意种田且无法流转到土地的专职农民，企业或公司老板成为不种田却享受政府各项补贴和获取高额转包费的土地食利阶层。因此，当地镇政府看到第一批大规模经营全面失败之后，在随后第二批项目土地流转政策中逐步作出调整，引导适度规模(100～300 亩)的家庭农场。自 2012 年开始，平镇就形成了一批稳定的新型家庭农场主和日趋成为主体的家庭农场经营模式。截至 2014 年 8 月，全镇已经实现了 2.6 万亩的农田流转，占全镇总的可耕面积的 76%(总面积为 3.4 万亩)，土地集中流转到了近 100 个农场主手中。平镇在政府的现代化农业项目改造和政策干预下，在短短的 7 年时间里(2007—2014 年)，由一家一户的小农经营模式转变成高度商品化、资本化的家庭农场模式，即本书所描述的农业转型。

## 第五节　本书核心概念与章节安排

### 一、核心概念

农业转型：从传统农业向现代农业的变迁在历史上统称为农业转型。在这一历史过程中，传统农业理论、现代农业理论、农民学理论和以组织为参照点的农业资本主义理论从土地、劳动、资本和生产组织等不同方面在建构农业变迁的理论解释(王立新，2012)。可以看到，由于参照点不同，这些理论模式不仅具有不同的概念结构，而且形成了农业研究中的不同论题。本书所讲的农业转型,在具体形式上表现为由小农农业模式向资本化大农场模式,再向家庭农场主模式变迁的历程。农业转型首先表现为生产组织形式的变迁,由家庭劳动组织形式变为工资劳动(雇佣劳动)形式,即资本化大农场,随后又变成兼有雇工的家庭劳动组织形式,但是家庭农场主形式和小农模式具有本质性的差异。沙宁(Shanin,1973、1974)的两篇文章提到了"农民"向现代"农场主"转变的过程,以及具体的相关影响因素,区分了农场主经济与农民经济的差异。因此这也是本书为何将当今规模化的家庭农场主与之前小规模的农民经济视为质的变化。在这种意义上,可称之为农业转型。其次,在农业生产要素的使用上,后两者相对小农经济在现代化的资本有机构成比前者要高。无论是固定资本(农用机械、器具),还是流动资本(种子、农资化肥等),其在农场的使用都发生了巨大变化,主要是资本化程度提高了,而农业发展的趋势则是农业资本化增强了。最后从农民经济的市场化和商品化维度考察。小农农业模式按照艾利思(Ellis, 1993)的分类模式,是部分参与市场,部分商品化。农民是以商品化为手段,来获取生存途径的,正和黄宗智(2006b)意义上的"生存推动的商品化"有类似含义。而资本化大农场模式和家庭农场模式(范德普勒格意义上的企业农业模式)则是以商品化为目标,因为它们的生产与再生产关系高度依赖市场。

上述三个维度综合起来主要是表现在农业的生产体系上,即按照当前政策讨论的,农业经营主体的变化,即新型农业主体的培育。除此之外,皖南平镇除了农业生产者的变化外,与之相匹配的社会化服务体系也在发生变化,特别是与农业生产环节相一致的如耕田、收割等环节逐步外包,农场主寻找专业的市场化主体来承担,生产环节的分工与专业化和市场化服务的兴起,使得之前的生产体系也在随之瓦解,即整体表现为农业经营体系的变革。

资本化:资本化在本书中主要是古典经济学意义上的资本深化,依据萨缪尔森等(1999)的资本定义,将资本视为一种生产要素,主要指的是单位土地面积和单位劳动上的资本深化,即资本与劳动比率的上升。在具体的农业生产中的考核指标，主要是指现代农资要素，如种子、化肥、农药、机械等的增加。这些主要是从生产力层面考察农业生产中生产要素的组合与变化，例如黄宗智(2012b)考察中国农业的资本化发展时便使用的此方法。因此，无论是小农(农民)，还是资本家，都可以通过不同的方式提高或深化自有农场的资本比例。但是资本积累有其原始动力，它来源于劳动力(可变资本)的剩余价值，只有剥削和压榨剩余劳动才可能实现资本积累。所以，农业资本化和农业资本主义不同，但二者有相关性。农业资本主义主要是从生产关系角度，也即政治经济学视角阐述农业生产方式与政治社会之间的关联。拥有资本的资本家依靠雇工经营大农场，榨取雇工剩余价值进行生产性积累，形成资本家与雇工两级对立的状态，其核心是拥有资本的资本家购买无产化的雇工进行商品化的生产活动。而在当前讨论中国乡村普遍的资本下乡时，即主要指的是资本化企业圈地，或者以其他的方式进村，逼迫乡村农民与土地分离，使其成为农场雇工，变成资本化的大农场。因此本书中使用农业资本化时，主要指的是现代农资要素的增加，而使用资本化大农场时则主要指后者的定义。

商品化：本书的商品化概念主要参照亨利·伯恩斯坦(Henry Benstein)的概念界定。亨利·伯恩斯坦(2011：155～156)认为："商品化是一个过程，在此过程中生产与社会再生产的要素来自市场交换，并为了市场交换而生产，同时受到市场交换和强制力的制约。在资本主义社会，这一过程的前提是历史上出现了资本与雇佣劳工的资本社会关系。资本主义的主要趋势(即普遍的商品生产)并不意味着社会现实中所有要素都必然而且全面地被商品化，相反，它意味着生活资料的商品化，即人们无法在商品关系与其强加的原则之外进行再生产(即马克思主义意义上的‘经济力量的无声强制’)。"

马克思主义意义上的"经济力量的无声强制"不同于非资本主义社会对劳动力的控制，非资本主义社会对劳动力实施的是法律和政治的强制控制，即超经济强制。在这种社会当中，"一旦农民家庭被资本主义的商品关系整合，他们就不得不服从商品化的动力与强制力，这已经内化在他们的社会关系与实践之中”。并且,亨利·伯恩斯坦还举例说道,“如果他们种田只是为了自己的消费,那也是因为他们已经通过其他方式被纳入商品关系之中,一般是出卖他们的劳动力。在这种情况下,‘养家糊口’的农业生产得到薪金的贴补是很平常的事情”(亨利·伯恩斯坦,2011:157)。这里简单指出了乡村社会大量外出打工经济与农耕经济并行的实质逻辑,虽然黄宗智(2006a)将市场化的农民家庭经济形式概括为“制度化了的半工半耕”,贺雪峰(2013a)则将之称为“以代际分工为基础的小农经济”,但这些农民家庭经济的具体表现形式是由商品化的动力与强制力所促成的。

当采用商品化的发展方式,农民成为小商品生产者时,便会带来阶级分化。这种结构性的分析方法具有其优势,但是诺曼·龙(Norman Long)认为,这种方法只观察了商品化的程度及其改造能力,而没有注意到农民抵制商品化的一些行动。他们采用了结构-历史方法来分析,而没有从行动者视角来看待问题。行动者视角会对商品化和非商品化的关系予以更加动态的理解,但没有给“操作上的”单元和过程以充分关注。没有领略到非商品关系对于商品关系的理论重要性。尽管意识形态和文化维度在马克思分析商品化时处于很重要的地位,但大多数商品化研究对此几乎没有关注。以上多种局限性导致大多数文献存在一种否定农民阶级在商品化过程中战略性角色和积极角色的倾向。因而诺曼·龙倡导用以行动者为导向的方法分析社会价值、权力和能动性(任守云,2012:18)。

上述研究一方面指出商品化对农民经济的负面影响,另一方面又提醒我们要注意农民行动者对商品化的抵制策略和社会行动。因而给笔者的启示是,我们不仅要看到商品化对农民经济的改造,也要看到农民抵制商品化的社会行动。因此,按照波兰尼(2007)关于社会发展的“双重运动”思想,即在市场社会当中,商品化即市场经济会力图扩展其范围,成为社会主导原则,同时,也会出现力图抵制经济脱嵌的社会保护运动。按照市场扩展与抵制市场扩张的双重运动思想,可将农民经济抵制商品化的行为理解为受“去商品化”因素的影响。孟捷和李怡乐(2013)从“商品化”

和“去商品化”这个视角来研究中国劳动力以及劳动制度的变迁时，给笔者的直接启示便是：在考察农业的商品化时，要关注一些“去商品化”的因素，二者结合才能更好地理解劳动力流动背景下的家庭农业现状。王绍光(2008)分析了中国改革开放以来市场社会的发展脉络，市场以前所未有的速度加速入侵社会的各个领域。然而，正是因为市场的入侵之快，社会自发出现了一些抵制市场的行动，特别是近年来国家的一些政策方向，关注“人”这个主体以及社会发展领域的社会福利政策，努力通过再分配的形式，尽力对人类生存的相关领域进行“去商品化”，让全体人民共享市场运作成果，努力使市场重新嵌入社会伦理关系之中(王绍光，2013)。孟捷和王绍光在市场社会发展的过程中，一个从微观的劳动力市场，一个从宏观的社会发展框架和相关指数，分析了一个共同趋势，即在商品化的逐步扩展过程中，也存在“去商品化”的力量。无论是诺曼·龙意义上的微观视角的抵抗，还是王绍光宏观视角的政府调适下的一些制度性改革，这些都可以理解为“去商品化”的相关制度因素，完全不同于单一商品化机制的市场化影响。

上述对商品化的研究和辩证性认识，启示笔者一方面要注意农业转型中的“商品化”趋势，将土地变成可流动的资源，即土地流转，这种土地流转也可类比为拟商品化。因为土地在一定的区域内能够发生市场价格的流动，具有了商品的一些要素和特征，更充分说明土地流转使得农民更深地被卷入商品化、市场化的洪流中。另一方面更应该深刻理解“均平的土地”传统不仅承载着农民的社会保障功能，在一定程度上也可以理解为“去商品化”或者是农民抵御商品化压力的自我调适，辩证的认识视角可以更深刻、更全面地理解商品化的农业转型对农民生活的影响。

## 二、章节安排

本书在前言当中提出文章的研究问题之后，在第一章对已有的相关研究文献进行了梳理，然后选择本书的研究视角和理论传统来认识平镇的农业转型过程，试图认识农业现代化改造的本质及其内在的发展趋势。

第二章分析平镇农业转型的社会基础，即国家政策干预前农村的农业经营与农民生计实况，详细描述了平镇的人口流动、农业技术发展以及乡村自身的回应和变化，以期对平镇的农业转型提供全面而整体性的认识。

第三章专门针对国家的项目干预来分析，从政策话语和实践来认识平镇的农业改造图景。项目和资本进入农业，存在政策话语目标与政府自身行动逻辑，以及农民需要之间的偏差，使得追求农业现代化发展和确保国家粮食安全的项目及政策最终的实践结果与政策初衷、农民需求都渐行渐远。

第四章主要分析制度调整后的"家庭农场"的生产状况。国家鼓励家庭农场的发展，家庭农场到底是对发展资本主义农业生产方式的替代路径，还是一种新型的对市场依附的农民经济或农民生产形式？本章从理论结合经验现实给予了客观的回答。

第五章是跳出农业本身来审视农业转型的社会后果，即农业转型的社会代价，主要从农民商品化背景下的生活境遇、农业生产的发展趋势与政府治理的制度走向、农民社会的结构变化三个方面呈现农业转型后的一些新的社会特征。

第六章为结论，对农业转型的推动力，农业商品化转型的本质、发展趋势以及农业转型的社会代价进行总结，回答前言当中提出的基本问题，即农业转型的发生机制、组织过程及其相关后果。

# 第二章 农业「去过密化」与小农经济的延续

从学理性基础来看,农民流动和非农就业的增加、劳动力的劳动效率或者劳动报酬的增加,虽改变了农业"过密化"的现实,但无论是从商品化角度,还是资源库和再生产体系的内外交换来说,农业生产仍然是小农经济的延续。

黄宗智的经典研究指出,中国自明清以来的人口增长使得中国农业一直处于过密化的困境中。过密化是指随着人口的增长,土地上的人口压力逐步增加,在农业生产过程中大量人力劳动的不断投入、劳动集约度的提高,导致单位劳动的边际劳动生产率呈现递减的现象。即使后来长江三角洲地区农村商品化,也未能彻底地改变其过密化的现实,相反,生产分工的家庭化支撑了其农村经济的商品化发展,商品化发展只是将妇女和家庭内其他劳动力纳入了生产领域,反映了家庭生产的完善与加强。然而,20 世纪 90 年代的市场化经济发展以来的劳动力(非农、城乡)流动展示了与明清时代过密化农业完全不同的面貌。劳动力流动改变了农业紧张的人地结构,使得中国农业走向了去过密化的发展方向。农业的去过密化是在劳动力流动带来的非农收入向农业投资增加的过程中产生的,并且去过密化的农民农场是以社区的互惠机制和非商品化的人情伦理关系来获得的社会支持,从而顺利完成家庭社会再生产的。劳动力的城乡流动和农民职业分化减缓了紧张的人地结构压力,同时土地在村社内依靠非商品化关系的自发流转成就了新时期农业内生发展的社会契机,走向了一条自主化的逐步去过密化的农业发展道路。因此,本章主要回答一个问题,即商品化的劳动力流动给乡村带来了什么,其对小农经营有哪些影响,也即劳动力商品化的发展在什么方面及多大程度上影响了小农经营,以及劳动力流动所形成的兼业化生计是促进(巩固)了小农经营,还是瓦解了小农经营,小农家庭的社会再生产是如何实现的。

## 第一节 人口流动与留守农业

市场化改革发展以来,城镇化与工业化进程使得农户生计的货币化压力不断增强,农民无法依靠小规模经营来满足家庭消费进而完成家庭再生产,大量青壮年劳动力流动到能够获取更高收入的城市经济部门,而家庭的辅助劳动力留守农村从事农业。这一现象黄宗智(2006a)解释为:

土地使用权的平均分配和国家强制性的城乡二元户籍制度使得广大的农村家庭形成了制度化的半工半耕经营模式。据统计[①]，农村外出人口从20世纪80年代的不足200万人发展到2012年的2.6亿人，相当于全部农业人口的1/4作为外出劳动力进入城镇打工，赚钱养家。21世纪以来，农业就业人员先是以每年500万之数递减，2006年之后递减数更达到每年将近1000万。同时，农村范围内的非农就业也在快速增加。结果是，农村的农业就业人员在2001—2010年的10年间每年平均减少了1200万人，从2001年的将近3.2亿减少到2010年的1.96亿(黄宗智，2013a:52)。

如此大量的劳动力城乡流动，足以表明中国劳动力商品化进程的加速。改革开放之初，国内政治经济学界围绕劳动力在社会主义商品经济条件下是否为商品展开过一场热烈的争论(卓炯，1984、1986；孙尚清，1985[②])。而随着社会主义市场化改革的深入和商品经济的快速发展，劳动力商品化的观念已被人们逐步接受。按照劳动力商品化的理论发展，即从马克思(2004:195～197)的以出卖劳动力而获取生存资料的无产化工人出现是商品化的前提，到列宁(1984，151)强调不要僵化地理解马克思所讲的自由的无地工人，其实有份地的农村工人即半无产化工人的出现也是资本主义发展的前提。而且研究已经发现，即使有一小块地，也阻挡不了农民成为资本主义发展的商品化劳动力。当代世界体系论的相关研究(沃勒斯坦，1999；刘建洲，2012)已经揭示了资本积累对半无产化工人的结构性依赖。在国内，以潘毅和卢晖临(2009)为代表的研究人员研究中国农民工现象，也据此分析了全球资本的空间修复对半无产阶级化工人的依赖。因此，农民是否有产(土地)已经不再是资本主义商品经济的阻碍了。所以总的来说，生产者在多大程度上需要从市场上购买其劳

① 人力资源和社会保障部:《2012年度人力资源和社会保障事业发展统计公报》。

② 详见孙尚清《经济体制改革的基本理论探讨》，载于《世界经济导报》，1985年9月16日。转引自卓炯(1986:74)。

动力再生产所需的产品和服务，直接决定了劳动力的商品化程度。据此，孟捷和李怡乐(2013)以此视角分析了制度因素对中国劳动力商品化和去商品化的影响。这些研究的一个共同启示便是，市场化改革以来，劳动力的商品化已是一个毋庸置疑的事实。因此，农民工外流与农村劳动力非农化和农户兼业化发展是伴随着商品化的不断深化而加剧的，对农业生产的显著影响便是以留守妇女和留守老人为主体形成女性农业和老人农业，在此笔者将其统称为“留守农业”。

留守群体因自身的劳动力质量以及缺乏市场机会而无法实现城市化，因而留守在村庄来完成农民家庭再生产以及农村劳动力的再生产。留守群体属于城市经济体系中的边缘劳动力，但却是农村经济中的主力。留守群体颇具创造力和主动性地发展出多种农村经济方式，支撑着农村经济的稳定性，也成为当前农村经济中与打工经济相并行的重要维度。与留守在村的留守群体相对的便是外出务工的流动人员，详细数据如表2-1所示。

**表 2-1 平镇外出务工人员统计表(2006—2011 年)**

| 时间 | 人数 | |
|---|---|---|
| | 总计 | 流向省内 |
| 2011 年 | 11507 人 | 2575 人 |
| 2010 年 | 10408 人 | 2061 人 |
| 2009 年 | 9874 人 | 1457 人 |
| 2008 年 | 8167 人 | 1730 人 |
| 2007 年 | 9665 人 | 1378 人 |
| 2006 年 | 6773 人 | 1612 人 |

注:数据来源于在平镇人口计生办的访谈。

平镇外出务工人员数量总体呈上涨趋势。全镇 3.1 万总人口，8770 个农村家庭，2011 年平均每一户有 1.3 人在外打工。如果再详细了解平镇的年龄性别结构，即可发现村庄从事农业生产的群体概况，如表 2-2 所示。

表 2-2　平镇各年龄段人口分布表(2013 年)

| | 0～17 岁 | 18～34 岁 | 35～49 岁(45 岁为界) | 50～59 岁 | 60～69 岁 | 70～79 岁 | 80 岁以上 | 总计 |
|---|---|---|---|---|---|---|---|---|
| 男性 | 2084 | 3748 | 4727(2821/1906) | 1995 | 1802 | 863 | 289 | 15508 |
| 女性 | 1840 | 3549 | 4416(2668/1748) | 1813 | 1509 | 890 | 403 | 14420 |
| 总计 | 3924 | 7297 | 9143(5489/3654) | 3808 | 3311 | 1753 | 692 | 29928 |
| 比例 | 13.1% | 24.4% | 30.5%(18.3%/12.2%) | 12.7% | 11.1% | 5.9% | 2.3% | 100% |

注：数据来源于平镇人口计生办统计数据。

排除掉 0～17 岁的未成年人口(占平镇总人口的 13.1%)和 60 岁以上的老年人，外出务工人群主要集中在 18～59 岁，这个区间总共有 2.02 万人。如此看来，常年外出务工人员就占据了乡村劳动力的一半以上，并且集中在 18～49 岁年龄段。虽然中青年劳动力大量外流，农业人口不断地通过非农领域向外输出，但从事农业的农村留守人口仍然保持着家庭作业模式，农业生产仍然是以小农经济为主导。留守人口所从事的农业基本是生计保障型，会通过市场出售部分富余谷物和副食品，但没有改变其结构性事实，即这些农业生产者仍然“主要是直接或者间接地为自己的消费生产”(Shanin, 1973)，即通常所说的劳动力外出务工后的农业仅存社会保障功能，缓解外出务工人员的社会风险。

若是从农村经济总量来说，尽管中国的乡村经济经历了快速的“去农业化”(非农领域的壮大)，但是对于农村广大的农业人口来说，包括处于非正规经济中的广大农民工(黄宗智，2009)，他们并没有“去农民化”，因为他们是在代际分工的基础上完整地构成了中国的半工半耕经济模式。农业领域仍是以农户的自给自足生产或者部分商品生产为主导。简言之，留守农业和流动经济的相互支持完成了农村家庭的社会再生产。

## 第二节　小农经营的自我调适：土地自发流转

平镇不仅劳动力外流总量大，而且当地由于毗邻长江三角洲，邻近上海市、江苏省、浙江省等发达省市，因此可以承接外省的产业转移，因此带来了很多"离土不离乡"的非农就业,即使在村的农民职业分化也是普遍现象。全镇范围内就有10多家家庭作坊式的小服装厂,大的常年就业人数达上百人,小的也有二三十人。还有邻镇的其他养殖场、食品厂、建材厂、家电厂,解决了很大一部分农民的本地就业问题。当地的非农就业机会较多,农民职业分化程度高,因此极大地缓解了土地上的人口压力。由于F县是个工业大县,制造企业较多,也带来了相关的运输、餐饮服务行业的发展和一些个体工商户的兴起。除在家庭作坊式的服装厂务工之外,还有很大一部分农民从事交通运输业和服务行业。

除与工业相关的分化,还有一些农业的分化,那就是特色养殖和种植,主要是集中在资本与劳动双密集的新型农业中。这些小农户家庭会将自家的大部分田地用作特色养殖和种植,商品化程度高,不同于传统的自给式生产。因此,从农业与非农业的兼业化类型来区分,行业的分化可分为以下几类:当地除了打工种地的兼业化生计(即半工半农)约占农村主体的一半之外,从事运输(跑货车、开出租车)的农民约占5%,加之一些从事特色种养业(水产、家禽养殖,蔬菜、苗木种植)的农民约占5%,从事个体工商业(开零售店、餐馆、理发店、建材店等)的农民约占10%,村庄里因土地自发流转而形成的中等经营规模的农户约占20%。另外,有极少数的完全进城户或者半边户(家里一个人是公务员或者老师,体制内有稳定工作的家庭)。这些有不同兼业的家庭,因收入来源的多样化、农民职业分化和外出打工(人口流动)的家庭,土地如何处理,便是首要问题。在平镇农民最主要的做法便是土地的自发流转。一些家庭是全部流转,一些家庭是部分流转,这主要取决于各家的收入来源方式以及家庭劳动力结构。

综合上述两方面,到外省务工的劳动力流动实现的非农就业和本地农民的"离土不离乡",以及农业职业分化极大地缓解了土地上的人口压力,因此也便有了当地农民自发流转土地的现象。外出务工农户和本地实现全就业的家庭,便会将自家承包地低价流转给亲戚或朋友。在当地比较突出的现象是都会将土地流转给"自家人",即本家兄弟或堂兄弟。

调研发现，每个家族几乎都有一户在家种地，或者是种本家兄弟、堂兄弟的田，或者是老人种儿子或者侄子的田。无论是父代子耕型抑或是兄弟代耕型，这些家族留守成员都成为村庄的主要务农群体。例如，笔者详细考察了一些村庄的土地自发流转情况，圩区平村 F 组，24 户，有土地 137 亩，目前实际种地的仅有 8 户，8 户人家耕种全组的 124 亩土地，详见表 2-3 的数据。

**表 2-3　平村 F 组种地农户情况**

| 农户编号 | 年龄/岁 | 家庭基本情况 |
|---|---|---|
| 1 | 71 | 2 个儿子（一人为建筑包工头，一人做生意），自己老两口种 13 亩地 |
| 2 | 73 | 儿子做冷库生意，自己在家种了 5 亩地 |
| 3 | 62 | 儿子 39 岁，在外打工（家具厂），总共种了 54 亩地（自家 16 亩，以及 2 个侄子家和 1 个邻居家的 38 亩），家里有大型收割机、旋耕机 |
| 4 | 54 | 种地 18 亩（自家 8 亩、邻居家 2 亩、外组 8 亩），儿子在外做船运工作，老夫妻俩种地 |
| 5 | 62 | 14 亩（自家 6 亩、邻居家 8 亩），夫妻俩种，儿女在外打工 |
| 6 | 56 | 16 亩（自己 4 亩、外组 12 亩），儿子在外做瓦工 |
| 7 | 54 | 种 6 亩地，儿子开车，他平时打零工 |
| 8 | 53 | 38 亩（自家 8 亩、邻居 12 亩、外组土地 18 亩），子女均在外地打工 |

注：此表数据是根据对村庄小组长和 3 个种地农户访谈所得。

平村 F 组是处于圩区的村庄，地理位置及生产条件较好，农户之间土地的流转比较频繁。在村的三分之一农户基本耕种了全组全部的土地。表 2-3 中的 8 户农民家庭总共耕作了 162 亩土地，除去外组（本行政村邻近的村民组）的 38 亩土地，共耕作了本组的 124 亩，村民组内的土地流转占据主导。F 组的另外 13 亩土地，也以同样的方式流转给了邻近村民组的其他农户。圩区土地灌溉条件较好，基本没有抛荒现象。即使在一些山区，村庄内主要以小组内的土地自发流转为主，这成为农村留守人群经营农业的社会常态。再看处于半山半圩区的李村 L 组（共 42 户）的详细数据，如表2-4所示。

**表 2-4　李村 L 组 12 户种地农户的基本情况**

| 农户编号 | 年龄/岁 | 亩数/亩 | 流　转　方 | 家庭基本情况 |
|---|---|---|---|---|
| 1 | 60 | 25 | 自家兄弟姐妹的地 | 4 个女儿已出嫁，1 个小儿子上小学，一直在家种地 |
| 2 | 61 | 20 | 2 个儿子的地 | 2 个儿子做茶叶生意，已分家 |
| 3 | 58 | 30 | 兄弟的地 | 1 个儿子做瓦匠 |
| 4 | 62 | 20 | 哥哥的地 | 2 个儿子，大儿子打工，小儿子读初中 |
| 5 | 50 | 10 | 自家的地 | 2 个儿子，大儿子开车，小儿子做酒店管理，自己在家开了农资店，同时给大户做代管 |
| 6 | 47 | 25 | 哥哥的地 | 1 个儿子打工，自己在家开收割机、挖掘机，做零工 |
| 7 | 78 | 10 | 自家地 | 2 个女儿出嫁，1 个儿子做大米生意 |
| 8 | 70 | 15 | 2 个儿子的地 | 1 个儿子结婚了，在做瓦匠，1 个儿子在工厂打工 |
| 9 | 50 | 30 | 哥哥、老表的地 | 老婆去世，1 个女儿出嫁，1 个女儿打工，1 个儿子做木工 |
| 10 | 70 | 15 | 2 个儿子的地 | 儿子是小包工头 |
| 11 | 63 | 20 | 儿子、女婿的地 | 1 个女儿嫁在本村，1 个儿子在城里开公交车 |
| 12 | 57 | 25 | 儿子、哥哥的地 | 儿子打工，媳妇在家带小孩 |

注：此表田亩数据是根据村委会统计的村民所缴纳农业保险数据所得，家庭情况是和村庄小组长以及种地农户访谈所得。

劳动力流动和非农就业的增加减轻了土地的人口压力，使得很多家庭的土地在亲属关系和邻里关系当中形成了自发流转。这种自发流转的土地催生了一批具有中等经营规模的农户。比如表 2-3、表 2-4 中种地达到及超过 20 亩的农户，他们是村里主要的土地转入方。因为他们的经营规模和在村庄的社会禀赋具有中间阶层的社会功能，成为村庄的活力阶层，以往的学者将其称为“中农”(贺雪峰，2012b；杨华，2012；徐嘉鸿，2012)。这种土地自发流转所塑造的中农阶层构成了农村新的社会活力。表 2-5 所示的是邻近山区丘陵的蔡村 2009 年 4 个村民小组中农户的土地流转情况(此时蔡村还未实行国家农业现代化项目)。

**表 2-5　2009 年平镇蔡村 4 个村民小组土地自发流转情况**

| 村民小组 | 总户数 | 土地总面积/亩 | 种地户 | | 中农户 | | |
|---|---|---|---|---|---|---|---|
| | | | 户数 | 土地面积/亩 | 户数 | 土地面积/亩 | 占种地户土地总面积的比例/(%) |
| W 组 | 42 | 243 | 17 | 185.51 | 9 | 148.21 | 79.89 |
| D 组 | 17 | 109 | 5 | 59.18 | 3 | 48.18 | 81.41 |
| Z 组 | 19 | 230 | 7 | 128 | 4 | 102 | 79.69 |
| F 组 | 32 | 95 | 10 | 95 | 4 | 70.7 | 74.42 |
| 总计 | 110 | 677 | 39 | 467.69 | 20 | 369.09 | 78.92 |

注：W 组有 57.49 亩土地流转给蔬菜公司；D 组在山区，退耕还林了 20 多亩土地，抛荒土地有 20 多亩；Z 组有 100 余亩土地在项目区，流转给了万达加工厂。

从 2009 年平镇蔡村 4 个村民小组的土地自发流转情况来看，种地农户数总计约占农户总数的三分之一(35.46%)，其中“中农”约占种地农户数的一半(51.28%)；从流转的土地面积来看，在没有政府干预的整村流转和退耕还林的 F 组，自发流转形成中农耕种的土地面积约占全组总面积的 74.42%。总体来看，4 个小组因土地自发流转形成的中农耕种了种地农户所耕种土地总面积的近 80%(78.92%)。

上述几个小组(圩区、半山半圩区、山区)的数据基本反映了平镇农民土地自发流转的基本情况。在平镇劳动力流动和农民职业分化、农户生计兼业化的变迁过程中，总的结构性的变化可概括如下：农村种地农户仅占总农户的三分之一，即当地人常说的，“一家人种两家、三家人的田”；而且在这三分之一农户中，又大约有三分之一属于较大规模的农户，即上文所说的中农。这可被视为村落内在的“三三结构”，简言之，便是三家中有一家种地，种地的三家中有一家主要以种地为生。

表 2-3 和表 2-4 中农业劳动者的年龄还揭示了另一个特点，即农村的普遍老龄化。老人农业是乡村劳动力外流和农民职业分化下的客观后果。但从家庭基本情况也可发现，老人农业都是基于家庭内部的代际分工所形成的。20 世纪 90 年代的早期劳动力外流，性别分化明显，故农村多表现为农业女性化(高小贤，1994)。但是 2000 年以后，农户家庭逐步以代际分工为主，例如表 2-3 和表 2-4 的数据揭示出一个基本现象，即以父代子耕型抑或是兄弟代耕型为主，所以老人农业占主导。与平镇农业劳动力趋势相同的是朱启臻等(2011)的调研，其发现农村农业劳动力老龄化和女性化趋势日趋严重，农村中青年劳动力存在过度转移现象。农业劳动力(16～60 岁)中妇女所占的比例较高，为 57.12%；但实际从事农业劳动的老龄劳动者(含 60 岁以上的农业劳动者)则是男性比例高于女性。农村的实际老龄化程度平均超过 30%；农业从业者的劳动力老龄化现象则更为突出，平均年龄达到 67 岁，50 岁以下的农业劳动力不足总农业劳动力的 10%，更有 84 岁高龄的老人还在田间务农。结果表明，在村里专事农业生产的没有 30 岁以下的年轻人，老年人约占农业劳动者总数的 74.18%。何小勤(2012)的量化研究也证明了劳动力的严重老龄化和老龄化趋势的上升。但是他们并没有发现与老人农业相伴而生的“中农”群体，即表 2-4 和表 2-5 所揭示出的内在现象：农村土地的自发流转和家庭的代际分工。

与这一老人种地现象相对应的问题便是，学界在开始担忧老人种地能否承担国家的粮食安全任务时，普遍开始倡导实施农民职业培训战略和农业企业化经营。针对劳动力的老弱化和后继无人判断，专家们(朱启臻等，2011)面对老弱化的农业和中青年劳动力务农意愿低的现状，倡导要启动“农业后继者培养工程”，核心便是培养职业农民，让能够种地和想种地的人去种地，培养种地能手，作为农民职业化教育和农业可持续发展的战略措施。中国人民大学郑凤田教授(2012)则指出，要从娃娃抓起，从义务教育阶段培养对农业的兴趣。接着再实施农民职业技术培训，培养更多的种地能手，再则是通过优惠措施吸引部分进城人员返乡。然后针对给出的农民职业化道路，进行职业教育、资格鉴定，给予资质认可。

针对中国基本的家庭经营格局，特别是近年来面对老弱化的农村留守人口种地的小农家庭经营格局的延续，随着新自由主义在我国农业发展的话语中逐渐占据主导地位，农业企业化的呼声也越来越高。这些全社会的“规模经营情结”（贺雪峰，2011a）持续高涨。特别是在我国学术界，韩俊（1998）、张曙光和北京天则经济研究所《中国土地问题》课题组（2010）、张忠根和黄祖辉（1997）等都提倡规模经营，发展现代农业。也有不少人（胡鞍钢、吴群刚，2001；崔建、冯智强，2007）力推中国农业走规模化、产业化和企业化道路，即推行大面积连片经营的机械化雇工农场模式，其理由是规模化、机械化的农场可以释放农业生产要素的效率，如劳动力、水利设施、农业机械满负荷工作效率，以及购买、销售网络的谈判好处等，目的是推动土地流转，实现农业规模化和集约化经营。延续农业规模化经营的思路在当前地方政府实践中的集中表现便是推动农业企业化（孙新华，2016）。专家们的研究和舆论为各地的农业企业化实践提供了强大的理论支持。然而农业企业化的结果便是工商企业进入农业生产中，与农民争夺农业生产领域的利益（贺雪峰，2013b：60）。同时农业企业为了实现大规模经营，会在地方政府的协助下通过强制或半强制的措施强行流转务农户的土地，对广大务农户的利益造成极大侵害（孙新华，2012），使得没有市场机会的大多数留守人口陷入生活困境（孙新华，2013）。

在此，我们在回首上述老人农业的实况，以及老人农业问题化之后所开的药方对中国农业改革实践的社会影响，即在乡村社会普遍的规模化运动过程中，政府主导的土地流转运动使得农村弱势群体面临生计困境。但在农村农业经营主体普遍老龄化的表象背后，实质是中国小农的经营过程日趋变为黄宗智所概括的以节省劳动力为目标的农业资本化，也即以机械和现代农资为本质，具有技术进步特征的绿色革命的应用，其实这才是老人农业普遍存在的本质逻辑。

## 第三节 农业资本化的发展与留守农业的事实

绿色革命不仅包括生物育种方法的改进、灌溉设施的改善、化肥和农药的使用，还指农业机械的应用，这一直是我国1949年以来在农业方面的主要投入。在农业现代化论域中，这也等同于农业资本化的发展。依据黄宗智(2013b)的论证，在中国人口生育率下降、农民非农就业机会增加以及居民消费结构改变的三大历史变迁背景下，中国农业在沿着去过密化方向发展的同时，农业也在快速资本化。一方面是延续绿色革命以来的科学选种与化肥投入，增加产量。在最近10多年，农业生产加大了农药投入和机械投入，其目的主要是节约劳动力，即单位劳动力资本投入的增加。另一方面相比以往的旧农业(粮、棉、油)，新农业(蔬菜、瓜果、养殖)在快速增长，集中在沿海地区、发达地区以及城郊地区农村的新农业形成一定规模。这两大去过密化的变迁趋势共同表现为中国农业的资本化发展，其核心是资本投入替代劳动投入。小农家庭并不排斥一定程度的资本化投入，可以很大程度上减轻务农劳动的强度和减少一些烦琐的工作量。

在农业去过密化的变迁轨迹中，表现为农业资本化的发展，即主要是以节省劳动力为主的现代农资要素的增加与投入。黄宗智的农业资本化理论正好从本质上解释了皖南平镇所出现的普遍的老人农业的现实。黄宗智(2013b)根据我国发展和改革委员会统计的68000个样本农户成本收益的统计数据发现，1996—2010年，粮食生产中的机械投入急剧增长到了之前的5～6倍。按照1996年的价格，机械投入从每亩的10～25元增加到60～100元。与此同时，除草剂(用来协助除草劳动，减少人工劳动投入)和杀虫剂等农药投入增加到原来的2～3倍。相比之下，同一时期的另外两种资本投入，化肥和良种仅有少量增加。结果是15年来，机械和农药投入占全部投入的比重增加，从1996年的26%(15%+11%)增加到2010年的54%(37%+17%)。另外根据国务院农普办数据，

1996—2006 年，拖拉机总数大约增加了 1 倍。整体而言，现代化投入增加约 2 倍，达到原先的 300%，而依据成本收益数据，投入增加了 4 倍。另外更不用说高产值的新型农业的资本化增长。

农业资本化发展的一个核心思想便是对劳动力的解放，特别是机械、除草剂、杀虫剂等现代农资的大量使用，大大降低了农业的劳动强度和劳动量，因此在另一个层面也说明了农业劳动力老龄化的本质合理性。在全国农业资本化的发展趋势下，平镇的农业资本化也有同样的增速。以农业机械为例，平镇自 20 世纪 90 年代初开始普及农业机械，开始主要是用小型拖拉机代替牛耕，小型手扶拖拉机耕地速度比牛耕快 2 倍，1996、1997 年开始，收割机也逐步推广开来。至 2000 年时，农田里的牛耕和人工收割再也见不到了，基本全部实现了机耕和机收。当地老人和妇女种地就相当于是经营管理，耕田和收割出钱请机械即可，而且当地是平原区，各家各户基本都有小三轮车，完全摆脱了肩挑背扛的时代。因此，农业的强体力劳动基本被机械取代。据村里老人自己的推算，在当今机械化和轻简便农业技术的推广下，农村老人的劳动时间延长了 3～5 年，甚至 10 年。因此，仅从这个角度考虑，老人农业的内在逻辑是农业机械的发展。

例如，平村 S 组的王发群，67 岁了，他和老伴（62 岁）在家里种地、养猪，共种了 30 亩农田（自家的 10 亩多，一个侄子的 8 亩，另外一个邻居家的 12 亩），养了 10 头猪。他的两个儿子都在北京，一个儿子开装修公司，一个儿子做建材生意，是平镇小有名气的老板。两个儿子过年回家不让父母种那么多地了，但是王发群不爱打牌，空闲时间不好打发，自己坚持要种地。他觉得现在种地轻松多了，种二三十亩田比过去种 5 亩田还轻松。30 亩田，早稻直播，选择种 10 亩早稻、10 亩小麦。另外一部分田种植土豆、油菜等。耕田，他请大拖拉机，一天就结束了。要是想省钱，自己就用小拖拉机，10 亩田的工作 2～3 天也能干完。由于自己种地有积蓄，而且两个儿子一年也会孝敬他一万多的零花钱，因此他不用太节省，可以完全请大机械耕田，然后自己撒肥料，2 天就干完了。撒播稻种时，10 亩早稻一个人2天就干完了。老伴身体好的时候，两个人下田，1天就干完了。早稻施农药次数少，1～2次就可以，而且在撒播稻种时，就把除草剂撒下去了，后续基本不存在除草的问题。收割时，10亩田若请请收割机，3个小时不到就收割完了。平时自己主要是管理田间灌溉和病虫预防工作。等到晚稻抛秧时，请1～2个工人帮忙抛秧，2天就能结束工作。所以王发群现在觉得种地很享福，耕田、收割请机械，也不用除草了。与以前穿着靴子在水田里拔草、肩挑背扛相比，他觉得现在种地很轻松，而且国家还给补贴，干得更有劲头。田里农活减少了，也收有粮食，他平时觉得闲着没事，老伴也在家，就养了几头猪，2013年发展到了10头猪(2头大母猪，2头过年猪，6头小猪①)。每年养猪收益达1万多元，种地有2万元，一年下来3万元收入是不错的。

从王发群种地的情况来看，机械和除草剂这两种现代农资大大降低了田间劳作的强度，而且他现在种30亩田比过去种5亩田还轻松。由此可以发现，农业生产的资本化大大解放了劳动力，同时也延长了农业劳动力的年龄。67岁的王发群身体很好，自己劳动有收入，生活过得很滋润，从农业劳动中获得了一种生活的满足感。

农业的资本化发展解放了劳动力，但是资本投入来源于哪里呢？黄宗智(2013b)的数量化研究得出的结论恰恰是来源于小农户家庭自身。除了国家和企业的投入之外，主要是小农户家庭的投入，农户才是过去15年间推动农业资本化的主力，而其所投入的资金主要来源于外出务工和家庭成员的非农收入。1995年之前的农业发展，主要是20世纪60年代以来的绿色革命的扩展，主要是增加化肥的使用和科学选种，以增加产量。而在之后的15年，农业生产加大了农药和机械的投入，主要是节约劳动力、减少劳动量和降低劳动强度。节约劳动力的农业资本化的发展使得农村的农业就业人员在2001—2010年每年平均减少了1200万人，从2001年的将近3.2亿减少到2010年的1.96亿(黄宗智，2013a)。

---

①　6头小猪中，4头小猪是喂养大了卖钱，剩下2头可作为过年猪用于自家食用，也可送亲戚食用。

劳动力的转移、非农就业获得的高收入，正如一些研究者(Ploeg J. D. van der and Ye Jingzhong,2010)所指出的，其中重要的一部分便是支持家庭留守人员的农业投资。这种兼业化的生计方式不仅支持了农业投资，而且一些农民的主动创新性活动(Ye, Wang and Long,2009)还带来了中国农村的繁荣和发展。从事兼业活动是小农生活的主要形态，无论是在不发达的边缘国家，还是在发达的中心国家，都同样如此。大多数小农从事兼业活动，不仅为了增加收入，也为了投资农业活动，例如购买农业机械、灌溉设备、种子、化肥、牲畜等，以维持家庭所需。而且，当农民用从别处挣的钱购买农资物品时，按照范德普勒格(2013:38～39)的理解，这些东西确实是“付了钱的”。农资物品作为商品被购买，之后则作为使用价值进入农场生产过程中，不再需要人们按照交换价值对其进行严格地估价。这种农业生产过程及其社会再生产不是朝着商品化的方向扩展，而是朝着相反方向，在努力增加农户家庭生产的自由和自主性。在荷兰，大多数(70%～75%)的农民家庭从事兼业活动，而且有关爱尔兰的一项农民兼业活动的研究(范德普勒格,2013:39)指出，兼业并不是贫困的另一种表述，相反，它意味着生活的富足。因此，从这一角度来理解，平镇农民的兼业化生计方式反而说明农民的富足与农业的发展。因为有一定充足的非农收入投资农业，可以巩固农业经营。

平镇是传统的双季稻作业模式，20 世纪 80 年代末的劳动力流动状态还处于短暂流动阶段，因为子女在农忙时节要回家帮父母，或丈夫需要在农忙时节回家帮妻子收割、种植。农忙结束后再次返城务工。劳动力流动与农作时间的季节相关性较强。20 世纪八九十年代的时候，农民工季节性的城乡流动是平镇的主要特点。

据妇女李正英(40 来岁)描述：“我年轻时在家看小孩、种田，每年插秧、收割时，都要他(丈夫)回来帮忙，忙完了，再出去打工。这样一年总是来回地跑。不回来又不行，像 7 月份又收又种的时候，以前打田(耕田)要用牛、收稻子(20 世纪 80 年代时候)要用镰刀割，背回去后要用拖拉机碾，然后一遍一遍地筛谷子，这都是人工做。忙的时候吧，家家都忙，又请不到人帮忙，有些事我又做不了，只能让他回来。不像现在种田这么轻松，打田、收割全机械化……那个时候，家家户户都差不多，城里打工的一般都会回来帮忙，忙个十天半个月，忙完了就走了，所以跑来跑去，打工工资也低。不过，要是待在家里不出去打工，连肥料都买不回来哟！不过现在种田请机械，肥料啥子的，投入大，还是要用他寄回来的钱，该买种子买种子，买化肥的买肥料。这些比以前要宽松些，至少不要借钱的。现在种田买种子、肥料赊欠的钱少了。这都是靠打工啊……现在农忙不用他回来了，可以安心地在外挣钱。啥都是机械化，只要有钱，屋里这点地请大拖拉机半天都搞完了。要是让他回来帮忙，太不划算了，来回路费都够请拖拉机了。现在我们这里种田比以前要轻松多了，你看哪里还有挑担子的，家家户户都是小三轮、拖拉机，一蹬腿就走了……”

根据李正英的描述，农户家庭生产中投入的资金很大一部分都是来自非农就业，即兼业化的生计收入，而且这种兼业化的生计使得农业生产不需要去借债，在购买农资、请农业机械时显得更加从容。不仅如此，农业资本化的投入也改变了农村劳动力外流的季节性回流特征，农忙时节也无须务工劳动力返乡，只需过年回家与家人同聚。因此，在机械化大量替代劳动力之后，农村劳动力流动的季节性特点逐步消失，农民打工时间也是以整年居多，年初走，年终回来。因此，劳动力流动支持家庭农业生产的资本化投资，农业资本化的投入又反过来推动非农就业，促使劳动力流动不再被农忙所束缚。非农就业支持小农家庭农业的资本化投入，资本化投入节约劳动力，解放的劳动力又进入非农领域就业，推进了劳动力的流动，这二者形成一种相互加强的推动趋势。非农就业或劳动力流动引起的农业资本化的快速发展带来了一场悄然的农业生产的革命，即人地压力造成的农业过密化结构的快速转变。但是这一结构并未彻底改变，因为这些流动劳动力的非农就业，大多数处于非正规部门（黄宗智，2009），不稳定，且收入较低，处于多种社会风险当中。

当然，城镇化的阶段特点和人口结构决定了这种非正规经济存在的残酷现实和长期性。即使改革开放以来，中国城市经济的高速发展吸纳了大量的青壮年劳动力，但不可否认的是，城镇化的质量仍处于低级阶段，农村大量青壮年劳动力都未能全部稳定地留在城市，融入城市的生活，务工仍然无法给他们提供稳定的社会保障和福利。城镇化的阶段性特点使得大量的留守群体仍将需要长期生活在农村，依靠在农村的劳动力来维持生计，支撑家庭再生产。这种流动经济和留守农业的弹性空间得益于中国的集体土地制度，家庭承包责任田成为农户抵御社会风险的最后港湾。

## 第四节　农业去过密化与农民家庭的社会再生产

与西方的绿色革命所带来的农业现代化转型不同的是，中国在 20 世纪 80 年代之后，不仅延续了绿色革命的推动力，与此同时，还发生了人口结构的变化，这主要是因为大量农民工的城乡流动以及农民本地非农就业机会增加导致的职业分化，在总量上大大降低了土地上的人口压力，土地上结构性的人口压力开始缓解，农业去过密化的历史契机降临。与人口结构变动密切相关的是农村内在的家庭成员的分工与调适，饱含深厚情感的伦理关系推动的代际分工以及人情互惠的社会交换，支持了农业生产去过密化发展的持续。

依据黄宗智(2006a)的解释，其一，中国目前普遍存在的半工半耕是具有制度化特征的结构性因素，是源于在农业去集体化过程中，在土地集体所有权不变的制度内实行了土地使用权平均分配的家庭承包责任制；其二是国家强制性地实施城乡二元分立的户籍制度。但是三十年蓬勃的工业发展和大规模的农村劳动力外流并未能从根本上改变农业的过密化现实。恰逢中国人口自然增长率的逐步降低，农村劳动力的绝对增长出现稳定甚至递减的局面(黄宗智、彭玉生，2007)，所以小规模的农业有向适度规模扩展的空间。因此黄宗智根据宏观的人口结构变动，预言旧农业的适度规模经营和新农业的资本劳动双密集是中国小规模农业的发展方向。但是这个适度规模经营如何实现，在不同的农村却因地理位置及资源优势有不同的途径和机制，以实现劳动与资本的双密集，实现单位劳动报酬的增加。

根据上述平镇人口流动背景下农业经营的变化，所谓的“农业女性化”和“老人农业”，以及多种兼业为主的农民的职业分化都体现了一个共同特征，即土地上的劳动力减少了。但是如何实现劳动力单位劳动报酬的增加，这却是一个社会的制度安排。在平镇，总的结构性的人口压力减少了，农村外出打工家庭和进城户家庭增多，这意味着更少的农户在家分享固定的土地资源。农民只有通过土地自发流转来扩大规模，提高劳均面积，即当地农民口中常说的，“一家人种二家人、三家人的田”。因此，村庄出现了占总人数20%的中农群体，特别是本章第二节中提到的“三三结构”，这些家庭的农业劳动力在既有的生产力水平下基本实现了全就业。这个土地资源的分配是通过集体土地制度框架下人情式的转让来实现的，而非出于市场化价格竞争的供求逻辑。“中农”的土地大多是依靠亲属、邻里或朋友关系流转来的，绝大多数又都是一个村民小组内部实现的土地暂时性的流转。而这种流转包含互惠的人情关系，也承担着相应的伦理责任。

学界很多人(黄祖辉、王朋，2008；王春超、李兆能，2008)讨论土地自发流转，仅仅只看到了表面的低租金，认为土地没有实现市场要素的高效率配置，而且是低水平、零散化的状态，以非正式协议为主，但又发现农民普遍较满意。这是经济学无法解释的问题，因为低租金肯定损害了土地转出方的利益。然而，他们并没有看到在土地流转背后的非数量化可测量的、互惠性的人情伦理性关系。在平镇，这种土地自发流转早在20世纪80年代末就开始了，因为需要承担农业税费任务，土地转出方大多是将农地赠送给接收方，这在以往的研究(余练，2013)中都有揭示，反而是外出打工多年、取消税费后，转出方返乡要地会与转让方产生多种纠纷。直到后期税费取消后，进行土地流转的农民之间才象征性地出一点租金。所以在当地资本下乡前，农民之间的这种土地自发流转租金普遍较低，为每年 100～200 元/亩。不仅租金较低，而且农户之间主要以口头协议为准，基本不存在正式的长期合同或协议。一旦外出打工农户出现社会风险抑或重大疾病，可随时回乡要回土地。村民这种非正式的土地流转是一种灵活机动的、可逆的土地流转，同时也是农户之间的默契和村庄生活的社区规范。即使是规范的正式合同协议，一旦农民在外打工出现生存危机，仍然会以自己的生存权为由要回土地，这也能获得对方的理解与同情，对方基于道义和人情也会及时返还土地(余练，2013)。当然，两方之间也会产生一些矛盾，但整体上农村土地自发流转的矛盾纠纷较少。

大家都知道农民土地自发流转的租金较低，甚或是零租金，但实质并非如此简单。实地调研中，笔者经常访谈到一个情况，一个家族(兄弟家庭)会有一户在家种地，其他兄弟将土地零租金赠送给留守在家的兄弟，但是父母的照料责任就全部落在了种地的儿子身上，其他人常年外出打工，基本无法照料父母。不仅如此，而且在过年回来时，在家种地的人都会宴请外出打工回来的兄弟，而且会适当赠送其粮食、蔬菜、鸡、鸭等。这种馈赠一般是不会计入土地流转租金的，但是双方心里都会很明白。这既是感情的交流，也是额外的土地租金。邻居之间的土地流转亦是如此。农民外出打工回来，过年时相互来往、相互探望，在感情和经济的双重馈赠中增进情感交流与往来，保持着持续性的人情交往。家族留守现象可以视为农业利润在家庭内的再分配，通过土地把留守与流动的二者凝结在一起，蕴含了家庭共同体或村庄共同体的丰富内涵。这种土地连接的人情互惠是经济学的计量学所无法涵盖的，也是无法测量的。

除此之外，农户家庭存在生命周期的分化。甲家小孩尚未成年，父母需要在家种地，乙家孩子则成年，父母正值壮年，一家人外出打工，可将土地低租金甚或零租金流转给甲家，等到乙家父母年老之后无法外出，需要退回到农村来，正值甲家可外出打工之期，则土地又流转到乙家父母手中。这种村庄内因家庭生命周期的分化而引发的土地流转或部分流转存在不少的循环和交替，当然这种土地流转依赖于农民自身进城与回流的预期。这种情况大多数体现在第一代农民工身上，20世纪80年代末至20世纪90年代，再到2007年，直到当地政府推动资本下乡才打破了这种土地流转秩序。若是从农村贫弱阶层分化的视角来认识，纵线观察会发现因外出务工引发的阶层分化并非是固化的，而是动态的分化。农户之间的土地流转是因为农民职业分化而出现的，但分化之后并不等于形成了稳定的社会阶层，农民职业是随着家庭生命周期的变动而变化的，分化后阶层地位的变动依然很强(杨华，2012)。农民之间的土地流转有利于在村的暂时贫弱农户脱贫，上升到中间阶层，不至于成为稳定的村庄的边缘阶层或社会底层。外出务工户或经商户将土地部分或者全部低租金或者零租金流转给在村的有劳动能力的留守人员，使他们依靠自己的劳动，自力更生，获得一个体面而有尊严的生活。这种土地流转则是一种人道的社会支持，也是农村各阶层之间的一个良性互动和道义性的村庄共同体的社会支持，保证了村落中农民社会人的归属和人生意义。

基于土地自发流转所形成的中农，虽然他们的土地规模有所扩大，而且他们也会通过市场销售自己所生产的农产品，表面看来等同于小商品生产者，但是他们租来的土地都是依靠非商品化的关系获得的，而非市场化的交换关系。中农农场的社会再生产极大地依赖亲属关系和社区稳定的互惠人情机制。不仅如此，即使在其他很多半工半耕的家庭，他们的劳动力再生产和新生儿的养育都是在乡村完成的，特别是农村家庭的儿子成家另新建家庭后，家庭的继替也需要父母的农业收入，所以农村劳动力的再生产和家庭的社会再生产都是依靠乡村非商品化的社会关系获得再生的，依靠集体土地制度下的非商品化福利、亲属伦理和人情关系的社会支持，代际分工与责任下的相互扶助才能使得一个家庭在乡村获得完整的社会生命以及家庭的社会继替。

案例1。平村三山组的易山夫妇(一对老年父母养4个家庭)，64岁。夫妻俩在家种了22亩农田，养了30多只鸡，并照料2个儿子的小孩，大孙子上高中，小孙女上小学。老汉还有2个女儿，一个女儿当老师，嫁在镇里，一个女儿在县城移动公司工作。他家喂养的鸡和鸡蛋一多半都是送2个女儿家吃了，鸡蛋基本上全部都是按照日期给她们家送，粮食（大米）、蔬菜不定时地给2个女儿家送。过年时节，儿子媳妇回来了，也是在一起吃喝，早已没有了儿子结婚时分家单过的过法，大家都是在一起生活，回到了以前的大家庭生活状态。基本生活所需完全是由老年父母来承担。就如老汉说的："过年回来了，吃的、喝的都是我的，这都是自己种的，哪还要他们钱，给（钱）是他们的心……平时他们也都不在家，哪家办个事儿，人情（钱）也都我出了，也没问他们要过。我能负担就帮他们担着，帮不了没办法了就算了……"

案例2。平村横冲组的刘庆，男，今年（2014年）34岁，大女儿刚上小学，小儿子1岁多。他结婚时父母花钱为其建了2层楼房，负担了4万元彩礼。结婚后，小夫妻俩一直在外打工，去过东莞市、浙江省、江苏省，直到2013年妻子准备生育第二个小孩才回来。2014年5月，刘庆准备秋凉后还是回装修公司上班，留妻子在家带小孩，家里的老人帮忙照看。他们在家乡一年多，也很少干农活，农田里的活主要是父母干，自己在镇上服装厂里打工，后来开车跑运输。他一年的收入勉强够小家庭开支，有时候也很紧张。家里的七大姑八大姨、叔伯婶子家的人情往来，他结婚至今7年多了从来没问过，都不知道哪些家该怎么往来，都是父母在操持。问到将来何时承担此任务时，他说："将来他们（父母）走不动了（没钱了），我还是得去啊，亲戚还是得走。"

案例1中描述的老年父母"养育"4个已婚子女家庭，父母提供的生活所需一定程度上减少了子女家庭的货币化开支，这是当前居住在小城镇的新进城农民家庭主要的生活消费方式。无论是处于不稳定行业的从事临时工的打工家庭，还是一些基层事业单位的正式职工，也都需要家里老年父母的支持和帮助。家庭生活模式出现了"分财分居不分家"的新时代的特点，也因为年轻人的流动和迁徙而改变了传统的分家结构以及生活方式。农村家庭结构的变动不仅受到分家（分爨）和生育的影响，还直接受到迁徙的影响，使得农村家庭在不同的阶段出现不同的分、合状态（王跃升，2010）。唯一没有改变的是家庭的继替，即社会再生产，仍是按照互助原则和伦理关系运行的。案例2中父母帮助儿子成家，并且直接承担了部分子代家庭应尽的家庭责任。上述两个案例都描述了农村的代际分工中半工半耕家庭的社会再生产图景。从中可以明确发现，在以代际分工为基础的半工半耕家庭当中，来自老年父母的农耕活动不仅可以大大减少生活资料的购买，即一个家庭的货币化消费，老年父母在家种田时，还会帮忙带小孩，承担部分小孩的成长费用。除此之外，很多农民家庭的社会交往即人情费用大多都是老年父母负担的，年轻子女基本不会负担这笔费用，而这是一个农民家庭在乡村维持社会生命（而非生物生命）的重要载体。

人口流动和农民职业分化带来的土地自发流转使得原先的小农经济向去过密化的方向发展有了基本的社会基础。家庭的代际分工和家庭成员的非农就业所积攒的高收入对农业的投资，也促进了农业的资本化发展。土地自发流转使得人地比例的调适依赖于村庄的集体土地制度和农民长期生活其中的社区共同体纽带，得益于亲属伦理关系的支持。因此，在中国既有的土地制度和农村社区共同体的传统下，农业生产去过密化的实践图景即家庭经营的土地规模或者劳均规模的增长与家庭、家族或亲属的伦理关系密切相关。首先是劳动力的城乡流动，家庭基于代际伦理形成了内在的社会分工，即普遍的老人农业。家庭成员的非农收入反过来拿出一部分用作农业投资，贴补农业生产，促进农业的资本化发展，降低劳动强度，减少劳动量，实现家庭辅助劳动力的劳动生产率提升。另外从村庄来看，农业家庭和非农就业家庭在社区共同体和亲属关系的支撑下，实现土地资源的自我调适与再分配。农户之间的土地自发流转促成了部分务农家庭即中等规模经营农户劳动力的全面就业。因此，无论是当前的老人农业，还是村庄土地自发流转形成的中农，都是乡村过密化的农业在向去过密化的方向发展、前行的体现。所以，总体来说，依靠集体土地制度下，社区农民生活共同体内的社会互惠机制和人情伦理的农民农场，依靠非商品化关系实现自身再生产的机制仍然没有改变，农业生产形式仍属于小农系统范畴内的家庭作业模式。

## 第五节　小结：农业“去过密化”与小农经济的延续

在亚洲地区，小农制一直是一种普遍存在的重要农业制度，依据董正华(2014b:52～53)的归纳，小农制主要体现在两个层面上。一是作为一种经营制度，多指“小规模家庭农场”。对此，台湾学者张德粹(1945)认为，小农经营制亦简称小农制，就是指一个国家或某一社会内的大多数农业经营单位是很小的，例如我国大陆有6000多万农户，每户平均所利用的耕地面积约合1.5公顷，台湾在1955年约有61万农户，每户平均耕地为1.3公顷……这里所谓“制”，并不是政府命令所规定的制度，亦不是由人民立法所定的法制，只不过是形容多数农场经营的方式，决定这个方式的基本因素是农民总数和总耕地面积的比率。这里论述的核心是人与土地资源的关系，即地少人多，但是它与土地产权归属与分配规则等并没有关系。二是马克思主义的所有制形式，即“自耕农的自由小块土地所有制”，或“小块土地所有制”[①]，也有人将其与“大农场制”对应，简称“小农制”。马克思、恩格斯时代是将家庭生产理解为包含土地占有和生产经营两个层面的小农的“生产方式”。但是在董正华(2014b:53)看来，描述现代化进程中的农业和农民的小农制概念时，首先是指包括所有制和经营制结合的小农制；其次还反映农村内部的人际关系和人与土地的关系、农村与大环境之间的关系，以及维持这些关系所需的法规和政策等。依据他的理解，小农制无论是经营制度还是所有制度，农户及农民的家庭都是它的重要因素，集生产、消费、分配单位于一体。此外，小农是相对于大农而言的，小与大均因时、因地而异，不可能有一个绝对的、通用的标准(董正华，2014b:53)。这是对小农制社会的宏观和结构性的概述。

正是在这样一个宏观的历史中发展而成的“小农制”社会中，著名经济史学家黄宗智先生在对传统中国的华北和长江三角洲地区的小农研究

① 中共中央马克思恩格斯列宁斯大林著作编译局.马克思恩格斯选集·4卷，北京：人民出版社，1972:312。

中指出，中国的小农家庭（家庭农场）由于人口和土地的结构性压力存在严重的过密化现象，即使集体化时代也未有多大改观。但是经过30多年的发展，农村劳动力的流动和农业生产技术的发展改变了上述过密化现象，单位土地上的劳动力减少了，平镇有3万人，常年有1万人在外打工，脱离农业。单位土地上的现代农资要素逐步增加，保证了代际分工导致的老人农业的持续。另外，农户之间基于亲属伦理和人情的社区关联在集体土地制度框架下，实行土地自发流转，扩大了劳均面积，平镇的农业生产整体由于劳动力的城乡流动和农民非农就业，逐步在向去过密化方向发展。与此同时，在小农制的现代化发展进程中，商品化的关系也在向农村渗透，比如出现了依靠完全市场化和商品化的小而精的家庭农场，完全变成了参与市场竞争的小商品生产者。这些小商品生产者的农场再产生逐步依赖市场的商品化关系，整个生产过程和生产目的完全被整合进了市场关系当中，成为完全商品化的生产者。

在学界，有关家庭生产（household production）的争论主要出现在小农和资本主义生产方式的话语体系里。根据哈里特·弗里德曼（Harriet Friedmann，1979）关于家庭生产的理论逻辑分析，家庭生产是贯穿在社会历史当中的，从封建社会持续到资本主义社会。但是在这两种社会中，家庭生产的内在组织过程完全不同。他认为家庭生产的发展没有一个普遍的方向。小农（peasant）是人类学和历史学研究农民家庭生产的综合性表达术语。农民的家庭生产在社会再生产过程中，在既有的生产要素下，若依靠社区性的互惠关系进行再生产，就会沿着抵制商品化的方向发展，这种互惠性关系依靠稳定的社区制度性机制进行再生产，商品化关系在再生产过程中比较有限，这就是小农。另外一个转变方向就是家庭生产在生活资料和生产资料的再生产过程中，若切断了稳定的互惠机制，加深了商品化关系，那么就会越来越依赖商品化过程，参与到市场竞争环境中，形成专业化的分工和阶层分化，这就走向了商品化的发展方向。若是在家庭生产单位内部的简单再生产中进行社会再生产，那就是小商品或简单商品生产者；如果超出家庭，在更大的社会组织内进行生产，那就是资本主义生产了。小农的统一性是相对于小商品生产和资本主义生产的，其核心是市场，一端是未被或部分被整合进市场，一端是完全被整合进了市场关系当中。同样，哈里斯(Harriss，1982:22)也坚称："商品化的过程……或者说是农村家庭生产者与资本主义生产之间的各种联结方式……这或许是当代农业社会变革的主要过程"。与此同时，商品化的过程绝不是线性的，它们向不同的方向展开(Marsden，1991)，即能向商品化方向推进，也能朝相反的抵制商品化的方向发展。这和哈里特·弗里德曼的分析逻辑是一致的。

从以上的学理性基础来看，农民流动和非农就业的增加，劳动力的劳动效率或者劳动报酬的增加，虽改变了农业过密化的现实，但农村的留守农业仍是以生计保障型的小农生产为主，同时也出现了完全参与市场竞争的商品化生产的小商品生产者，即上文提到的部分商品化的中农和一些进行经济作物种植、畜禽养殖的兼业化小农。按照哈里特·弗里德曼(Harriet Friedmann，1979)的分析，从生产单位和商品化的过程两个维度来分析，平镇农业生产的主体虽在劳动力流动和非农就业机会增加的情况下有所变化，但大多数仍是由小农生产方式主导发展出的多种生产形式。农民家庭的社会再生产依然是在集体土地制度下的社区共同体中完成的，依靠社区福利性质的集体土地，参与村庄的人情往来和生产互助。农民的家庭再生产不依赖于市场的商品化关系而再生。农民家庭的生活消费资料和家庭劳动力的再生产及家庭继替均是在村庄社区中依靠非商品化的社会支持完成的。总体来说，仍是小农生产方式主导的去过密化的农业生产。这也正契合了范德普勒格的小农模式形态，农场的再生产体系借助商品化(非农劳动收入)，而资源体系的交换并未完全陷入商品化过程，也未被商品化的市场体系原则所主导。因此，无论是从商品化角度，还是从资源库和再生产体系的内外交换来说，这一时期去过密化的农业生产仍然是小农经济的延续。

# 第三章 政府干预：对小农的改造与异化

任何一种农业生产形式的存在与发展受到一定的社会政治条件影响后，离开了相关要素和条件的支撑，都不免走向衰亡。政府能够使小农离开土地，扶持资本化大农场的发展，后来资本化大农场面临失败后，也能够发展家庭农场。

在学术史上，经典的农业转型(agrarian transformation)主要是指西方马克思主义学者们分析农业变迁问题时使用的概念，是着重从生产关系角度采取的二元分离路径。在农村主要表现为对小农的摧毁以及土地的集中，这主要源于英国的经验，说明了小农生产者如何解体，并分化为无产阶级及与其对立的资产阶级。因此，农业转型的问题就是旧的农民经济如何转变为以雇佣劳动为基础的英国式资本主义农业经济的问题，也就是小农生产者如何演变为出卖劳动力的农村无产阶级以及靠雇工生产的农业资本家。这个过程便是农业的资本主义转型(agrarian transition to capitalism)。延续这个理论传统，张谦及其同事(Zhang and John A. Donaldson, 2008)认为，在当代中国资本下乡的大浪潮下出现了"农业资本主义"，因为一方面，去集体化的家庭承包责任制因为分散、弱小的农民无法使用农业现代化设备，无法实现规模经营效益，另一方面，也因为分散小农的商品化生产更易受市场经济波动影响，恰恰是这些负面效应使得各地政府开始引公司下乡，这样一场资本下乡的规模化运动使得中国出现了"资本化的大农场"。

然而，去集体化时代的市场化改革以来，在人口流动和非农就业促成的农业去过密化发展趋势下，为何政府在后税费时期快速地开启资本下乡的农业规模化经营运动来推动农业转型呢？龚为纲(2014)的论文专门从政府治理的角度对这一问题进行了详细论证。他概括政府治理农业的三个维度，即从交易费用、组织费用和治理边界来分析，他认为农业税费时代依托于乡村组织的，以服务于分散小农户的，以村社为基本治理单位的农业治理体系之所以瓦解，是因为税费改革后的市场化补贴和项目化运作的治理体系无法与分散的小农户对接，交易成本过高，中国的农业管理部门越来越倾向于扶持龙头企业、种粮大户、家庭农场、合作社等新型的具有资本经营逻辑的规模经营主体，使之与农业管理部门要求实现的"粮食增产""农业现代化"等政策目标相对接。因而，他认为国家的基层组织体系变化诱导的农业治理转型推动了农业转型。上述的解释比较深刻地揭示了政府的治理体制与当下农业变迁的关系，但是仍然无法解释基层政府为何有如此大的动力，来获取各种资源去支持那些异于传统小规模农户的农业经营模式。因此，无论是现实政策，抑或农业转型理论意涵，都需进一步追问国家农业现代化的政策干预，在具体的地方实践中是如何将小农制下的农民生产转换成依靠雇工经营的资本化大农场生产的？这种规模运动的效果如何？并对当地的农民农场产生了怎样的影响？这便是本章讨论的问题。

## 第一节　项目治农：农业生产体系的转型

平镇的农业现代化步伐和规模化运动始于 2007 年，也恰恰是在后税费时期。税费改革到税费取消是一个长期的历史过程。众所周知，在 20 世纪 90 年代中后期，乡镇企业的发展失去了活力，很多地方政府开始实施乡镇企业改革，即公有化向私有化改制，因而很多乡镇政府因乡镇企业的萎缩不断面临税收来源的缩减。结果，许多地方政府通过向农民征收额外的税费来转嫁自己的经济负担，缩小财政上的差额和支付不断增长的政府工作人员的工资，以维持乡镇的运转。当时农民的经济负担除了国家的基本税种之外，还有三提五统和各种集资收费。由于各种集资收费没有统一的标准，乡村干部往往以公共事业（集资办学、修路、农田水利等）的名义任意制定集资收费的标准。根据 1999 年农业部的调查显示，人均农民负担总量每年在 100 元左右，约占农民人均纯收入的 7%，其中农业税、三提五统和集资收费分别占负担总量的 29%、58%、13%（周飞舟、赵阳，2003）。可见国家的正税只占不到 1/3，而其他杂费则为正税的两倍还多。各种收费过多、过重而造成的农民自杀、群体上访恶性事件在 20 世纪 90 年代末期成为媒体中常见的报道之一，以至于农村的社会稳定也受到越来越严重的威胁，使得税费改革成为迫在眉睫之举。

于是在 2000 年年初，中央政府在安徽省进行了农村税费改革的全面试点。2002 年，农村税费改革试点工作已经在全国 20 个省份全面展开。2003 年在全国范围内推广此项改革。税费改革的核心是取消不规范的提留统筹和集资收费，农民只向国家缴纳正税。从 2005 年起，开始全面取消农业税收，中央政府通过财政转移支付弥补地方的财政缺口。从税费改革到取消农业税收，地方政府的财政税收越来越依靠上级政府，尤其是中央政府的转移支付补助。因此乡镇财政由之前的向农民收税变成改革后的向上“跑”钱，成为与农民关系更为松散的“悬浮性型”政权（周飞舟，2006）。

自 2005 年全面取消税费之后，项目制是近十多年来社会体制机制运行的一个独特现象，也是国家资源分配的主导方式之一。国家财政均以项目所形成的转移支付来分配资源。地方政府若不抓项目，向上“跑”项目，便无法利用专项资金投入公共事业，无法运行公共事务。因此，项目制不单指某种项目的运行过程，也非单指管理项目的各类制度，而更是一种能够将国家从中央到地方的各层级关系以及社会各领域资源整合并动员起来的治理模式，项目制不仅是一种体制，也是一种能够使体制积极运转起来的机制。同时，它更是一种思维模式，决定着国家、社会集团乃至具体的个人如何构建决策和行动的战略和策略。渠敬东（2012）将其概括为“项目治国”。在中央对地方的分税制改革后，实行项目运行过程中，各种财政资金开始以“专项”和“项目”的方式向下分配，而且日趋成为主要的财政手段（周飞舟，2012）。在中央对地方的财政转移支付中，专项财政转移支付所占的比重越来越大，而常规性的税收返还已经从 1994 年的 79.6％下降到 36.1％，专项转移支付连同中央各部门向其下属部门下达的“体外循环”的专项资金，多带有公共服务项目的特点，是构成项目制运行最基本的财政盘子（渠进东，2012）。从以上的研究来看，地方财政收入越来越依靠中央的专项转移支付，而专项转移支付又以公共服务项目为特点。

自从税费取消后，平镇一方面失去了筹集正常办公经费的渠道，无法从农村社会汲取资源；另一方面也完全失去了自我提供公共服务的能力，无法向农村输入资源，农村基本的公共品投资完全处于空白和瘫痪状态。面临危机的同时，由于平镇是 F 县唯一的农业大镇，其行政功能契合了国家在税费取消后发展现代农业，促进农民增收的新的发展战略，其农业大镇的称号也给平镇带来了新的机遇，即以承接国家发展农业的输入式资源来获得新生，因此，由于没有工业财政税收收入来源，平镇只能依靠上级政府的转移支付和项目资金维持其组织机构的正常运行。农村的公共服务只有靠争取上级的项目资金来实现，依靠上级和国家的转移支付来向乡村供给公共品。对于平镇来说，取消税费之后，乡镇的大部分收入都没有了，乡镇财政面临巨大的空缺，需要寻找其他新的生存之道。因此，平镇的口号是依托农业，实施“项目强镇、民生稳镇”的发展思路。从2007年起，平镇所获涉农相关项目详见表3-1。

**表3-1　平镇涉农项目统计表**

| 时间 | 项目名称 | 资金/万元 | 备　　注 |
|---|---|---|---|
| 2007年 | 县级现代农业示范区 | 2578 | 要求整理出1200亩农田，推行现代农业 |
| 2010年 | 农业综合开发 | 1305 | 改善农业生产基础设施1500亩 |
| 2011年 | 农业综合开发 | 2400 | 改善农业生产基础设施3500亩 |
| 2011年 | 土地综合整治 | 2854 | 平整土地1400亩 |
| 2012年 | 农业综合开发 | 2345 | 改善农业生产基础设施6000亩 |
| 2012年 | 土地增减挂钩 | 20000 | 拆迁4个村庄，增加建设用地1000亩 |
| 2013年 | 省级现代农业示范区（包含土地平整＋高标准农田项目） | 5000 | 要求整理出4000亩高标准农田 |
| 总计 | — | 36482 | — |

注：土地综合整治，是在一定区域内的土地利用总体规划。是以土地整治、复垦、开发和城乡建设用地增减挂钩为平台，推动田、水、路、林、村综合整治，促进农业规模经营，人口集中居住，产业积聚发展，推进城乡一体化的系统工程。包括土地整理、拆院并院（两种项目）。

农业综合开发：支持农业发展，改善农业生产条件，优化农业和农村经济结构，提高农业综合生产和综合效益，设立专项资金对农业进行综合开发利用的活动。包括土地整理、产业化经营（扶持龙头企业、农民专业合作社）。

表中项目资金均是来自于国家部委的投资，另外，省、市、县等职能部门的配套资金不详。

（数据来源于镇农技站和镇重大项目办的访谈。）

平镇作为没有工业收入来源的农业大镇，只能求助于项目。由于平镇是F县的农业大镇,芜湖市的后花园,落地F县的涉农项目都会优先照顾平镇。恰好自2005年以来,国家投资于"三农"的涉农项目逐年增加,自2009年以来,与农业相关的现代示范区和土地平整项目,农业综合开发项目逐年增加。而且所有的项目均有相应的3%~5%的项目服务费和2.5%的工程税收。申请上述项目具有乡村公共服务和乡镇政府自利的双重性质。若是延续上述学者研究的财政逻辑角度来分析,乡镇实施的农村和农业的现代化改造项目,其首要目标是考虑乡镇政府的正常运转。正如该镇的一个副镇长所说:"农业大镇,注定了不能走周边工业乡镇的发展路子,若是没有项目,乡镇正常的办公都难以进行,作为镇长,也得首先保证正常的运转。"因此,"项目强镇"的发展战略使得该镇从一个默默无闻的贫穷农业小镇,变成了如今当地赫赫有名的省级现代农业示范区乡镇。该镇的项目整体推动可分为三个阶段:第一阶段是2007—2009年,为县级农业示范区项目;第二阶段为2010—2012年,为农业综合开发项目和土地增减挂钩;第三阶段为2013年至今,为省级农业示范区和高标准农田项目。三个阶段的项目实施也表明了平镇的发展历程,由最初的县级示范区到如今成为安徽省的省级示范区,这是平镇伴随项目实施的成长轨迹。上述所有项目的推动与落实首先表现为农业生产基础设施的改造以及与之配套的土地流转,并多方提供资金支持资本下乡,重塑现代农业经营体系。

## 一、项目推动农业基础设施改造

在平镇落实2007年的县级现代农业示范区项目时,要求整理出1200亩农田,即实现1200亩的规模化经营。平镇于2007年冬天开始在项目区进行土地平整,于2008年开始在项目区实行土地流转。根据项目设计,平整后的土地要成为"田成块、路相连、渠相通、林成网、旱能灌、涝能排",具备适度规模经营条件的现代农田。第一期项目工程落在圩区的林村、塘村和河村,项目持续到2009年。2010年开始实施第二期工程,即农业综合开发。2013年开始第三期项目工程,主要是省级的现代农业示范区和国土部的高标准农田项目。所有不同名称的项目虽在项目设计上有所不同，但最终的落实结果都大同小异，即平整农田，进行农田水利、道路等基础设施的改造。但在农民眼里，有两种区分，首先是农田基础设施的建设，即当地农民所说的“农改”，其次便是以农民房屋拆迁为主的增减挂钩项目。

以“农改”为例，土地综合整治项目第一期落在林村、塘村、河村。这几个村位置相对较好，处在圩区，水利灌溉耕作条件相对丘陵地区及山区具有优势。从圩区开始逐步开展，向半山半圩区推进。土地平整设计要求是稻作区农田平面高低不超过10厘米的落差，为了方便机械化操作，田块面积设置在10～50亩范围。在林村、塘村、河村进行农田平整时，田块面积大多是在20～30亩一块，约占整个面积的80%，10亩以下的田块很少。其田块设计就是为了机械化的规模耕作经营。由于是初次实施项目，处在探索性阶段，因此田块平整后根本不符合水稻作业的条件。一方面是田块面积过大，根本不可能做到高低不大于10厘米的落差。水稻作业比较精细化，对农田的平整要求比较高，因此田块设计与实际农田耕作经验差距较大。而具体的施工过程是由乡镇发包的承建公司根据委托方的设计图纸来实施的，因此他们不会关心田块是否符合水稻种植，只关心与设计图纸的偏差。另一方面，不仅实施工程的承建公司为了追求私利，并没有按照规范要求和程序施工，比如熟土剥离再还田的操作在大多数施工环节中均未实行，而且工程施工都是就地取土掩埋、填坑，破坏了土壤原有的耕作层。远观具有美感、现代化特点和象征性的“大而平”的田块根本不符合实际的水稻作业条件。但项目区的土地在田块上完全改变了之前的细碎化格局。

在河村，有些小组的100亩土地，仅平均分成了3块，甚至2块。与土地田块分割相辅相成的就是道路和水系的改造。这一次的项目设计是按照乡村发展的百年大计来设计与实施的，因此脱离实际与超前是必然的。田块面积大小和道路设计都是按照未来100年乡村发展的憧憬来设计的，因此很多地方需要完全改变之前的道路和水系。当地原有的水利灌溉条件是不错的,因为各小组内有不同面积的堰塘,分别有灌溉和排涝的沟渠。农田改造时为了配合大的田块设计,原有小组内的许多小堰塘都被填埋了,只剩下个别的大塘。很多小塘填埋之后,水渠走向也跟着进行了调整,按照田字格的方式重新铺设。圩区的村民小组平均都有5口堰塘,而在农田改造时,均只留下一口当家塘(最大的塘),其他较小的堰塘全部填埋。

另外,机耕道的设计与施工都变成了大型机械可双向通行的水泥硬化道路。道路由之前2米宽的拖拉机土路变成了五六米宽的水泥大道。不仅如此,道路和沟渠也是顺着田字格的方向展开的。从设计初衷和施工效果来看,农田基础设施的改造确实极大地提高了农业生产的机械化水平。首先是田块面积扩大,其次便于大机械的机耕道通行,可以连通到每一块田。这样的设计看似方便了农户种田,利于机械耕作,但是,从农民实际耕作的经验来看,未必如此。正如河村第五村民小组的于队长说:"你看,一眼望去,都没有一个水塘,要水只能通过泵站提水,水渠再放下来。哪像以前,我的地跟前就有一个(水塘),打水很方便。这……看着好看,笔直的路、水泥沟,但对于我们(小户)来说不方便。这么搞,根本就不是为我们种田嘛,我们种不成,水不方便……那些大户好种,他要水,都是一大片。你说我,2亩田,在那么大一块田中间,怎么搞?就是上游有水,(我的田里)干死了都放不过来。"

农田基础设施的改造,尤其是田块的大面积设计以及农田水系的改变,直接排斥了细碎化的小家小户的耕作方式,农业生产物质基础的改变就为整个农业经营体系的重塑打好了基础。项目在设计之初就决定了机械化、规模化经营的新型经营主体能享受项目实施的好处。"看到田平了,路直了,渠通了,人(小农户)也该走了……"于队长的话精辟地概括了平镇农业生产物质基础改变所带来的巨大影响,即排斥之前细碎化的、一家一户的小农耕作方式。

其次便是土地增减挂钩项目。依据政策文件,增减挂钩是指城镇建设用地增加与农村建设用地减少相挂钩,是指依据土地利用总体规划,将若干拟复垦为耕地的农村建设用地地块(即拆旧地块)和拟用于城镇建设的地块(即建新地块)等面积共同组成建新拆旧项目区，通过建新拆旧和土地整理复垦等措施，在保证项目区内各类土地面积平衡的基础上，最终实现增加耕地有效面积、提高耕地质量、集约利用建设用地、城乡用地布局更加合理的目标。其实质是对农村居民点进行的一种特殊土地整理行为。除实现增加耕地有效面积的目的外，还引入了集约利用建设用地、实现城乡建设用地布局合理化的含义。但实际在乡村的表现就是拆农民的房子，赶农民上楼。

拆迁项目涉及圩区的龙村和马村，另外还有其他村庄的一些零散的村民组。增减挂钩项目要求腾地指标为1000亩，截至2014年春季，乡镇的工作已完成了700亩。由于中央三令五申严厉禁止强拆，而且农民拆迁工作极其复杂，因此该项工作在平镇已成为停顿或瘫痪状态。政府对按照规划定位为拆迁点的聚居区，实行统一拆迁。当地农民拆迁房屋补偿分为四等，传统的土木结构的老房子是300元/平方米，土砖瓦屋是400元/平方米，平房是600元/平方米，楼房是680元/平方米。拆迁的农户有两种方式选择安居，一是选择集镇居住，另外就是选择县城居住，根据不同地域的房产价格要补差价。拆迁的农户大多数选择在集镇居住，少数农户在县城购房。房屋拆迁安置不仅是一套房子的置换，更是从根本上改变了农民的生产方式。拆迁的村民组农户几乎是90%甚至100%将土地流转给集体，全部脱离了农业生产。农户拆迁后，搬迁至集镇或县城，因为照料农业的地理距离使其不可能种地。退出来的农民宅基地被平整为耕地，按照农村每户平均一亩左右的宅基地(房屋占地+附属房屋+院落占地)面积计算，700亩的工作指标需要拆迁500余户。500多户，就是约2000多农村人口从土地上撤出，留下5000余亩土地需要寻找新的经营主体。土地增减挂钩比农田改造项目更彻底地改变了农民的生活生产方式，将农民从土地上驱逐，更快地让农民将所有资产进行变现，以购买城里的楼房，成为政府预期的“城镇化市民”。

## 二、项目规约的农业经营主体的替换

项目实施改变了旧有的农业生产的物质基础，但是还需营造相应的农业生产体系，才能实现现代农业的目标。政府的首要策略便是土地流转，只有土地集中了，才能实施规模经营，才能完成项目要求的任务。因此，土地流转便在政府的行政推动下强力实施了，鼓励土地流转和规模经营便在全镇成为当时的中心工作，围绕着土地流转成立相应的“土地流转中心”办公室和领导小组，全方位地为土地流转提供政策指导和服务工作。

首先明确的是当地的土地流转是在政府的行政推动下实现的，而且其指向是规模经营。详见F县的政府工作报告和相关文件（摘录于中共F县委办公室文件 繁办〔2009〕27号[①]）。

“加快推进农村土地承包经营权流转，促进土地向规模经营集中，优化农村土地资源配置”；

“促进土地适度集中，发展农业机械化、集约化经营，以提高农村土地利用率、产出率，提升农业产业化经营水平，稳步推进‘土地向规模经营者集中、人口向城镇集中、农村劳力向非农产业转移’”；

“农村土地流转要推动土地资源的高效利用和相对集中，支持发展适度规模经营，提高土地利用率和产出率”；

“鼓励有资金、懂技术、善经营、会管理的农村专业大户、农业产业化龙头企业、农民专业合作社、外出务工经商回乡创业者等经营主体，采取灵活有效的组织方式和经营方式受让流转的土地，围绕农产品区域布局，发展特色产品，建立生产基地”。

从以上县、镇两级政府的文件表述中可见土地流转和规模经营的目标，动员农民流转土地是第一步。在本书第二章中，已经分析了当地劳动力非农转移的情况和农村农户农业生产的分化状况，这也从另一

① 参见F县委办公室文件：《中共F县委办公室 F县人民政府办公室关于促进农村土地承包经营权流转工作的意见》（繁办〔2009〕27号），2009：4-15。

个侧面说明了土地流转的社会基础。因为其中仅有不到一半的农户在家种地，另外一半的农户则是外出打工或者在本地非农就业。当政府推动土地流转时，这一部分非农转移的群体是政府最容易动员和说服的支持者，农村发达的土地自发流转也是政府推动大规模流转的基础。政府规定的土地租金为每年 400 斤/亩粳稻，远高于本地农民之间的自发流转价格，因此，这一部分群体大多数会纷纷选择将土地交给村委会流转。当地的农田改造后，大多数政府并未将农田再细分回农户手中，而是采取“虚拟确权，二次流转”的方式实现土地的规模连片(详细方案参见本书附录 A)。

整个农田平整项目是以项目区内村庄中的生产队为界限的，每个生产队即村民小组内进行平衡结算总账。具体方式是各个生产队统一丈量各农户的土地和村小组的集体水塘面积等，进行统一汇总。整个村土地平整后，在除去平整后占去的机耕道、水渠、水塘等面积核算。如果全生产队的土地总面积为 100 平方米，若平整后除去渠路的占地面积之外，或减少 10 平方米或增加 10 平方米，那么每一个农户的农田总面积将会同等比例地减少或增加。每户最后分到的面积是原面积乘以比例系数的面积，这就是最后确权颁证的面积，即收益面积。其土地流转的总体做法是“三权分离、虚拟地块、两次流转、合理收益”的方式。具体分析，即对整理后的土地所有权，只确权到村民组，同时以原土地承包合同为依据，将农户在项目区的实际承包面积，确定为土地承包经营权收益面积。但不确定地块具体位置，这样就使得农户在项目区内的承包地块“虚拟化”，项目区内拥有土地承包经营权的农户，通过“一上一下”的方式进行两次流转。“一上”，即农户统一书面委托授权土地流转合作社(实为村委会)流转土地经营权；“一下”，即需要耕种土地的农户可向合作社提出申请，其耕种面积可多于或少于原承包面积。农户要求耕种土地以外的剩余土地，由合作社集中对外流转①。

① 陶胜，李明. 加快农村土地经营权流转以推进农村土地规模化经营——以安徽省繁昌县平铺镇为例[J]. 现代农业科技，2009(11)：302-304.

这样的土地流转方式,契合政府的目标,即通过土地流转发展规模经营,将农村土地集中到以资本为主体的种植大户手中。其主要目标锁定在本地的粮食加工厂、公司或外域企业,认为其具有粮食加工需求、且有资本和实力来经营农业。在政府起初对土地流转的引导工作中,认为种植大户能够流转和经营的耕地越多越好,因此,主要是鼓励本地拥有资本实力的粮食加工厂和外域企业老板来竞标,实际土地流转的招投标过程中优先考虑有资本实力的"工商资本型大户",涉及多种行业,详见表 3-2。

**表 3-2　第一阶段的承包大户统计表(2008—2009 年底)**

| 区域 | 行政村 | 业　主 | 面积/亩 | 备　　注 |
|---|---|---|---|---|
| 项目区 | 林村 | 李天好 | 2240 | 现为省级龙头企业(粮食加工) |
| | 河村 | 王成雨 | 1700 | 烟草局职工,拥有大型农机经销店(卖拖拉机、收割机、旋耕机) |
| | | 张兴知等 | 1152 | 本村农民,承包过山林,做过建筑小包工头,多家农户合伙承包 |
| | | 刘连时 | 1077 | 某水果加工公司的股东之一 |
| | 塘村 | 杨辛节 | 2003 | 房地产公司股东 |
| | | 周力当 | 1007 | 市里某种子公司分公司经理 |
| 非项目区 | 蔡村 | 蔬菜公司 | 485 | 上海连锁酒店股东(种蔬菜) |
| | | 吴小春 | 631 | 中草药公司(名为水稻种植合作社) |
| | 华村 | 君临公司 | 1135 | 汽车零部件加工公司,企业倒闭后,着手做旅游休闲农业 |
| | 茶村 | 春江园林公司 | 321 | 北京园林公司,在芜湖有分公司,另外承包了本镇 7000 多亩山林 |
| | | 鑫旺养殖 | 241 | 某养殖公司的分厂 |
| 总计 | | | 11992 | |

注:数据来源于对镇农经站与各村委会干部、部分承包土地的业主访谈。

2007年下半年到2008年5月，林村2200多亩土地整治完成。土地流转给谁当时是个热点问题，当时政府认为大户种2000亩没有问题，美国种植上万亩的大农场也不少见，于是县政府领导找到该镇粮食加工厂[①]老板李天好，承接林村这块土地。李天好当时压力也很大，首先2000多亩田不是个小数字，经营不好亏损就大了，但是县乡领导安排下来的任务不干也不行。在县镇政府给予优惠政策的情况下，李天好拿下了这块土地，签了8年合同。农户拿到手的租金是每年每亩地400斤稻谷，但是李天好只需出300斤，县镇两级政府分别为其分担50斤稻谷。县镇政府通过各种渠道给予李天好加工厂各种政策和补贴，将其扶持为县级龙头企业。但是李天好为了分担风险，当年种植一年后，下半年底就联合7家亲戚朋友将2000多亩地分担下去，一家200～300亩。如今，李天好一直是规模经营的名义主体，且后来还被政府培育成为省级龙头企业。另外便是蔡村，政府引导一个在上海经营酒店的本地人身份的老板回来经营蔬菜，承包农田485亩，合同签的承包时间是2007—2026年，租金为每年400元/亩。这一片农田涉及3个村民小组的高速路旁边的良田，不仅属于圩区，灌溉条件好，而且交通相当方便。

2009年时，又有河村和塘村近7000多亩耕地[②]对外流转，此时境况发生了很大变化，由买方市场变为了卖方市场[③]。在招投标中，大量本地和外来老板、富裕农民参与竞标。据镇流转中心工作人员介绍，竞标人数与标段数的比例大概为3∶1，即每个标段都有3个人竞争。评审组审核的主要指标包括资金实力、管理能力、市场开拓能力等，当时鼓励

---

① 该加工厂与县主管农业的副县长私交甚好，农民和乡镇干部、村干部据说都有亲戚关系，但笔者未能证实。该加工厂之前就是一个小家庭作坊的农村碾米场，只为农民碾米，后来开始了大米加工，稻子、大米销售，成立了粮食加工厂。伴随平镇的土地流转和农业现代化发展，该工厂在政府的扶持下，茁壮成长。从2009年开始评为县龙头企业，2011年评为市级龙头企业，2013年评为省级龙头企业。

② 项目规划是平整土地9200多亩，参见附录A，但后来实际完成了7000多亩。与此同时，各村也开始了非项目区的土地流转动员工作。但是随着后续土地平整项目的跟进，截至2014年，全镇除山区土地因地质条件无法平整外，基本全部完成了土地平整工作。

③ 申请承包者预报的面积远远大于实际集中可流转的面积，参见附录B。

老板和企业流转土地，而且流转的规模越大越好。政策的设置打破了地域界线，允许外地人到本镇农村承包土地，所以不少当地的竞标人为了在竞标过程中更有优势，就选择外地人暂时合伙并在竞标成功后再分开单干。表 3-3 中的两个中标大户都是这样操作的，在竞标时合伙参与，而在一起种植两三个月后分开单干。当然一方面是由于合伙经营中的意见和利益冲突问题，另一方面因为当时合伙本身就是一个策略，详见表 3-3。

**表 3-3　河村主要中标大户**

| 一包（2009 年 3 月） | 分开（2009 年 5、6 月） |
| --- | --- |
| 王成雨承包 1700 亩<br>（实质是与王日发合伙承包） | 王成雨 1061 亩<br>王日发 639 亩 |
| 张兴知等 6 户合伙承包<br>1152 亩 | 张兴知 3 户兄弟 544 亩<br>王起随 227 亩<br>周正潜 198 亩<br>左文汉 183 亩 |

注：数据来源于对村庄大户和农民的访谈。

表 3-3 中的合伙分两类，前一类是两个本地的小型企业（王成雨原是烟草局职工，后开农机经销店；王日发是外地的，曾经开过农资店，后也开始包地）联合起来竞争，为了在规模上获得优势，确保自己能够获得土地。第二类是张兴知等，主要是当地的富裕农民，家里有余钱，趁着国家政策来联合包地。

在土地流转的大浪潮下，延续大规模经营的理念，在整村流转的土地流转方式下，项目区的土地流转运动热火朝天，非项目区的一些村庄也参与到土地流转当中来，也有不少公司、企业未能在项目区分一杯羹，开始在非项目区寻找投资方向。一些离山区较近的村庄反而被一些园林苗木种植公司、畜禽养殖场、中草药种植公司看中，主动前来与村委会合作，流转农民土地，这三种公司，均是打着种水稻的幌子，实际上进行非粮化操作，继续各自的特色种养业。综合起来看，这一时期，入驻平镇承包农地的企业主要是受资本下乡的政策吸引，进村包地。但经过几年的发展后，这些企业和承包者都陆陆续续退出，或者转变经营方式。截至 2014 年 8 月，在政府扶持的特色经营下，主要留下几个企业在发展，如粮食加工厂、连锁酒店集团旗下的蔬菜公司、中草药公司、畜禽养殖公司、园林公司等。

当时第一批土地流转工作在政府的动员下，农户的土地流转率达到 90%。乡镇将土地流转的中心工作通过组织性的政治任务和工作奖励进行双重动员，不仅对为流转服务工作的村委会给予财政奖励，而且将流转指标作为村委工作的年终考核指标。其中政府文件明确规定，对当年组织新增流转土地 50 亩以上、流转期限在 3 年以上，并签订规范合同的农村集体经济组织或土地流转中介服务组织，按芜湖市办〔2009〕1 号文件规定给予每亩 20 元的一次性工作补贴；对农村土地流转面积比例达到耕地总面积的 1/3 以上，流转期限在 3 年以上并签订规范合同的村，给予村民委员会一次性奖励 1 万元。

通过任务考核和工作奖励对村委会动员农民转让土地经营权进行鼓励，成为当时村两委的重心工作。不管是采取情感型、压力型、经济型的动员资源（聂建亮、钟涨宝，2013），抑或是基层工作人员“软硬兼施”（孙立平、郭于华，2000）的工作策略，当时平镇的土地流转动员工作只遵循一个原则：“不踩红线”，即不出群体事件。乡镇对项目区农民的动员都是分类型、分步进行。首先是“亲属连坐法”，在乡、镇、村工作的人员及其家属劝说亲属转让土地经营权，这成为当时未成文的潜规则；其次是利益计算和面子劝导，让一些小组长和村干部带着乡镇干部联合行动；最后再调用国家话语，进行“恩威并施”。一言以蔽之，基层组织工作人员软硬兼施的工作策略在土地流转的动员工作中轮番上演，最终平镇依靠行政动员和乡村的人情纽带，在短短的一个月内超额完成了土地流转指标。

除此之外，农田水利改造工程质量差也使得部分农户放弃土地，被迫流转。因为农田水利改造不利于小规模的散户经营，而且有些地方农田平整质量极差，使得一部分老人不得不放弃种田。根据外滩组的王奇华队长讲述，土地平整后，他们小组的 24 户中，有 18 户同意流转，另外有 6 户坚持想种地，不愿流转土地。然后将 6 户需要种地的农户田块划在一块,等到春耕时,打水灌溉、开拖拉机下田时才发现,田中坑坑洼洼,水深的地方齐腰深,甚至淹过脖子,小的手扶拖拉机根本无法下田,陷在里面。要花钱去请大拖拉机来耕地,重新平整农田。这使得 6 户当中有 4 户因为农田平整质量差而放弃了土地经营权,签订了流转合同。土地平整质量差不仅仅对于小农来说不好种田,对于大户、公司都一样,这也是后续公司承包农田后种田亏损的原因之一。

基层组织的土地流转工作在乡村的行政考核与组织动员下积极、快速地展开,一方面得益于农民的外出打工,农民流动形成农民内部对土地依赖呈现不同的分化,政府设立的高于农民之间自发流转土地的高租金瓦解了乡村土地的自发流转秩序,建立了新的土地流转市场,确立了服从于土地租金和正规流转制度的土地流转市场。另一方面,政府依靠涉农项目改造了农业生产的基础条件,使得农业生产的物质基础排斥了部分原有的小农家庭。土地流转市场和农业生产的农田水利基础设施改造了农业生产的物质基础,从而实现了规模经营物质条件的改造。

## 三、项目提供的农业服务体系之变:政策支持和大户补贴

与农业生产物质条件的改造相对应,政府也在调整农业生产的软环境,即政策支持和大户补贴的设置,增强资本下乡的动力,这也成为大户与小农生产竞争的优势。为了推动土地流转和鼓励规模经营,当地出台了各项政策对于种植大户进行补贴和扶持,这些政策摘录如下。

1. 政策奖励

对受让耕地 50 亩以上,并签订流转期限为 3 年以上的规范合同,从事粮、棉、油、菜等农作物生产的经营主体给予补贴。对其中面积达 50～100 亩,流转价格不低于每年每亩 300 斤稻谷的受让方,给予每亩 80 元的一次性奖励。受让耕地 100 亩以上的受让方,每年都有奖励,但流转价格越高奖励越高。其中流转价格不低于每年每亩 350 斤稻谷的,给予每年每亩 50 元的奖励;流转价格不低于每年每亩 400 斤稻谷的,给予每年每亩 60 元的奖励;流转价格不低于每年每亩 450 斤稻谷的,给予每年每

亩80元的奖励。以上资金由县、镇共同承担。2009—2011年累计兑现土地流转奖励资金约608万元，2012年兑现土地流转奖励资金约400万元。

2. 金融支持

县委县政府通过协商促使县农村信用联社每年安排一定额度的农业信贷资金，重点解决流转土地的规模经营主体的经济问题。每个经营主体可以从信用联社获得最高10万元的低息贷款。

3. 农业保险

对从事100亩以上生产的规模经营主体，参加政策性农业保险的保费个人承担部分，由县财政补贴50%。

4. 基础设施

对受让面积较大、流转期限较长的经营主体，符合相关条件的，优先安排农田基本建设、土地整理、农业综合开发、“一事一议”财政与以奖代补资金、特色农产品基地和农机购置补贴等项目。

最直接的现象是，对于上文提到的李天好粮食加工厂承包的2000多亩农田，政府直接为其每亩承担100斤稻谷的租金，降低其生产成本和经营风险压力。除此之外，为所有的大户承担一半的农业保险，龙头企业还可获得当地政府的政策性低息贷款。当初承包485亩农田种蔬菜的上海连锁酒店老板的蔬菜公司，也被打造为“芜湖市的菜篮子”，每年享受150万元的市级菜篮子项目补助。地方政府从农田水利、土地、农业保险、农业贷款、农业项目和农业补贴等全方位地为定位为新型经营主体的种田大户保驾护航，全面地改造传统的依靠农村村社组织提供公共服务和农村社区提供社会支持的小农经营，替换原有的农业生产主体。

在上述地方政策支持和财政奖励的支持下，平镇由最初规模经营的新奇事物变成了制度化的热点现象。从2007年底的项目实施到2008年的第一批土地流转，发展方式为政府引导当地粮食加工厂和外商老板——引资下乡——承包农地，数千亩的农地经营规模达到了项目要求的现代农业的规模标准。随着政府实施土地平整项目推动的大规模土地流转,直至后续项目的继续推进,可以发现土地流转和规模经营已经成为当地政府工作的热点。政策性补贴随着规模的扩大而逐步增加,涉农项目也会优先考虑流转面积较大的生产主体,优先安排这些主体的农田进行基础建设,甚至可以将一些小型村庄建设的公益性项目直接打包给企业,后续的项目实施跟着种粮大户走。

这些新型的农业生产主体,即工商企业农场是在国家的项目和地方政府的政策干预下应运而生的,是外在力量塑造的生产主体,是依据平镇特有的政策和地理条件促成的。农民离开土地,放弃土地经营权,也是政府的干预和强力动员的结果,而非市场化下的小农自动离开土地,小农在市场或商品化过程中解体,概言之,正如贺雪峰(2011a)所言,是政府支持资本打败了小农。

## 第二节　新型经营模式的萌芽:资本化大农场的实践

对于政府扶持和培育的这些集中连片经营的大户,即工商企业的大农场,只是在平镇土地流转发展过程中的初期大批兴起,后来为何会出现政策的调整,鼓励家庭农场的发展,对于这两种新型经营主体(农业企业、家庭农场),依据陈义媛(2013a)的研究,由于具体的组织生产过程的不同,可分为两类:一类为工商企业的大农场,属于依靠科层化管理,纯粹雇工的资本化大农场;一类为主要依靠家庭劳动,兼用生产性雇工的家庭农场。本小节主要讨论那些依靠雇工生产的资本化大农场在当地的经营实践,以及为何遭遇后续的被迫退出或者转型。

### 一、资本化大农场的生产管理

本小节主要讨论那些政府支持的资本下乡所形成的资本化大农场的生产方式,在第一批土地流转过程中,绝大多数是依靠纯粹雇工生产。平镇的农业生产还未实现全部生产环节的机械化,耕田、收割实现了机械化,插秧或抛秧依靠人工,但是农业生产的管理环节是机械无法替代的,所以在当地，这些公司或老板承包的土地主要采取两种经营方式，即科层化的组织管理和转包模式。科层化的组织管理模式主要是指农业生产采取直接雇工经营模式，即公司按照科层制，在生产部里分为总经理，然后有一个负责技术的副总经理，再是负责请工人与田间生产的生产队长，最底层的就是田间的一线劳动者，形成金字塔式的三层管理结构（屠晶，2014：18）。农资购买和产品销售统一由公司负责。

案例1。李天好的2000多亩大农场，在没有转包前，曹某是总负责人，其儿子是农场管理员，聘请了一个专业的农技员作为经理，聘请了林村的3个生产队长，3个生产队长分片区相互合作，共同管理2000多亩田地。

案例2。周连生，本地人，在上海市拥有2个大酒店，被镇政府招商引资工作动员，于2008年元月初回乡投资，开始建蔬菜大棚。承包土地480亩，聘其自家的叔叔为总经理，在村里负责生产管理，自己则在上海市负责管理酒店。村里的蔬菜公司涵盖生产、运输、销售工作，是一条龙的生产链。蔬菜园有4个队长，完全采取雇工式的经营方式，常年雇用上百人参与生产，生产方式为流水线式。

类似案例1中的科层化管理种植水稻的资本化大农场在平镇基本上维持了2年，有的公司甚至1年都没维持下来，要么转变了方式，要么退出了生产。目前只有经营蔬菜、林业＋苗木、养殖的几个公司还在，依靠高效益的项目和国家扶持继续在维持。但是在水稻等粮食行业，类似案例1这样的大农场几乎无一例外的全部亏损倒闭。李天好在林村承包了2000多亩农田，在种植第一季早稻时，由于工人生产安排节奏没跟上，闲置了400多亩农田没有种下去。与此同时，因为土地平整质量太差，农田高差太大，李氏加工厂自请大机械（大拖拉机和旋耕机、铲车）对农田进行平整，但仍然有100多亩农田无法种植，只能空闲。由于生产安排没有跟上节奏，加上因农田平整无法播种的土地，共500多亩处于闲置状态。

另外，在经营管理过程中，李氏加工厂的总经理没有种田经验，按照通常比例配比肥料，并没意识到土地平整后，农田肥力不足，耕田时撒肥太少,中间加补了2次肥料,依然长势不好。按照当地农民所说,底肥不足,后期影响水稻的长势。还有部分农田除草剂没有跟上节奏,打慢了,草的长势快盖过了稻苗。据给李氏农场干活的农民讲述,第一年林村的1500亩农田,一亩田的平均产量连500斤粮食都不到。空着的地也要交租金,所以李天好一年收的粮食还不够付农民租金的。李氏加工厂经营的第一季早稻全部处于亏损状态,一亩田的投资成本粗略估算为500元,这要亏损100万元。等到晚稻抛秧,育秧时又出现了问题,育秧田里的两个工人中午换班时睡着了,塑料薄膜烧坏了15亩地的秧苗,这就直接影响了后续的种植。临近抛秧时,正值农忙双抢时节,请工人安排不力,农民抛秧一天,青壮年劳动力工资为150～200元,老年人工资一般为120～150元,即便如此,依然请不到合适的青壮年劳动力,都是五六十多岁的农村老年妇女和男工。双抢时节,秧苗要在一星期内下田,错过季节,水稻会大大减产。第一次面临双抢安排,就有近800亩稻田空闲,只能等到冬天种小麦。仅仅只种了一年,李老板说亏了两三百万元。正因为他的大量亏损,县农委和乡政府就将当地的育苗基地实验项目给了他,一年投资50万元做育苗实验,连续实施5年,目标是推进机器插秧,替代人工抛秧。但是在笔者2014年调查期间,当地仍未推行机插秧,还是采取人工抛秧。有农民认为李氏加工厂私吞了政府的钱,没有认真实施,那么多钱要么是塑料大棚温度高烧了苗,要么是种子处理不小心,发生霉变等,以不同借口黑政府的钱。无论什么原因,平镇至今还没有实行插秧机械化。李氏加工厂的2000多亩农田经营失败后,转而采取农田转包,将土地分包给7个亲戚农户①,称他们是在公司的标准化管理下,实际上为外地专门承包农田种的流动农民(余练、刘洋,2013)。关于外地来包地的农民,后文再详细介绍。将土地再转包是这一批承包数千亩地的大农场后期纷纷采用的模式。

还有一种比较盛行的就是"代管"模式,主要是指包地老板自己不亲

① 这7个农户,李天好向政府表明,是在自己的统一安排管理下从事生产,是标准化生产方式,他们都是加工厂的工人。其实根本不是,他早已将田转包,这是他给领导检查时的借口。

自劳动和经营，只负责总管理，管理目标集中在投资和收益的成本利润控制。老板负责总面积的所有农资投入，雇请几个代管人员，分片区管理，即延续以前的村干部包片制度，为包片管理，代管人员对所在片区负总责。代管人员的代管面积在300～500亩。代管人员分两种：一种是完全独立于公司，只是从其手中接管土地，自己承担农业投入成本，其实这等同于上文所说的转包；另一种是一般的代管，都是公司老板（外地老板）没时间管理农业，自己也不懂，然后就全权放手给代管队长。老板找代管人员一般听取村干部的建议，村干部推荐，老板自己决定聘用与否。代管人员清一色的都是村民小组的组长，即当地自然村的老队长，是年龄均在50～60岁的老人，熟悉本片区内的水系、人情、土壤状况，也是村里种田经验丰富的熟手。老板对他们的定位是管理人员，他们一般不直接参加劳动，对他们的要求是合理激励工人，给他们的工资是固定工资加绩效。固定工资为一年2万元，是按生产季节来算的，过年前后2个月基本没事，可以休息。实际上一年只工作10个月。代管人员的工资是许多人所羡慕的，但一般普通人是无法做代管人员的。

代管人员本身要受老板管理，同时又要与普通工人（也即当地村民）处理好关系。因为是给老板打工，在田里干活时，雇工大多是代管人员自己找的熟人，都是相互熟悉的村民。如果代管人员监督得紧、催得多、工作质量要求高，那么会得罪村里的老百姓。要是整个放松老百姓，监督不力，又会“亏”老板，同时影响自己的工资，因此代管人员处于两难境地。实际上大多数代管人员会倾向于与雇工保持好关系，因为雇工是自己请来的，老板不管过程，只看结果，看生产量。要是忙的时候，请不到工，那损失更大。但一般农作物的生产可控性较差，大多是在劳作后经过一段时间的长势，才会发现劳作质量的好坏，劳作质量具有滞后性。一般出现问题，那只能是老板承担损失，工人的工作质量具有农作物成长的天然滞后性。

案例3。林有原，租种1400亩农田，有4个代管人员。公司统一承担所有农资，代管人员仅负责生产管理环节。茶村地处山区，土地没有平整,上游有一个水库,水源条件较好。但是地块较分散、不成片。当时牵头的林有原看重此村,直接找到村干部,然后商量承包土地种植水稻事宜,其实际目的是发展有机农业和乡村旅游产业,但后来没有实施。当时是由3个人共同投资承包农田,1400亩土地,每年每亩缴纳土地流转租金400斤稻子(折算价格约520元),他们3人先期投入共120多万元(包括购买大型机械),后续成本投资为100多万元。

林有原的管理细节:

1.绩效奖励

给每个代管人员定的基本工资是65元/亩,350亩核算起来约2万元,要求是负责水稻种植—收割—小麦种植—收割的全过程。对于水稻的产量要求是每亩1000斤,超过产量按1.2元/斤稻子的20%作为奖励。若是产量达不到,排除天灾因素,代管人员要负责(但是林有原说,一般这个负不了任何责任,都是老年人,没有责任承担能力,给产量绩效只是一种激励)。

2.量化的动态管理

用工工资,根据其他大户的估算,一亩地需要1.5个工,当地用工闲时每天60元/人(老人)。如果代管人员自己干活,就自己赚钱。队长每段时间(根据农作物的季节)申报工人工资,老板统一发放。

3.内部的面子激励

农民很淳朴,都很要面子。老板每隔一段时间会给他们每个人一张表,关于农田农资、用工的统计。做得不好的代管队长,自己会觉得不好意思,这一阶段自己落后了,争取下一阶段用心努力把握控制生产。

4.长效激励机制

代管人员如果做得好,可以长年连任。60岁的老人,一年有2万元收入,对他们具有很大的吸引力。

5.人情勾连

老板与代管人员也会有人情往来,队长家里有事,办个酒席,过年过节(端午节、中秋节、春节)老板都会送点礼品或发点奖金表示一下(类似公司体恤下属）。同时，老板也会把人情沟通拓展到雇工那里，会延展到前20%的优质雇工，保证稳定的劳动力。

在双抢时间，雇工非常紧张。100元/天根本请不到人。林有原曾在最忙的种植期，因为雇工请不到人，延迟了一个星期才种完。但由于成本控制，一亩地多一个工或者加价都会增加成本。雇工成本是大户种植水稻最大的弹性空间，一亩地少一个工，就意味着一亩地可以多100元的利润。

6. 用工紧张

因为土地流转后，又增加了一批外出打工的人，村里绝大部分人都出去了。本身种田人的年龄都大，现在田里的雇工都在六七十多岁。老板要是觉得年龄大，那么几乎无法找到合适的工人。

即便在案例3这样精细化的团队管理当中，林有原也无法缩减劳动用工成本，不得不忍受一些田间劳动的懈怠，只能尽力维持好与雇工的关系，保证自己农忙时节有足够的劳动力，以免耽误农业节气。但是在尽力减少田间管理成本时，也不得不面临农业生产中的天然风险。2013年7月份，平镇在高温时节连续40天未降雨。在圩区的大户依靠政府集体强力抗灾，基本免除了旱情，但是林有原的大部分田地在丘陵区，无法实现提灌，加上上游水库缺水，无法满足灌溉，致使1/3的农田，近500亩面临绝收，是受灾最严重的一次。林有原经营3年了，第一年在如此精细化的农田管理当中也因为生产安排不力，农忙时节生产作业人数不够，没有能够完全种完，导致农田闲置，处于亏损状态。第二年的小麦，由于临近收割时连续暴雨，他家机械不够，雇请了一个外地的农机合作社夜间12点到凌晨2点收割麦子，如此抢收，仍导致100多亩的小麦遭了暴雨，倒伏了。本来南方小麦品质就不好，加上被雨淋，小麦市场价不好，也处于亏损状态。第三年就面临当地的大旱，导致连续三年都处于亏损状态。如今林有原的农场也开始解体，几个老板分开独立单干，有的在自己经营，有的已经转手再分包。

管理上的“代管人体制”是那些不懂农业、没有生产经验、目标投资农业的资本家惯用的方式。如林有原的农场,就是由 3 个大股东合作承包的,设一位全职经理管理,然后再分设代管人员,每个代管队长下面的雇工分为核心雇工和常用雇工。核心雇工基本参与所有生产环节,而且享有节日的礼品等象征性福利,常用雇工则没有这些福利,大多只参与农忙用工。其管理结构详见图 3-1。

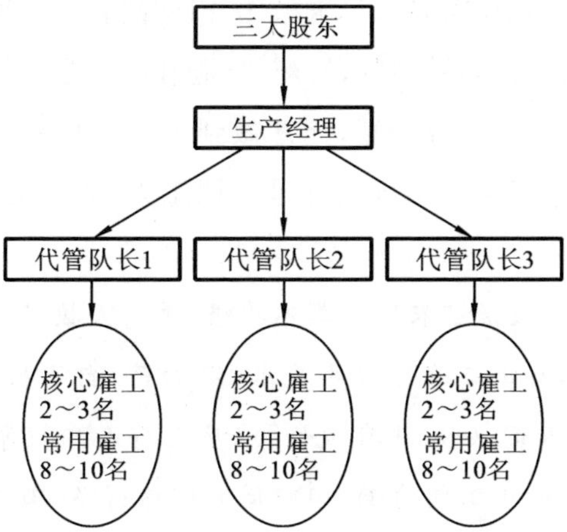


**图 3-1 农业生产当中的代管模式简介图**

代管人一般要具有如下的特点:第一,他们要清楚农业生产的各个环节,对播种、施肥、打药、放水等都颇为熟悉,对农作物生长的周期能有很好的了解;第二,最好是本村人,作为本村人,能够熟悉本地的自然环境,对土地的土壤情况更为熟悉,作为本村人能够更好地协调大户与当地农民的关系;第三,最好是一个能人,仅仅是一个本村人并不够,他还得是一个在村中有威信的人,规模化经营需要雇用劳动力,农忙季节劳动力是否充足成为影响农业生产的关键因素之一,一个有威信的人才能更好地完成大户所提要求,比如依靠当地人优势请小工,处理大户与小农的关系。由于代管人需要满足如上的要求,一般选择村中的小组长较为合适。代管人实际上是大户的常年雇佣工人,他不投入资本,依靠自己的劳动力投入及管理上的经营取得相应的报酬。由于代管人不参与农业生产的效益分配,他们往往也会不尽全力,对农业的管理放松,这严重影响了农业生产的产出，是制约规模化土地经营的瓶颈之一。

另外，最重要的是劳动力监督问题，农业产业工人是“为老板”进行生产。那么农业工人就可能“磨洋工”“出工不出力”“开小差”等。在一定程度上，机械可以代替劳动力，比如插秧机可以插秧（但是需要很好的基础条件，比如土地平整度高、水源好等），收割机可以代替人工收割，喷雾器可以打药等。但是机械需要人工来操作，田间的管理必须依靠人来执行。要依靠人工，那就涉及监督问题，打药、施肥和除草是几个关键的环节，监督不好，就会严重影响粮食产量，无法做到工业的标准化、统一化。因为农业的季节性决定了雇工不可能都是长期工人，而农业工人的效益没办法立即体现。

大户王日发老板说：“农民拔草不拔根，第一天拔了，第二天就长出来了。打除草的药，有小工给你打的是水，不加药，自己把药带回了家。除草是一个重要的环节，如果没有做好，以后还得人工拔草，费钱还可能减产。还有施肥，有的小工想偷懒，田四周的肥撒得多，田中间的肥撒得少，因为这样可以减少体力，结果常常发现，远观收成不错，近看，只是田四周边上还行，其他的就比较糟糕。”

有农民自己也坦率地讲：“给大户打小工是一起的，几个小工在一起做事，你还不能快了不是？你一个人太快太好了，不就把其他几个人比下去了吗！有的慢有的快，就把快的也拉慢了。”“大老板不好当，大老板是‘糊’了自己；小工也有不‘糊’的，但别人都‘糊’，我不‘糊’，我就累死了！”

也就是说，规模越大，就越是难以避免工人“出工不出力”。作为种植大户的王成雨也曾想出了种种办法监督工人，他说：“就差没有给他们安一个摄像头！即使有摄像头也不顶用，他给你做样子，就没办法。”与劳动力监督密切相关的就是劳动成本问题，农业工人劳动监督不力，劳动质量差，不仅增加劳动成本，而且还影响农田产出。这些大户雇工都是需要整段时间的雇工，而且需要比较强壮且灵活的劳动力。而相比一家一户的小农，上到 70 岁老人，下到 10 岁儿童在农忙时节都会参与生产，而且不需要任何监督，因此大户的雇工监督式生产形成的粗放经营与小农的精耕细作形成鲜明对比。在小农那里,水稻一亩田的产量有1000斤属正常,而在那些大户的农场,一亩达到六七百斤已算很不错的。产量上不去,劳动力投入就要严格控制,这是雇工式生产大户最大的生产瓶颈。

除此之外,在关键环节,比如农忙时节,雇到合适且足够的劳动力非常重要。延误农时的损失就等于是租田闲置还要出租金。土地流转以后,往往大批的劳动力流出村庄,农村劳动力结构发生了较大变化。在农忙季节使用劳动力往往就成为大户经营的一个问题。因此会出现"老板抢人"(争抢劳动力)的状况。林有原与代管户和雇工人情来往的目的就是稳定雇工,有效地降低雇工出工不出力的比例。在相对封闭的乡村社会,雇工也会有一定的圈子,林有原说:"平时别人用的那拨人,我不用;我用的那拨人,和别人说好了也别用。"其实这就是代管队长所起的重大作用。王成雨的工人使用也是如此,他常年雇用5个人,农忙时节需要20多个人。虽然平时村里老龄闲人多,但是农忙季节时找人却不容易。面对劳动力紧张的农忙时节,他说:"一些平时在我这边打小工的人,到了农忙时就给别人干去了!真是不行。你说这些人讲不讲点良心!平时赚我的钱,忙的时候就跑了。"

雇佣关系当中,不仅仅是劳动力的价格高低影响农场的用工和监督问题,雇佣关系中老板是否和气、大度等都严重影响雇工的质量和雇工供给。平时经常打零工的刘头功老人说:"王老板是一个非常苛刻之人,不仅拖欠工资,而且常常发脾气,对工人横加指责,大家都不喜欢他。他的工人都已经换过几十个了,生产队长也换了好多个。"对于王成雨老板的"恨气"和"苛刻",本地人周正潜(200亩的"小"大户)在处理雇佣关系上的妥当,使他成为一个较受雇工欢迎的雇主。

"我不把小工看成工人,他们是农民,我也是农民,大家都是一个地儿的。平时我和大家关系都不错,我请的工人都是比较肯干的。小工为我做事时,我中午给他们盒饭吃,夏天热了,我给他们买啤酒、饮料喝。给男工抽烟,给女工馒头,工人都需要你对他好,他才对你好。给我办事呢,我不亏待他们。""你糊(弄)他们,他们就会糊(弄)你!"

实际上，雇佣关系的好坏，涉及的是一个道德问题，与雇工关系好可能会带来工人的回报，但是关键的问题恐怕不在于好坏问题，而在于是否监督到位的问题。200 亩的小规模农场，雇主对工人能够进行全面的监督，可以在雇主同时工作的监督范围之内，从而避免农业劳动中的“磨洋工”，但是一旦达到 500 亩以上，大户很难“全景式监控”，这必然导致“出工不出力”，因此工人的监督自始至终都是大规模的农业生产不可避开的障碍。

所以，从上述农户的生产过程来看，资本主体投资农业确实面临生产的技术条件，即大自然给资本主体带来的“麻烦”，由于工人劳动时间与作物生长时间的差异，资本主体不得不被“自然”所绑定，在产品收获之前难以实现利润(Mann and Dickinson，1978)。而且相对于工厂，资本主体还不得不面临在农田或果园工作的速度与质量更难监督和控制，因此成本会更高的问题。同时与快速工业化相伴而来的城市化导致工资上升，相比家庭劳动较高的劳动力价格，使资本主体因成本增加而失败(伯恩斯坦，2011：135～137)。然而，早已被经典理论或西方经验所证明了的，资本投资农业所具有的天然屏障，在中国当前的话语中并未被慎重对待，且未能引起足够重视。正如韩俊(1998)、张忠根和黄祖辉(1997)等人仍在努力倡导中国可以走农业规模化、产业化的道路，即大面积连片经营的机械化农场模式，这样可以释放农业生产要素的效率，如劳动力、水利设施、农业机械满负荷工作的效率和购买、销售网络的谈判优势等。各地出现了地方政府推动农业规模经营的社会运动，然而，让地方政府意外的是，这种规模经营的机械化大农场正如上文的案例，无一例外都遭遇着“大生产方式”的失败。经典理论仅仅只考察了大农场生产本身，即资本投资农业的“天然障碍”，而没有考察一定地域环境下与周边主体的社会关系，这也会影响农场能否顺利实现可持续生产。

## 二、资本化大农场主与村庄各主体的社会互动

农业生产是在一定的地理环境和社会环境中进行的。除了农场本身

的生产之外,资本化大农场经营还不得不面临在农业生产的社会环境中与各种主体的社会互动,这些都影响着农业生产能否顺利进行和农场持续的再生产。

### (一)与小农斗智斗勇,争取良好的生产环境

在资本化大农场与小农的关系上既有合作也有对抗。与农民合作,对他们客气,建立良好的人际关系,实际上是因为需要他们的劳动力。而在具体的村庄生产活动中,他们之间存在更多的"消极对抗"关系。

在粮食收获的季节,大户需要"防盗",因为现成的一袋袋的粮食很容易被别人"搬走"。"明抢"显然是违背法律的,小农也有小农的策略。据某农场主陈老板讲,在粮食收割季节,收割机收完后,需要小工(往往是当地的小农)把一袋袋的粮食装好或是放到路边,或是搬到货车上运走。小工就乘此机会把一些用袋子装的粮食放入隐蔽的地方,比如稻草底下或是路边草丛里,等到晚上或者是凌晨再到田里把粮食拖走。有的老太太也打着"拾稻穗"的名义,随便就从稻田里割稻子。对于后一种情形,大户还是可以"容忍"的,但是对于第一种情况,明显属于偷盗行为,大户无法容忍,王日发老板给笔者描述了如下的一个故事。

有一次,稻子收割完以后,粮食堆在了马路边上。我就骑着摩托车到田边转一下,发现田边有灯光,于是我就过去看,结果,我发现一个老太太正在"分"粮食。老太太没有力气,一袋粮食无法挑起来,于是把一大袋分成了两个小袋,准备用一根扁担挑走。我发现她偷我粮食之后,她还不承认。我说:"明明就是你偷,你还不承认,如果你不承认我就报警了!"老太太害怕了,立即向我跪了下来,请求我的原谅。我虽然于心不忍,但是也不可能就这样算了,于是我找来了村干部,让村干部作为证人,以防止再有此类情况发生。

王日发讲,这样的事情不胜枚举,有的是自己发现的,有的是听别人讲的,但是大多数其实自己并不知情。干这种事情的,都是些妇女老人之类的,也不好把他们怎样。他们也不会大张旗鼓地干这事,"白天是捡,晚上是偷,所以往往他们晚上尤其是凌晨时起来到处'活动'"。除了想弄点

粮食以外，有的农民还“偷油”[①]、偷水泵等。

地权冲突和用水冲突。众多的理论研究认为中国“三级所有，队为基础”的集体所有制度是一种模糊的土地产权，这导致了大量的土地纠纷，目前推动的大规模土地流转在一定程度上也在加剧土地产权的复杂性。在调查中，笔者发现，土地平整后的“公共性地权”成为一个模糊地带，这引起了大户与小农之间的矛盾。田埂、沟渠、道路边上有没有权利种菜？或者谁有权利种菜？都是一些新的社会矛盾。

为了推动土地规模化流转，进行“田成块、路相连、渠相通、林成网、旱能灌、涝能排、适应机械化耕作”的改造之后，田埂更宽了，沟渠旁边的闲置地块增多了。在田埂、沟渠和道路旁边，不少农户就在上面栽种了蔬菜和一些杂粮。道路旁和田埂边上的小块土地也成为大户和小农的矛盾焦点。农户认为这不属于农田面积，这小块土地自己可以耕种，因为未流转之前自己拥有这块土地的使用权和经营权。大户认为，既然土地已经完全再次发包，土地就不再属于农民，在合同期限内，即使是模糊地带的地块也不能耕种。在现实情况中，这些模糊地块有大户种之，也有农户种之。由于模糊地权产生的大小纠纷无数，为此，镇里专门发文对此进行规范，但是纠纷依然不止。

农户习惯在道路和沟渠边种菜、豆子等，他们爱惜农田，也因为耕种方便。当公司或者大户将土地承包之后，农民看着路边有很多空地，他们会选择种植不同的农作物。这往往成为农村产生矛盾纠纷的焦点，特别是因为这些大户和公司的人基本都是外地人，更增加了农户与他们之间的矛盾，根本不像村社集体内部的农户在历史的社区生活中拥有的相互的规约和体谅。在田埂、道路和沟渠边的空闲地种植农作物的矛盾纠纷一时间成为农村的矛盾焦点。

案例 4。周正潜讲：“老百姓喜欢在路上种豆子、油菜等农作物，比较影响我们的生产。村干部也是‘睁一只眼闭一只眼’，种了不要紧，就是我

---

① 据王日发老板讲，一个大拖拉机的油箱可以装 100 多升的油，每升就价值七八元。

们打药时,打死了作物不好。U形渠上种东西,影响灌溉。有一次,村里的一个妇女在田埂上种了油菜,我种地时把她家的油菜踩坏了,她就开始大骂,并跑到田间毁坏我的稻子,拔了一些稻子在地上并用脚踩之。我老婆在旁边差点和她打起来。我在旁边拉扯住才没有打起来,我立即向村里反映了情况。村里的处理结果是,让妇女把油菜拔掉。最后,我和农户商量了,油菜也不用拔掉,明年农户不能再在旁边种了。"

案例5。种植大户刘连时老板也提到:"虽然农民在边角处栽种农作物可以不计较,但是这很容易导致矛盾,比如我们打药时不留意就可能把他们栽的庄稼给'打死了'。不是专门的,这也很难避免,因为我们的农药等都是专打小麦的,其他的就不行,一阵风就可能飘到散户那边,我也控制不了。"

类似的案件很多,而真正引起乡镇发文的事件是王日发老板的"上访"事件。

案例6。2009年,一农户在王日发流转土地的田埂边种植了油菜。为了方便耕作,王日发的老父亲把油菜苗给拔掉了几十棵,是为了制止别人再来种。而恰恰被种植油菜的妇女撞见了,便抓住老人家不放。附近的群众到此围观,并且为妇女鼓劲,"他不该扯这油菜呢,找他!找他!"

这件事情后来闹到村里,村干部过来协调,让王日发赔偿该农户300元。王日发心里非常不服气,"田都已经流转给我们了,那田埂当然也是我们的"。妇女坚持说,这块田之前就是她家地的位置。对于村里的处理意见,王日发气不过,找到了镇里,"如果镇里不给个说法,就找到县里去!"之后,事情闹到县农委领导那里去了,性质定为影响现代农业的发展。

至此,才有了乡镇禁止农民在流转土地的大户的田边、道路、沟渠边闲置空地上种植任何农作物的发文。然而面对不同的老板,农民有不同的做法:对于比较"强势"的大户,农户尽量少种,或者先给大户打一个招呼;对于比较"弱势"的老板,农户就抢先栽种。这类冲突在农业生产当中比较普遍,不论是抗旱还是排涝,都会产生诸多冲突。这里无论是小农耕种，还是大户都会存在相同的矛盾，而现在农村新产生的矛盾是工伤事件。

案例7。王成雨家的工人在上工时操作机械不当，导致工人一个手指头被切断，王成雨认为此事与自己无关。他后来说，因为当天并没有要求工人操作机器，工人自己去做工，这事与自己无关。但是工人却认为自己是帮老板做事，当然应该负责。村里进行了协调，没办法解决，法院以民事纠纷处理，要求王成雨赔偿1万元。但是王成雨说："我在心里不能接受，这件事对我打击挺大的。"

案例8。某年夏天，农田打药时，王成雨请了10多个老人给秧苗打药。其中一个老人回家后感觉不适，到医院看病，说自己打药中毒。老人找到王成雨，让王成雨进行赔偿。王成雨认为那么多人打药怎么其他人没有中毒？自己的农药毒性不强，对人体危害不大，不太可能中毒，于是他陪着老人到医院，让医院再次做鉴定，新结果出来又说不是中毒，与农药无关。最后这事不了了之。

在农业生产当中，农场主不仅仅是在劳动力雇佣上与小农发生诸多对抗性矛盾，其实在地域性的生产当中，会有更多隐性的社会矛盾。这些社会矛盾渗透着农民的生存之道，他们在田边道路空闲地种植农作物，是为作为村民的生存权而抗争。

### （二）与村干部的求援性关系

上述这些大户与村民发生的诸多生产中的矛盾，大户一方面不敢贸然行动，不能自行强硬处理，需要与周边的农户处理好社会关系；另一方面也需要乡村干部的"照顾"。且不说与村民的多种纠纷矛盾需要乡村干部的调节，更重要的是需要乡村组织为其提供农业生产的便利和项目申请的一些服务性帮助。这些所谓的日常性的琐事，如道路、沟渠和水源的供给问题，申报和落实利于大户的惠农政策等。比如，农业保险的办理，农业受灾时，大户通过村集体向上反映，可最大程度减少损失。乡村干部和大户也会建立一些私人关系，乡村干部可直接作为大户担保人，让大户享受到国家政策扶助的低息贷款。大户的诉求与维权事务更多是体现在公共品供给上,例如刘连时老板的灌溉问题。当地土地未流转之前,农田用水主要倚重水塘,土地平整以后,水塘数量大量减少,农田水利严重依赖水库用水和河道用水。水库用水需要政府的协调,而在当地就有一个不成文的规定,在每年10月份冬天以后镇里不会让水库放水,确保水库的水位,以保证当地山区居民生活用水。

刘连时老板有近700亩水稻,每年9月底10月初的时候,他田里急需用水,但是河里没有足够的水源。刘连时老板找到村主任[①]让水库放水,村里说:"我们只能给镇里打报告,但是镇里是10月份以后一般不给放水,这是以前的习惯"。另外,河村离水库的位置较远,一般要等到上游放完水,下游才能灌溉。刘连时老板因此找到镇里,主管农业的副镇长下来看了,从水库里放了部分水,但是仍然不能满足农田需求。700亩地,刘连时老板用小型水泵从河里提水灌溉,11天昼夜几乎不得休息,工人轮班休息、看水,有时候每日睡眠仅有3个小时。用刘连时老板的话讲:"有时候就是领导一句话,只需要一两天解决的事情花了我半个月,白白花冤枉钱。不找他们还不行,你还要在这里种地,以后也得找他们,这种事就没办法。"

种植水稻时,农田灌溉需及时且充足才不会影响水稻产量。这往往直接造成大户与乡村干部的矛盾和紧张关系。面对这种困境,他们一般直接将矛头指向基层政府,刘连时老板甚至做好打官司的准备。"用水的时候,我急得要死,如果没有水,粮食减产厉害。当时要是乡镇一点不给我解决,我就到县里。我都已经准备好了一万元准备打官司,上头都说要照顾大户的利益,连水都不给解决,还当啥子干部。"最后,刘连时老板没有打官司,一来政府解决了一部分水源,二来,"我没有那么多时间去搞这些事情,损失不大我就不计较了,耽误了活,损失可能就不止四五万元了"。

同样对于公共品供给的矛盾普遍存在于大户当中。种植大户王日发

---

① 刘连时老板在村主任那未获得帮助,是因为之前他承包土地平整建设项目时没有和村主任合作,得罪了村主任,这次是村主任在背后操作的结果。

也讲："对于大的问题，村干部一般都解决不了，比如用水问题。村里有时候也没有办法，抽水站没有建好，我们这块地的水就放不过来。我们找到镇里，镇里说让我们找村里；我们找到村里，村里说让我们找镇里。镇里领导如果来看了，就让我们克服一下。自己克服一下不就是让稻子等死么……一般我们也不会大闹，那些实在没办法的，才有人到县里去上访，这个有点极端，弄得都不好在这里包地种了。"可以说，公共品供给成为大户与村、乡镇的焦点矛盾之一。在这类事情上，大户一般采取的是"求援"的方式，虽然有所不满，但是毕竟大户和当地政府是一种合作共赢的关系，他们断不会走上"上访维权"、剑拔弩张的境地。大户是"求财不求祸"，更多时候他们还是和乡村干部和睦共处，维护各自的利益。

面对这些社会关系和社会矛盾，一方面规模经营过程中劳动管理的问题导致失败，另一方面与乡村干部、农民相处的社会关系在初期也引来很多问题。平镇这些所谓的种粮大户，即资本化大农场，都在现实的经营困境中遭遇了一个共同的命运——经营亏损，无法继续依靠雇工经营。所以，后来很多企业纷纷进行了转包，干脆直接退出生产环节，坐收地租。

## 三、土地转包与农业食利阶层的出现

前文描述了新兴的大规模经营的资本主义大农场的生产管理，他们依靠科层化管理的组织团队，抑或是代管人管理生产，但都无法避免资本投资农业生产的天然障碍（伯恩斯坦，2011：134～136），而且在既定的地域环境下，农业资本家还需要与当地的农民和政府进行良好的社会互动才能实现农场的顺利再生产。然而，平镇的这些大规模的依靠雇工经营或者代管模式的种植大户都已基本解体，纷纷进行了土地转包。因此，农村当中出现很多农民话语中的"一包"（大老板）、"二包"甚至是"三包"承包者，最末端的承包者主要是在外流动的"农民农"（奚建武，2011；黄忠怀、邓永平，2013；叶敏、马流辉、罗煊，2012），他们类似于外出打工的职业化的包地农民，常年在外流动，主要从事农业，独立生产。在平镇，很多外地包地农民都是巢湖人。他们之间的外出包地协作具有同乡同业的作业传统(吴重庆,2014),构成一个团结的亲密网络,这一特点在平镇的那些外来包地农民身上非常鲜明。

案例9。李天好粮食加工厂的2200亩土地,转包给了7户农民,主要是那些在外流动,包地从事农业的农民。其中却各自不同,有3户是独立承包,另外4户是订单式农业,农民并未成为独立的生产者。

案例10。王成雨土地的转包情况。他在2009年流转土地近1100亩,经过三年经营,亏损达上百万元之后,2011年土地全部流转给9个外地包地农,都是巢湖人,且这9个巢湖人都具有亲缘关系。1100亩地分包给两个大户,分别为3个兄弟家庭的5人合伙经营,以及叔侄组成的4人合伙经营。2012年,9个"小大户"离开,土地再次转包给另外4个巢湖人,人均耕地面积为200亩左右。"小大户"包括王必整、钱离森等。

案例11。张兴知土地转包情况。2009年,张兴知流转的土地面积为1108亩,实际上是合伙经营。由于经营管理和经济上的纠纷,2009年下半年就开始分开经营,张兴知经营500亩土地,左文汉、周正潜和王起随分别经营200亩土地。3年之后,张兴知由于土地经营失败,2011年把土地进行了再转包,500亩土地转包给3个巢湖人,即表3-4中的王自好等人。2012年王自好等人离开,土地再次转包给吴仪宝等3人,人均耕地面积为200亩左右。

案例12。王日发土地转包情况。2009年,王日发流转的土地面积为730亩,实际上为王日发和王成雨的姐姐(一农机零售商老板)合伙承包,而且后者为主要投资人。也是由于土地经营合伙不欢而散,2011年,王日发将土地转包给了巢湖市的种植大户郑恩桥等。

**表3-4　2009—2012年河村土地流转转包情况**

| 一级承包<br>(法人代表) | | 二级承包 | 三级承包 |
|---|---|---|---|
| 王成雨<br>(共计1100亩) | — | 3兄弟家庭合包<br>500亩,<br>叔侄合包600亩<br>(自种200亩) | 钱离森300亩<br>王必整200亩<br>巢湖人A200亩<br>巢湖人B200亩 |

续表

| 一级承包（法人代表） | | 二级承包 | 三级承包 |
|---|---|---|---|
| 张兴知（共计1108亩，最初是合伙承包） | 张兴知500亩<br>王起随227亩<br>周正潜198亩<br>左文汉183亩 | 王自好100亩<br>巢湖人C200亩<br>巢湖人D200亩 | 吴仪宝100亩<br>高连军200亩<br>郑军华200亩 |
| 王日发（共计730亩） | — | 巢湖人郑恩桥等2家全部接手 | — |

注：数据来源于对种植大户的访谈。

这些转包现象，一方面是由于当初各自资金实力有限，为了能够在政府发包土地中有竞争实力，遂采取合伙承包策略，随后再分开，变成了200亩上下的承包户。但是500亩以上的大户，基本全部转包，而且出现了二级甚至三级转包。在土地转包过程中，都有不同程度的加价（每年50～80元/亩）。在末端的这些承包人，他们几乎都是清一色的纯粹依靠种田为业的职业种田人，他们常年在外包地种，去一些发达地区或者无人愿意种地的地区接手农地，实现一定规模的经营。但是他们的外来者身份，在平镇的类似这些二级或者三级转包农田的人，是无法享受到当地政府依据土地流转花名册上的监测信息提供的相应政策支持的。比如对他们最不公平的是政府给予大户的80元/亩（县60元/亩＋省10元/亩＋中央10元/亩）的土地流转补贴。而且，关于农业保险，地方政府为规模经营大户承担个人缴纳部分的50%，一亩地，当地农民需要缴纳4元钱的保险费，而对于大户来说，他们有100亩以上的规模，每400元农业保险，只需要缴纳200元，地方政府承担200元。这一政策，转包户也无法享受。与之相关的就是农业保险赔偿的问题，因为土地涉及多层转包，但在政府信息数据库中只有一包的法人信息，所以当地出现了有关农业保险的纠纷。

案例13。郑恩桥等2户人家从大户王日发手中接手了630亩土地，承担一亩加价50元的转包费。在转包协议中商定，郑等通过王日发的保险卡缴纳保险费,后续政府给予的农业保险赔偿要王老板通过银行转账给郑。但是2011年的冬天,因为小麦病虫害受损,当地小麦普遍减产,农委和保险公司进村视察时,发现问题较为严重。因此对于当地的种植大户(只要是在土地流转中心登记的),按照农业参保面积,统一按照30%的面积给予绝收(320元/亩)赔偿。所以,郑恩桥兄弟两家一起有630亩,近200亩土地总共赔偿费有6万多元。但是王日发一直以自己在外做生意忙为借口,迟迟不愿意转钱。拖了3个多月都没给,后来王日发说这钱可以正好与2年的转包费相抵。但是郑恩桥心里就不痛快,说自己手头缺买肥料的钱,让王老板先打给自己,转包费说好是一年一交。虽然后来钱给了郑恩桥俩兄弟,但是闹得双方很不愉快。郑恩桥俩兄弟希望自己坚持下去,等合同期满,希望能够成为一包户。

案例14。当地李氏加工厂,将2000多亩土地在2009年底转包给了7个巢湖人,到2014年时,发展到11个外地农户。外滩组的老周夫妻加小姨子夫妇便是其中2户,从李天好手中共接管了320亩农田。他们与李天好签订流转协议时,不仅每年每亩地要加价80元,还要从李家购买农资,还需要将粮食卖给李天好加工厂,而且还得将政府赔偿的农业保险的一半给李天好,实行农业保险的五五分成。类似老周这样的转包户,是当地种地最勤劳的农户,他们2个家庭合包的320亩地,从来不请工人。农忙时,每天都从早忙到黑。他们的粮食产量也是当地最高的。在李氏加工厂转包土地过程中,有一年其中一个转包户有220亩土地由于干旱,大面积受损,到收割时节,那个大户将一些好的农田粮食收割之后就跑了,李老板没有拿到全额的承包费。当年9月份,李氏加工厂升级加工设备,资金链紧张,便以农田水稻受病虫灾害为借口,向流转给他土地的农户要求缓交并且少交租金。由于李氏加工厂是当地唯一一家不需要提前缴纳租金及保证金的,所以农民都是在当年10月份拿租金。这一次,李氏加工厂所包的2000多亩土地的流转农户都没有按时拿到租金。那些农户纷纷到村委会来要钱,找乡镇领导要钱,后来3个农民将事情反映到了县里,告到县信访局。县里督促查办,这件事给当地乡镇和村委会很大压力，督促李氏加工厂赶紧还钱给农民。但是李氏加工厂资金链紧张，短时间内要拿出近百万元，流动资金不够，无法完成。这事情一直拖着，拖到年底腊月二十九了，县、乡镇合力给李老板垫付了50万元，让其拿出剩余的50万元，还清了农民租金，让农民过年。这是当地最严重的土地租金拖欠案例。

平镇的一包户，类似李天好这样所谓的种植大户，普遍都是将土地转包出去，不仅获得国家给的每年80元/亩的规模经营补贴，自己不种田，还从农田转包中获取转包费，成为名副其实的土地食利阶层。这些少数食利阶层一方面压榨二包户的农业利润，一方面截获本应由种田的二包户享受的农业补贴，在获得农业利益的同时，还享受着地方政府诸如"种粮大户"或"龙头企业"的多层政治光环，享受着土地规模经营的现代农业惠农政策。不仅如此，在新时期，以土地为标志的政府的下乡惠农、支农资源也逐步以流转土地规模为鉴别标志，进一步的农业补贴明确规定向种粮大户集中。如此一来的联动效应便是，附着在土地上的有关农业的政策利益(涉农项目和惠农补贴)也在向乡村的社会精英集中。

资本主义大农场对土地的转包也带来了很多经济纠纷和社会矛盾，特别是有关农民的土地流转租金不落实给基层政府带来了很多压力。农民上访的压力，大户与小农之间的社会矛盾此起彼伏，企业流转土地后，闲置土地、粮食减产等并没有实现粮食增产的目标，而且农民租金有时还不能及时兑现，得不到保障，农民收入也没有提高。这些社会治理性矛盾也给基层政府带来了很多麻烦和负担。

上述的转包行为是发生在大老板与农户之间的，还有一种情况是，那些承包大户因为土地平整质量的问题而退出农业，也给村干部带来了很大麻烦。

案例15。在牌村，2011年一个外地人万里良承包了400亩农田，由于农田平整项目做得很差，结果农田经营失败，于是找政府要补贴，不断地向县里、市里反映农田平整项目的问题，最后镇里扺不住压力，最终同意给予部分补偿，他拿了部分补贴走人了。但是农民将土地给了村委会，当地老百姓都知道那地不好种，都没人愿意接手。集中的土地到村委会手里不种，闲着也要付租金。2012 年，3 个村干部合伙承包，请人种田，由于投资和管理出现分歧，最后仍然亏损了十几万元。2013 年下半年，来了一个大户，愿意接手土地。于是牌村村委会将已经耕种的小麦折价（9 万元[①]）转手给他，第二年春天，正好恰逢笔者调研期间，当地小麦因为纹枯病和赤霉病泛滥，结果小麦严重减产，最后暑假调研时，听说那个大户后来没到小麦收割时也跑了……一年换一批，都是以亏损告终。

当地的老百姓和村干部们都认为是土地工程项目做得不好，导致大户一拨换一拨，频繁流动。400 亩农田的租金，2012—2014 年都是乡村两级在为老百姓垫付。在访谈牌村王书记时，他说："这是个烫手山芋，谁接谁倒霉……都是那些施工队赚的黑心钱，坑老百姓……如果接下来没人承包，我们打算将农田分下去，还给农民。"这种大户经营失败，频繁更换经营人的问题也成了村干部们头疼的难题。但同样令他们头疼的问题却相反，就是农民要地，他们也无法解决。

土地流转的第二年，就有部分开始流转出土地的农户回来要地，这更让乡村干部为难。在林村、河村和塘村激进的土地流转及行政动员工作使得农民放弃了土地经营权，同意流转土地。但是在 2009 年、2010 年陆陆续续有个别农户回来向村委会要地，因为外出打工的农户由于各种原因需要回来种地。虽未占主流，但是其力量和影响力也影响了后续的土地流转工作，使得政府不得不调整后续的工作方式。

案例 16。林村的老张头，50 多岁，一家人全部在外打工，1 个儿子在建筑队上，1 个儿子搞装修，自己也跟着儿子一起干。在 2010 年 4 月，他从工地的钢架上掉下来，腿骨折了。在城里看了两三个月病，还没完全恢复好，然后拿着建筑公司赔偿的 4 万块钱回村了。回来后在家里没事干，不能再干重活，在城里给儿子做饭的老伴也随着老张头回村了。2009 年土地全部流转后，家里仅剩下 2 分菜地。回村待了一段时间后，无事可

① 小麦折价总价 9 万元，先预付 3 万元，等收割之后再付 6 万元，但是后来没等收割，这个大户就跑了。

做，而且粮食都要买着吃，老两口想着向村委会要地，把地拿回来自己种。但是，开始村委会以“流转合同”要到2016年到期为由，不给农田。老张头找了好多次村干部，找李老板说情，都没有要到土地。无奈之下，老张头就去镇里土地流转中心办公室找领导哭诉，要求退还土地，正好遇见县农委来检查工作的领导，听他一番诉苦，最后领导答应解决他的问题，还他土地。

案例17。河村的刘光山，62岁，家里老伴去世多年，自己在外打工，儿子也在外打工，儿媳妇在县城陪读（大孙女上高中，小孙子读小学），兼做商场导购员。2009年土地流转时，自己和儿子不在家，就儿媳妇在家，儿媳妇因为陪读也无法种地，因此全家都同意把土地转出去。没想到第二年，儿子在外面出了交通事故，没有找到肇事者，只能接回家治疗。在家几乎是瘫痪在床，无法下地，刘光山只能自己回来照顾，后来儿子在床上躺了大半年后去世了。在这期间，刘光山一直在向村干部要地，因为土地承包者是王日发老板，但是种地的是郑恩桥，村委会多次联系王日发，但他一直没出面，也解决不了刘光山家的12亩地。考虑到他家实际情况，村委会给了他家一个低保户指标，全家4口人都享受低保，一个月有近1000元。但是刘大爷知道儿媳妇在城里陪读也很困难，孙女和孙子要用钱，国家给的低保钱，他一分都没用过。他自己就靠在村里、镇里打零工度日。他说：“忙的时候，给人家做（工），可就那么几天……也挣不了几个钱。我一般常给郑恩桥干，希望他能把田还给我，可他说只要王老板同意，就给我。等到下半年，我还再要一次。给人家做，还不如自己种。10亩田，我一个人种也比较轻松，老了，就不用给人家做了……”

案例18。林村杨队长说：“三组一对夫妻，50多岁。一直在外打工，有个女儿在县城当老师，快要生小孩了。老夫妻俩就回来了。回来后在家没事做，就要地种。可他的地要了好几次，村委会都没给，就说，只要找到种地的人，愿意还田就行，他们帮忙办手续。可是这里的地在大户之间转来转去，他们都不知道是谁在种……磨得都没这个劲头了。”

乡村类似的外出打工因病返乡，或是家里有事，或是年老返乡，回来后这些老人无处就业，没有收入来源时，都会以“生存权”为由来向村干部要地，弄得村干部们处于两难之中，一般都无法解决他们的诉求。正如河村的李队长说：“要田的人毕竟是少数，都是个别户，而且又都是在不同的时间段，又不是一起去要，不起作用。这个村 1 户，那个组 2 户，肯定要不到。”其实村干部都知道老张头和刘光山家的困难，但是土地已经发包出去，合同期未到，只要大户不退田，按时交纳租金，他们也无权收回土地。但是这些要地的农户给当地的乡村干部们也提了一个醒，外出打工遭遇不测带来的社会问题和社会风险不可估量，因此在后期的土地流转工作做法上都有了很大的调整和改变。这一表面现象是大量的工商资本企业进村包地，在政府的扶持和政策鼓励下从事农业，实现政府的干预目标，即资本化大农场替代小规模分散经营的农民农场。然而，政府干预的结果是出现了诸多出人意料的结果，无论是资本化大农场的失败，抑或小农的土地抗争，这些现象的本质却是政府发展干预仍然没有走出权力的滴流效应[①]误区（叶敬忠，2008），从而无法保障农民的利益，也无法实现真正符合农村实际的发展。

总体来看，资本化大农场经营之所以失败，一方面是由于资本投资农业存在的天然障碍，另一方面，则是乡村因农业生产的系统性所产生的诸多社会治理性矛盾，使得依靠资本，通过水平集中土地的雇工生产遭遇农业生产的失败。这也促使平镇政府不得不调整政策引导和实施的方向，进行必要的制度调整。

① 所谓滴流效应，指的是随着经济增长，国民收入的新增部分将会逐渐地、自动地向贫困阶层扩散，进而是穷人分享到发展的成果。但是，许多发展经济学家认为，发展中国家战后经济发展的实际情况表明，经济增长所积累的财富非但没有通过滴流效应自动地传递到贫困阶层，反而是富者越富，贫者越穷。参见阿尔伯特·赫希曼（O. Hirschman）的代表作《经济发展的战略》，在发展干预中，其主要是指干预项目的各个社会行动者与农民之间的空间关系往往被权力关系所掩盖，处处都想证明其他社会行动者与农民在利益上的一致性。因此，发展干预实践工作者以及大量的研究人员都在“烹制”大量的现象与理论来说明农民的权益只有其他行动者才能加以保障。

## 第三节　制度调整与家庭农场的兴起

以资本化大农场为核心的农业规模化经营实验，在平镇前3年的摸索中，几乎无一例外的全部失败。但是除了政府支持的特色种养业的企业，即本地的粮食加工厂[①]、蔬菜公司（市级菜篮子工程）、中草药公司、园林公司和畜禽养殖场，仍然在政府的支持下艰难维持，其他企业都未能逃离上节描述的困境。土地整理和农田改造项目在前面实验的基础上，国家扶持资金更多了，现代农业的目标依然必须坚持规模经营的方向不能改变，但是具体的实施操作办法需要结合实际民情进行调整，所以基础设施的改造和土地流转的实施办法也在不断调整。一方面为了农业生产的顺利进行、确保粮食增产，另一方面要满足农民的种田需求，减少社会矛盾，维护社会稳定，因此从农田改造和土地流转制度两方面进行调整。

现在的制度调整相比之前"百年大计"的思路设计要现实了许多，之前的设计是按照村庄未来100年发展的目标来设计，好多地方图纸设计上都没有村落，与农村的实际情况相差很远。具体实施中，首先是变更对农田改造项目的设计，主要表现在农田平整和水系的改造上。农田改造方面减少大块农田的数量，增加小块农田的比例。之前30～50亩一块的农田在项目区占据大多数，现改为5～10亩，少数农田为10～30亩，绝大多数的农田在5～10亩，少数农田在3～5亩。田块面积小了，农田的高低落差自然就缩小了。与农田配套的就是水系，即水渠和堰塘的存留问题。之前村庄的堰塘被掩埋掉2/3，由一个村民小组3个堰塘，全村30个堰塘的局面变成整个行政村只剩3个大堰塘的局面，完全不利于农户的农田灌溉和生活用水。这次则是按照聚居的生活区存留堰塘，合理填埋

① 粮食加工厂老板与F县主管农业的县长是亲戚，随着2008年平镇的土地流转和现代农业的发展，该加工厂由2009年县级龙头企业发展为2014年的省级龙头企业，另外还有多项合作社牌子（水稻种植、粮食加工、农机合作社等），而且公司法人还获得省劳动模范、种粮大户的荣誉称号。

堰塘,另外就是增加渠道之间的涵管。同样的农田平整项目,在临近河村旁边的平铺村,涵管几乎增加了一倍,大大方便了农户种田。从田块和水系两个方面来说做了大量调整。

与之相配的是工程项目的监督权也落实到村民小组和生产队长手里,不再是之前的乡镇领导和村委会负责。原来是乡干部和村干部骑着摩托车全村跑,进行工程监督,而现在是要求村民小组长和村民代表(或是在家种田的人)进行监督,监督权下放。要求施工方的质量评估由队长签字放行。这样极大地提升了农田平整的质量,虽也有部分队长不负责,或有被施工方队长收买的个别现象,但整体来看,全镇后续的土地平整质量较之前要好得多。

另外就是土地流转政策的调整。平镇政府看到第一批对农民进行行政动员的土地流转项目区的农业生产的失败以及此起彼伏的社会治理性矛盾,在接下来的土地流转工作中,调整了工作做法。各生产队村民以小组为单位,落实村民小组代表决策权,村民小组内部开会商议,自行决定是否参与土地流转,还是自己耕种土地。流转方式仍是采取虚拟确权,两次流转的方式,但对于农户,不再强行动员,而是全凭自愿。对于承包的农户,不再鼓励大规模的数千亩农田,采用乡村的经验,借用那些外地农民的包地规模,鼓励夫妻农民种植 100～300 亩的规模。土地流转中心办公室在农田再发包时,按照本组农民、本村村民、本镇村民的顺序进行,最后再承包给外乡农民,逐步限制大资本、大公司进村来包地,对资本主体进行严厉考察和监督。对于土地承包合同期限也逐步缩短,将之前的 10 年、8 年改为统一定额的 5 年期。为了照顾一些外出打工农民返乡种田的权利,缩短合同期限,同时也为了防止投资农业的资本圈地进行非粮化的操作,这些非常具体的做法逐步缩小了后续公司资本大规模的圈地、做农业食利者的空间。

在上述具体政策引导下,平镇的土地流转和农业现代化发展方向自 2012 年开始转轨,2012—2014 年这 3 年后续的土地流转率有所降低,规模也在下降。首先,从农村来看,土地流转率由之前土地流转运动式动员下的90%下降到自愿模式下的50%。其次，农业经营规模不再以数千亩为目标，绝大多数都在500亩以下，且大多数集中在100～300亩。最后，不再是工商资本驱动的依靠雇工的资本化大农场为主要经营模式，至少农场主由不种地的老板变成了真正种地的农民(农场具体的情况后文详述)。全镇在土地流转制度操作和具体实施方法上的调整，酝酿了全镇新型家庭农场的兴起。截至2014年，全镇流转面积为2.6万亩，达到总面积(3.4万亩)的76%。从这一主体数据来分析，平镇小农体系的改造基本完成。

平镇的农业变迁首先表现为农村的劳动力流动，在农民非农流动与非农就业转移的社会中，酝酿、生发于农民之间的互惠性的社区交往、非商品化的社会关系实现了土地的去过密化经营。虽然劳动力流动是商品化侵入农村的最显著表现，但是农村的集体土地制度、农民家庭的代际关系和社区共同体的人情网络依然是农户家庭再生产的重要支柱，农民农场同时依靠非农收益和非商品化的社会关系实现家庭社会再生产。一般来说，农村商品化之后，工商资本会直接侵入农村，掌控农业的生产资料、控制农业的生产过程，通过市场的动力转变农业的作业方式。而平镇的农民流动在经历了三十年的劳动力商品化发展之后，在政府的项目推动下实现了结构性的转型。政府的农业现代化政策和涉农项目目标是规模化的现代农业，建立土地流转市场，让农民成为受雇工人①，换言之，使之无产化。然而，政府引进资本，推动雇工生产的资本化大农场经营模式在遭遇资本经营农业的天然障碍后，还面临着很多与农业生产密切相关的社会性矛盾，地方政府只能对其进行调整，兼顾农业生产与社会稳定。

## 第四节　小结：政府干预下的农业变迁——去小农化

在马克思主义传统的农业转型当中，即从小农到资本化大农场的转

① 在基层政府的动员话语中，常见的是将土地给公司，一方面可以拿租金，另一方面自己可以赚取打工收入，两份收入高于自种农田的收入，是农民增加收入的重要方式。

型是由于资本化大农场的优势,资本化大农场的分工与合作提高劳动效率,资本化大农场的剩余积累可用于技术创新和再投资,促进农业生产的发展。从小农到资本化大农场的进步是基于大规模农业高效率的竞争优势。但是在平镇的农业转型中,小农离开土地,是在政府的行政动员和政策干预下被“强制”执行的结果。政府在具体的政策干预和项目实施时,道路建设以大机械的通行为标准;对水系也进行了系统改造,将村庄原有的星罗棋布的小堰塘一一填埋,只留村庄的中心堰塘,废掉零散、蜿蜒、曲折的传统水系,填埋毛渠,改用新的直线路的硬化水泥渠道;在田块设置上,政府完全打破了之前细碎化的田块格局,在土地平整过程中基本废弃了之前2～3亩的小规模农田,全部改为20～50亩一块的大块农田。政府对道路、水系、田块的整体改造,使得原本依托村社而存在的民间道路、水利供给体系解体。这从农业生产的物质基础方面开始排挤农民一家一户的小规模生产。

除了做好农业的基础设施建设外,政府也开始了“打扫屋子再请客”,开始引资下乡,主动用地方的政策和一些项目提供的资源引导大资本进入农业,使其替代原来土地上的农民。一方面努力使用行政命令的全镇动员方式,动员农民放弃土地经营权,委托基层政府流转给资本;另一方面给予大资本各种农业补贴和优惠政策,使其成为土地的新主人。在政策支持和大户补贴的双重优势下,平镇兴起了一批新型的资本化大农场,实现了政府预期的现代农业的目标,也完成了各项目的相关指标和任务。

然而,好景不长,即使是在脱离了客观实际的强制干预下,资本化大农场仍然没有表现出所谓的优势,在大自然给资本投资农业的障碍(农场生产管理的监控难,农业本身的高风险)中,农民在一系列的抵抗行为(大资本经营农业的社会困境)中不得不退出,或者转变策略。仅仅只有极个别企业(残存的5个公司农场)依靠自身的特色经营垄断市场,借助政府的持续性扶持和各项针对性补贴项目而生存。大部分失败的企业开始退出或转变策略后,地方政府也开始吸取失败的教训,进行制度调整。无论是后续的土地平整项目和工程设计、土地流转的具体制度以及规模、承包主体规则的设定，还是对农民土地承包经营权的动员方式，都进行了全面调整，引导职业化的农民发展适度规模经营的家庭农场，这些地方政府的行政引导和干预行为直接使得平镇农业变迁朝着“去小农化”①的方向前进。

因此，家庭农场的发展，也是在政府政策调整和资本化农场经营失败后发展起来的，包括后续家庭农场占据平镇农业经营者的主体，也大多是政府的政策和服务调整后的产物。从平镇的农业变迁来看，任何一种农业生产形式的存在与发展受到一定的社会政治条件的影响后，离开了相关要素和条件的支撑，都不免走向衰亡。所以，政府能够使小农离开土地，扶持资本化大农场的发展，后来资本化大农场面临失败后，也能够发展家庭农场。平镇的农业变迁足以揭示出地方政府的项目干预导致相关利益群体的“欲其生，欲其死”②的政治生态。

---

① 家庭农场不等同于小农，这在第四章进行详细质性分析。

② “欲其生、欲其死”是农政讲座第十三讲中塔妮娅·李(Tania Li)教授在分析国家对待剩余、流动人口政策态度时的表述，她认为政府不应该让剩余人口在市场上“任其死”，而是要“使其生”，也主要是分析公共管理中政府干预力量的作用。在此笔者用它意指政府对不同农业经营主体的干预作用。

# 第四章 家庭农场的发展及其市场依附

在新的社会经济环境中，资本并未通过水平集中的方式来瓦解家庭农场，而是通过垂直集中的方式重塑家庭生产组织形式，将之再造并加以市场整合再利用。

在农业发展研究领域里，农民经济与资本主义经济的关系一直是个热门的话题。有关二者关系的争论主要源于古典马克思学派与恰亚诺夫学派的大辩论（Marxist /Chayanovian debate），两派研究者均致力于界定资本主义经济内农民所扮演的角色及其变化的趋势，但彼此的看法却南辕北辙。古典马克思学派将农业部门视同工业部门一样，认为资本主义生产方式在农业部门的扩张必然带来农村阶级两极分化，即指传统的生产关系将日益消逝，由资本主义生产关系取而代之，形成资本家与无产阶级，并朝向两极分化。恰亚诺夫学派的观点恰好相反，认为即使在资本主义经济支配下，农民家庭农场不仅未曾消失，生存力反倒胜过采用资本主义生产方式的雇工大农场。因为家庭农场经营时依据的是一种不同于资本家企业的经济逻辑（恰亚诺夫，1996）。家庭农场依赖家庭成员提供无酬劳动，家庭农场不像资本化大农场那样要支付工资。资本化大农场要在扣除生产成本后追求一般资本市场上的平均利润率，这直接关系到资本家的存亡。家庭农场只要家庭成员的维生需求可以得到满足即可，家庭成员的消费水平以及工作强度可视家庭需求而主观决定，并非取决于外在劳动市场的供需。同时，家庭成员的消费水平和工作强度可以弹性地调整，不顾劳动报酬的递减，可以从事劳动力极度密集的生产——这就是所谓的“自我剥削”。因此，家庭农场有顽强的生存力。恰亚诺夫同样认为，虽然农民受制于资本主义生产模式，但却有效抗拒了资本的渗透，而自成一种生产模式，即农民生产方式（peasant mode of production）。

恰亚诺夫学派倾向于假定农民只能在维生（subsistence）逻辑下从事简单再生产（simple reproduction）。古典马克思学派分析商品经济下的家户式生产，提出小商品生产（petty commodity production）概念（Bernstein，1986）。从而以工业部门的逻辑来推论商品经济下小农生产者——农村里的家户式生产者——的命运，认为从事商品生产的农民迟早会随着资本的积累而产生内部分化（Bernstein，1988）。Alain de Janvry 延伸马克思的观点，声称随着财富的积累，农村内部的阶级分化终究不可避免。既然农村的财富不断集中到少数富裕农民手上，那么农村单一阶级的社会就不可能长久存在。除此之外，农民往往就是资本主义农场雇工或工业部门的兼职劳工。农村无产阶级往往保留一小块耕地——所谓的半无产农民，使他们外表看起来像是农民，其实，他们的社会生产关系早就具有工人的特色(Alain de Janvry，1981：99、112，转引自柯志明，2006：87)。农村的财富分配不均以及半无产农民与资本家之间的实质雇佣现象突出，其结果便是农村社会走向阶级分化。

虽然在很多以“小农制”或者“家庭农场”为主导的社会中，农村的家户式生产也因权力、资源和社会资本等不同存在诸多分化。正如伯恩斯坦(2011：154)所追问的，很多人都假定“家庭农民(小农)”是一个社会阶层，事实果真如此吗(伯恩斯坦，2011：153)？阶级是基于生产的社会关系，阶级只能通过与其他阶级的关系才能被识别出来。“家庭农民”可以因为他们与资本的关系而被看作一个阶层，被资本剥削(伯恩斯坦，2011：154)。那么“家庭农民”是真的构成了一个单独的、被剥削的“阶层”，还是自我分化成了多个阶层？平镇的事实经验是否能够为上述的争论提供一些新的认识呢？这些高度商品化的新型家庭农场是资本化农业发展方式的替代，抑或其他？

## 第一节　家庭农场主的群体特征

自从中央在2013年的一号文件中提出发展“家庭农场”的口号后，各地的讨论就沸沸扬扬了，讨论的焦点主要是如何推进土地流转，通过哪些制度路径来促进家庭农场的规模化发展。有学者在讨论新型家庭农场与之前一家一户的小农的区别时，认为新型家庭农场是规模化、集约化的商品化生产(黄延延，2010)。它不同于传统意义上的家庭农业，是以家庭经营为基础，融合科技、信息、农业机械、金融等现代生产要素和现代经营理念，实行专业化生产、社会化协作和规模化经营的新型微观经济组织(高强、刘同山、孔祥智，2013)。另外还有上海松江区的实地经验(章黎东，2009；黄桂弟，2010)以及其他的发达地区，如苏南家庭农场的发展(朱学新,2006,2013),来证明家庭农场作为新型农业经营主体是中国农业未来的发展方向。

在大家都急切、热烈地为家庭农场的发展做有利的注脚时,黄宗智(2014)先生对此则给予了客观和冷静的分析,他基于中美两种生产模式的对比,一种是美国人少地多的"大而粗"的"美国模式",一种是中国人多地少的"小而精"的农业模式,认为当前政策界提出的"家庭农场"口号是来自美国的修辞,其背后是对美国模式的想象。他还认为,"大而粗"的美国模式不符合世界农业经济史所展示的农业现代化经济逻辑的设想,也是对当今早已由企业型大农场主宰的美国农业经济实际的误解。"家庭农场"这个词或者符号已经无法统一表达各地的实践当中实际存在的诸多的生产实况了。黄宗智先生用资料证明,美国所谓的"家庭农场"早已不是家庭农场了,而是"部分产权属家庭所有的企业型农场"。所以,很明显,黄宗智先生是明确质疑规模化的、背后富含美国想象的"大而粗"的"家庭农场"模式的。因此,在争论家庭农场是否是中国农业未来的发展方向时,是否应该首先明白,中国当前的家庭农场实然状态是怎样的?它们是由哪些经营主体构成的?其具体的生产实践又如何?下文一一作出解答。

依据平镇的调研经验来分析,平镇的规模化家庭农场是在政府的农业现代化政策推动下形成的,这是毫无疑问的。在实现了76%的农田规模化经营的平镇,截至2014年8月,按照实质经营状况区分,其中主要依靠雇工经营的农场仅仅有经营400多亩土地的蔬菜公司,经营600亩土地的中草药公司(经营草药、蔬菜、水稻),经营200多亩土地的园林公司,经营200亩土地的畜禽养殖场,还有自我经营近100亩育秧基地的龙头企业,其总量不足全部经营主体的6%,其他都是规模化的家庭农场。所以总体来看,规模化的家庭农场占据主导地位。但是置于具体的乡村场域中,家庭农场主是一个统一的社会阶级还是一个分化的群体?不仅如此,这些能够独立生产的家庭农场主在整个商品化的生产体系当中与资本主义经济又有怎样的复杂关系呢?

就平镇的家庭农场主而言不能统一而论，从政府土地流转名册登记的家庭农场主群体来看，主要有以下四类。

## 一、村庄“中农”的升级

生发于村庄、因土地自发流转形成的、相比小农户规模较大的、处于村庄中等收入阶层的“中农”户，他们当中的绝大多数在政府推动土地流转后就失去承包土地的能力了，因为缺少土地承包资金（520元/亩），无力缴纳保证金（100元/亩），就无法承包土地。但有少数个别农户通过之前的积累和亲属、邻里的帮助，借钱承包土地，而且自己有丰富的耕作经验，抵抗风险的能力较强。

案例1。周先云，62岁，承包了103亩农田，一个儿子在外打工，两个女儿早已各自成家，刚好达到政府的补贴标准。他是当地种地种得最好的。之前老两口种了50多亩（自家的地有14亩）地，其中有邻居的8亩地，侄子的11亩地，一个老光棍家的6亩地，一个全部外出打工户（立根家）的13亩地。自己平时种地之余，还在外提供收割机、旋耕机作业服务。2009年，政府推行土地流转时，抬高了地价。周先云借助儿子打工的钱和自己之前的积蓄，再问亲戚借了2万元，承包了103亩土地。他说：“当时很犹豫，不包，自己之前种的（那几户的地），种了这么多年，好种，草啊、石头，我都捡得干干净净的，转给别人，不划算……自家有机器，闲着也是闲着。我那个侄子还说，不要粮，让我种，等他回来时不要荒了，随时回来随时种。立根他媳妇也这么说，少要点，300（元/亩），让我种，过两年回来，随时可以要（地），不签长期合同。人家话都这么说了，要我种，愿意给我，那我肯定种啊，关键是国家的补贴要达到100亩才有，而且还要交保证金，儿子拿了5万元出来让我用。我想（之前的）50亩，种了这么多年都没赔过，100亩试试，后来又问村里要了挨着边上的一块50来亩的地，就是累点，忙些，出去（给别人耕地、收割、打零工）的少了。不过种不了双季稻了，忙不过来，只能一季稻、一季麦。跟我之前种50亩双季稻收入差不多，多不了多少，就是现在种麦子没有那么忙……”

案例2。王阳根，53岁。土地流转前，他就在家里种地，全组有120多亩地，他和他小叔两家就种了80多亩，其余的就是各家的老人自己种。2009年流转土地时，王阳根的小儿子正好在县里工程队上开挖掘机，后来工程不好做，就间歇性地回来帮忙开收割机、拖拉机。女婿(本村的)在外卖鱼也没赚多少钱。他说：“2010年过年时，我们村里开始包地。我就劝女婿试试，一起包了120来亩。种了一季，收成还可以。接下来又增加了河滩那一块的80亩地。那边容易受灾，(我)跟村里说，如果收粮食了，就给200元/亩的租金，没收到，被水打(淹)了，就不给。现在一家人都在种田，儿子是我们村种地的人中最年轻的。他们两个(儿子和女婿)主要是跑机械，开拖拉机、收割机到处跑。”2012年新买了大拖拉机，2013年又新换了收割机。2014年时，他家总共包地282亩。

案例3。平村一组小组长，周胜公，52岁，之前是一个耕种37亩土地的中农。土地规模流转后，他觉得租金高，不划算，自动退回到小农状态。但过了一年，他感觉没事做，给别人打工也辛苦，看到别人承包土地种地效益不错，而且政府还有补贴。于是，2012年周胜公向亲戚借了5万块钱做投资(向政府流转中心承包土地需要提前缴纳520元/亩的租金)，让自己在镇里开饭店的儿子帮忙，然后通过与村委会协商承包了120亩(政府规定补偿规模标准最低为100亩)土地，升级成为规模化的家庭农场主。

类似这样的“中农”能够成功升级为政府政策扶持的家庭农场主的实属少数，而且在村里还能买得起大型机械的农户实属村庄的上等阶层了。他们承包农田的资本并不是来源于农业积累，而是来源于家庭当中外出打工成员的收入和亲属的帮助。但是更多的“中农”家庭则在土地流转中被排挤了，要么退回到自家“过密化”的小农状态，要么就全部退出农业生产，干脆将土地流转出去，自己进城打工，成为大工厂或建筑工地的一线工人。村庄中占20%的“中农”户群体在政府推动土地流转时，形成了两种分化，极少数成为政府政策扶持和帮助的对象，绝大部分则解体，甚或退出农业生产。因为之前的“中农”绝大多数也是中老年人，他们一方面没有足够的土地流转租金，一方面担心规模经营的风险，如果失败了，赔不起。

## 二、“农民农”——外地包地农

前文所列举的那种外出包地的“农民农”，即到平镇来接手那些大老板亏损后转出的农田的“二包户”。政府开始土地规模流转时，还没有大规模地向这些没有足够资金实力的外地包地农发包土地。他们想承包土地，只能高价承接失败的公司农场的土地。但是他们有丰富的耕作和管理技术，而且对市场信息也比较敏感，还都有同乡抱团作业的传统。在2010年后，陆续有巢湖市的人进入平镇包地，都是亲带亲，相互介绍过来的。

案例4。张文治，47岁。23岁开始跟着父亲在上海包地，去过无锡市、浙江省，2010年到F县平镇。据他说：“我在上海市种了3年(地)，主要是水稻(13亩)、蔬菜(5亩)。当时(20世纪90年代初)地租很低，收入还可以。老家一个队就一两户人外出包地，过了几年都回来盖楼房了，村里新盖楼房和搬到镇上去的都是(外出)包地的……后来，1997、1998年时，慢慢(外出包地的)多了，竞争大了，粮价也不好，有些人就不干了，出去打工了。我们那(老家)包地的比外出打工的多……上海市待了3年后转到无锡市，听老家人说无锡市只要交农业税，不用地租，过去后就种了10来年。去无锡市那几年，我们四兄弟都出来包地了，在那种得最久，现在有在上海市的、江苏省的、浙江省的，都是包地种。到这里(平镇)我也是听人说的，2011年才到这里来，我们包地，要成片成规模的，少了不行，多了也不好。至少得够两个人做，要不然还不如去打工。当时来就是没有合适的地，从李老板那接的手，加了50斤稻子才包了200来亩……我们拿地都是老乡介绍的，到哪里去包地，都是靠老乡，你给我说，我给你说。我们种地不在这里买种子，从老家带(种子)。他们这里(种子的)产量没我们那的高。我一亩地(产)1000斤稳当，1100、1200很正常[①]。我们都是自己种，不请人，请人都不划算了，挣的辛苦钱。”

像张文治这样的包地农，开始时在平镇有10多户。他们是依靠亲戚或老乡等熟人介绍的信息到外地包地，他们跑遍了全国很多地方，拥有丰富的规模经营的家庭作业经验，夫妻双方的收入比外出打工的收入略高，而且相对自由。在平镇，除了上述所说的中农户有一些适度规模经营的经验，平镇规模经营以及政府后续推动家庭农场的政策设计都与这些外地包地农的耕作经验密切相关。穿梭在上海市、浙江省等发达地区的包地农的社会经验给很多地方的政策带来了重要实践依据。2012年，平镇缩小土地流转规模的政策就与实践中的“夫妻农场”直接相关。随后，政策慢慢放开了，鼓励发展适度规模的家庭农场后，包地的人逐渐增多，本地人、外地人都来竞争。承包土地也形成了新的市场竞争，但土地租金一直是政府设定的，没有变更。

## 三、乡村干部、回乡创业户

在后续的家庭农场主体当中，乡村干部是主体。首先，他们在土地对外再发包时有优先权利；其次，他们更容易直接享受到政府的一些涉农项目奖励与扶助信息。因此，对没有其他副业收入的乡村干部来说，包地成为他们新的赚钱途径。虽然他们在拿地过程中有优势，但和其他人一样，经营过程中仍需自负盈亏。但是他们不仅在此有优势，在农忙雇工方面也会有较其他经营者不可相比的优势。农忙时节，雇工较为紧张，但是乡村干部家的雇工，不会偷懒，而且往往做事比较勤勉，不用监督。在农田灌溉过程中，也没人敢与之抢水，或者是偷乡村干部家的水。

① 像张文治这样的外地包地农，具有丰富的耕作经验，他们种植的农作物品种主要是糯稻，也就是工业用粮，基本不种植杂交稻或者粳稻。糯稻价格高，产量也较高。之前平镇农户种植传统品种的糯稻产量并不好，后来由于他们的引进，平镇也有很多大户开始试种糯稻。

案例5。平村的刘正勇，有406亩土地。2012年外出打工回乡后，回村包地，竞选为村干部。夫妻俩及老父亲亲自耕种土地。家里有大型拖拉机以及各种小型农机具。他的农场是村里大户中管理得最好的。农忙时有一个固定的同组的小队长经常来帮忙，他有固定的3个常用工人，播种、打药、收割等，都是直接打电话请他们。这3个雇工在村里都是贫穷的农户，同时也是村里的低保户。

一般乡村干部都有零售、运输等副业，或者公共资源（水库、山林等）的经营业务，几乎没有人专门以种植粮食为主要收入来源。一旦他们从事规模经营，在土地承包方面，他们可以获得有水利优势的土地，在农忙雇工过程中，较别人有优势。无论是低保评定抑或是平时的庇护关系，或多或少成为乡村干部获得雇工优势的间接因素。与此同时，在地方政策的鼓励下，也有部分外出打工的年轻人回来包地。特别是2013年中央提出家庭农场发展战略之后，平镇的家庭农场快速发展。2012年登记的数据是32个，共1.2万亩土地。到2014年时，已经有72个了，增长了一倍多。其经营主体一部分是外出打工回乡创业的中青年人，一部分是外地包地农。

案例6。47岁的朱宗贵和34岁的朱宗宝，之前一直在外打工，都是2012年回来包的土地，分别是105、104亩。冯艾宝，承包的鱼塘，养鱼与种田结合。

案例7。牌村的汪启志，42岁，2012年回来包地290亩。之前他在外做装修工，后来做过一段时间的小包工头，自己带领10来个人承接小段装修。妻子在县城陪读，老母亲在家，为了照顾老母亲，他放弃装修工作，回来包地。

像他们这样的中青年群体，回来包地的人在2012年、2013年后明显增加。回乡创业包地的农民，不仅包地享受地方政府的同等补贴，而且还可以享受每户10万元的3年期无息贷款。政策激励刺激了新型家庭农场主的出现。如今平镇规模经营的家庭农场主平均年龄集中在40～55岁，整体比之前的年轻了10岁。

## 四、名实不符的家庭农场：实为公司农场

平镇的家庭农场发展很快，除了村庄内部精英的发展，还有一个新现象，即公司注册为家庭农场的情况。随着政策培育和鼓励对象的变化，"家庭农场"符号也成为一些公司争取政策资源的工具。

案例8。平镇的丰晟家庭农场，2011年承包土地面积为1350亩。由三个合伙人（一个是林有原，他在芜湖投资汽配厂，是农场的主要投资人；一个是镇农业综合服务中心主任；还有一个是食品加工厂的股东兼经理刘经理）投资，起初目的是发展休闲、绿色生态农业，主要由林有原经营管理。该农场享受了当地的种粮大户待遇（1000亩以上，每亩补贴120元）之后，2013年注册为家庭农场，2014年又操办为有机蔬菜种植合作社。虽说第一年经营就亏损，三人因发展方向与经营理念的分歧打算分开各自独立，但由于镇农业综合服务中心主任身份不便，还是由林有原经营。随后，2013年政府提出鼓励家庭农场的发展，于是这三人就将承包的土地申请为3个家庭农场，其中有2个被评为F县的示范家庭农场①。但实际经营状态仍是"代管户"的管理模式，实属公司管理的雇工经营模式。

在平镇的发展初期，家庭农场也有各种各样纷繁复杂的形态，作为农村内生的"中农"家庭农场，却因为达不到政府规定的政策规模，而无法享受"家庭农场"这一符号所带来的政府扶持性资源。同时作为被龙头企业剥削的"二包户"，真正的夫妻辛苦劳动经营的家庭农场，也无法享受到国家政策的支持。另外，上述名为家庭农场、实为公司的模式也在农村出现。资本在乡村截获国家支持农村发展的资源的形式多种多样，不仅有本书提到的公司资本经营的"家庭农场"，还有农村常见的实为公司资本经营的"农民专业合作社"（冯小，2014）。整体来说，截至2014年8月份

① 示范家庭农场建设项目，是F县2013年响应中央政策实行的自主创新项目，对优秀的家庭农场给予每年4万元的直接奖励，并给予"示范家庭农场"的荣誉称号，作为政府后期发展与扶持的重点对象。平镇在2014年的评选中，由于其为农业大镇，有70多个登记在册的家庭农场，有22个被评选为"示范家庭农场"。

的统计数据，平镇登记在册的规模经营主体共72个(粮油种植类)，残存的有5个公司(公司实际也进行了土地转包)。按照其具体的土地承包、种植状态和相应的经营主体粗略分类，可做如下统计，详见表4-1。

**表4-1 规模经营主体情况统计表**

| 各经营主体 | 大资本控制土地 | | 中农 | 农民农 | 村干部等 | 合计 |
|---|---|---|---|---|---|---|
| | 公司雇工经营 | 公司转包土地 | | | | |
| 面积/亩 | 1500 | 12100 | 1977 | 1544 | 8879 | 26000 |
| 比例/(%) | 5.8 | 46.5 | 7.6 | 5.9 | 34.2 | 100 |

注：土地规模经营总面积为2.6万亩，公司转包的土地，绝大多数也是外地人，即农民农在承包。

除公司雇工经营的土地之外，实质的家庭农场经营面积占比为94.2%。除身份为外地农民，但注册为家庭农场的有8个外，其他全为本地老板和本地农户，其主体主要是村组干部和外出做生意或打工回乡创业的农户。按照规模，其中500～1000亩的有3个，300～500亩的6个，剩余的全是在100～300亩。因此，全镇规模流转的土地的经营模式以家庭为生产组织单位的经营模式占据主导地位。

这些以不同途径和生长方式成长起来的家庭农场，和之前的“小农”又有怎样的本质性区别呢？它们在劳动、土地、市场方面有怎样的差异？缘何在政策层面被称为新型经营主体的“家庭农场”，而在当地普通农民眼中，仍是被称为“大户”呢？

## 第二节 家庭农场的生产形式：资本化的商品化生产

虽然政策表述中是家庭农场，但在普通农户眼中，它们都是“大户”。“大户”与“散户”或“小户”的简单表达虽只概括了生产规模上的差异，但是在当地农民话语中，依靠雇工经营的大老板的“大户”和上述这些家庭农场形式的“大户”无法区分。然而事实上，它们在劳动、土地和市场方面与小农、资本主义大农场确实又有部分本质性的差别。本节主要分析政策表述中的家庭农场，同样也是指在乡村实践中，依靠土地流转获得一定规模，主要依靠家庭劳动，以家庭为会计核算单位的生产组织，产品主要用来销售，依靠与市场交换获取农场再生产资源的这种生产形式的家庭农场，当然不包括本书中名为家庭农场、实为公司的农场。

## 一、劳动的使用：机械化与雇工

首先，家庭农场借助机械和资本要素替代劳动，在农地肥料、农药、小型农具、大型机械方面的现代要素投入远远高于小户。一些基本的小型农业生产用具与小农无差异（手扶拖拉机、喷雾器等），但是在技术升级和机械的劳动效率方面提升较快。比如，打药用的电动喷雾器、撒肥料用的施肥器、大小水泵以及大型拖拉机，在家庭农场中比较普遍，就像电视机在各家各户中的普及率一样高，现在收割机在家庭农场中的普及率也在提高。家庭农场的收割和耕田全部使用大型机械，为了赶农作时节，自家机械不够时，再雇请他人的大机械，几乎全部替代了小型手扶拖拉机。只要机械可以使用的地方，尽量使用机械，减少人工劳动。农场的固定资本投入比例较高，相比小农，可称之为高度机械化的农民农场。

案例 9。刘正勇，有 404 亩的家庭农场。2011 年回乡承包，土地流转租金为 520 元/亩，仅这一项就花了 20 多万元；买一个大型拖拉机，9 万元；置办了 5 个电动喷雾器，5000 元；买了 2 个大型水泵，4000 元；农资（种子、化肥、农药）约 500 元/亩，这一笔初期启动资金就是 50 多万元。

案例 10。王阳根，有 200 多亩土地，家里有 2 辆收割机（一辆 30 多万元，一辆 8 万元），1 辆大卡车（5 万元），1 辆大型拖拉机（8 万元）。

案例 11。汪启志，有 280 亩土地。之前没有种地，家里的小农具都坏掉了。小到秧盘、三轮车、喷雾器、施肥器，大到大型拖拉机，农业生产的主要工具都一一购买。

这些高密度的固定资本投入无一例外都是依靠非农就业获得的原始积累资金，主要是靠外出打工或者依靠农机手的技术活积累的初始投资资金，而非农业生产本身。连初始购买农业生产资料（种子、化肥、农药）

的流动资金也是靠之前的非农积累。在现有的技术条件下，即使农场的技术升级到了最高点，也仍然需要雇请雇工。他们一般雇请雇工不是长期性地使用，但基本上是固定性使用，在农忙和农闲时节需要雇请的雇工相对固定。刘正勇常用的3个雇工，一个是村里的小队长，一个是光棍兼五保户，一个是自家种地的低保户，农忙时还加他父亲帮忙。他与这3个雇工相处得比较好，这是他通过在第一年中不停地换人，挑选雇工的过程中，最后确定下来的3个人。这3个人，平均每个人一年在他的农场可得工资2500元。收割和播种环节，一天200元（最多3天），平时打药、施肥，一天100元（10次，水稻6次，小麦4次，每次最多2天[①]）。刘正勇是村里面用工管理做得最好的一个雇主，其他的雇工也愿意去给他家干活。据常在他家干活的吴队长说："在他家干活，生活伙食上比别家要好，一般酒肉管饱，中午时分还会休息1小时。干2个小时，他媳妇就会送水，送点面包，再累都不会饿。下午时也不会干到天黑了才让你回家。他不催你干活，哪怕剩半天的活，剩下就剩下，第二天再来，他不会像有的人，会催着你紧着干完才散工。"

除了生产中的用工，刘正勇比别人要人情化一些，同时作为村干部，这些雇工也会照顾情面，给他干活很卖力，即使刘正勇有什么事，要去镇上开会，留他们独自在田里干活，他们也会做得尽心尽力，刘正勇也心知情义，所以形成了比较固定的用工关系。像汪启志就差很多，他母亲老了，身体不好，基本不能在农田里帮忙，只在家做饭。夫妻俩在农田里忙活，请工都是忙了随时找人，他总是在忙的时候找不到好的雇工。给他家帮过忙的同族的汪林华说："他家做饭不好吃，菜也差，而且什么东西都很抠门儿，连水果都没有。在田里最累的活总是指使别人干，自己都怕吃苦，这样大家都看着，干一次、两次，工钱还老是拖着，就慢慢不愿意给他干了。"

虽说同样都是在与雇主共同劳动的情况下干活，也都有雇主的劳动

① 在冬季小麦打药时，闲冬时是60元/天，腊月时则是80元/天。

监督，但雇工干活的质量会存在巨大差别。这些家庭农场主的雇工一般都是村里小农户家五六十岁的男性老人，自家种地少，都是兼业化的农户。所以劳动供给弹性较大，特别是农忙时节，比较紧张。这个时候工价是一样的，做工的伙食和人情化关系就成为雇工权衡的条件。雇工和雇主都是乡里乡亲的，都相互了解，雇主知道雇工干活是否勤勉，雇工也知道雇主为人如何，是否大方。一个小组一般有那么一两个长期在外干零工的雇工，全村加起来就 10 来个人，也不多。另外还有个别的农户，家里有能够外出打零工的老人，他们在自家的农活干完后，也不会出去给别人干零工，至少不会在村子里当农业雇工，他们磨不开这个面子，另外家里有儿女在外打工，也不需要他们做雇工。整体来说，村里的雇工数量在农忙时节基本无法满足这些大户的需求。不仅如此，在农忙时节，无论雇工本人干活如何，工价是一样的，只有性别之分。所以对于家庭农场主来说，农场经营尽量避免雇请雇工，雇工的质量和数量是农场经营收益的关键影响因素，这也是当地的家庭农场要保持在适度规模(100～300 亩)的重要原因和结果。在没有任何灾害的年份，一亩田可产 1000 斤水稻，能卖 1200 元，土地租金为 500 元，农资为 500 元，盈利空间为200 元/亩。但是在农忙时节，一个壮年劳力的工资就是 200 元/天，所以，家庭农场主十分重视控制雇工的数量。

相比资本化大农场，家庭农场可以最大化地自由调动、组合家庭成员，而且在劳动时间安排和劳动强度安排方面不用考虑监督问题。为了增加利润空间，这些家庭农场主在尽力减少雇工的过程中，逐步提高技术，因此，他们积极参加地方政府组织的培训，学习新机械的操作技术、引入新品种的种子和农药。当地一直没有推广插秧机，都是人工抛秧，推广插秧机是大户们对政府提的最多的要求。其中还有一个大户，三河村青年家庭农场经营者王起随，他耕种了 200 亩土地，2013 年承担了机插秧的试验任务。他购置了插秧机、播种机，对新技术充满兴趣。还前往安徽农业大学与农技专家进行交流，学习新型农业技术。

调整种植结构，错开农忙雇工，减少人工成本，也是农场主提高利润的措施。除了采用机械和提高生产技术以减少人工劳动外，家庭农场也会调整种植结构，改变生产中的劳动安排。如由当地的双季稻结构转变成稻麦结构。双季稻是早稻3月播种子，7月20日至7月25日收割，同时7月20日到8月初要种下晚稻，晚稻抛秧，比撒播种子费时费力，11月底晚稻收割。双季稻的早稻收割处于农忙双抢时节，很难请人，而且又是大热天，要快速收割，又要快速种植，工人工资是一年中最高的，劳动强度大，劳动时间长。一般小农户都是先忙自家的农活，忙完后才会考虑去给别家做零工，因此，很多大户普遍面临请工困难的问题。特别是推行土地流转之后，村里的人更少了，在家的年龄稍轻的老人也在往外跑，去县城的建筑队上做小工。这些种田的大户为了减少人工成本，逐步调整种植结构，开始减少双季稻面积，后来直接全部转成水稻＋小麦轮作的方式。

刘正勇，2011年冬天回来包的地，2012年春撒播早稻，除了农田平整度较差的区域有50亩没法种之外，其他的全部种完了。然而到了当年7月收割时，他的父亲和哥哥、嫂子都为其帮忙，最后还剩下80多亩没有赶完，原因就是请工找不到人，200元/天也没找够人。其中有一天，本来约好了有2个人来给他干活，但是因为别的事来不了，就耽误了他的活。为了赶活，晚上打着手电筒在田里搬秧盘，以便第二天直接抛秧。一共忙了半个月，收割完还要耕田、打水、整田、拔秧苗、抛秧。双抢那半个月，他每天都只能睡3个小时，晚上定闹钟，睡2个小时，还得起来去田里看水，就这样晕晕乎乎过了半个月，可还有80亩田闲着。实在没办法，最后就等到冬天种小麦。2013年开春时，小麦长势很好，因雨水不多，产量平均有500斤/亩。这时候，他决定放弃一部分早稻，只种100亩早稻，剩下的全部种中稻。只有100亩的双季稻，在7月时，他没那么忙了，就是父亲帮了一星期，哥哥帮了2天，其他便没怎么请外人。2013年冬天，水稻收割完之后，就全部种上了小麦，种了300多亩，2014年5月收完小麦，6月开始种中稻，中稻种植全部用种子撒播的方式，他就请了2个人和父亲一起干了3天，全部完毕。现在他的农场全部退出了双季稻结构，改成了稻麦结构。

平镇的大户几乎都采用类似刘正勇这样的种植安排。据镇农办代主任讲述,平镇整个农业的轮作方式基本上是与政府推动的土地流转并行转轨的,全镇的小麦播种面积迅速增加,但同时油菜面积大量减少。以前小农都是以种双季稻为主,兼种一部分油菜自家食用。如今土地流转给大户了,轮作方式完全改变了。这些大户调整种植结构主要是为了避开双抢农忙时节,减少人工成本。作为家庭农场的大户,基本上都会力图控制人工成本。粮食价格基本是固定的,农业生产资料的价格他们也无法控制,只有劳动力和种植结构安排在自己的控制范围内。因为他们的生产方式已经完全融入了市场流通原则,是市场导向的商品生产,服从成本-利润的计算原则。

## 二、土地来源:政府主导的土地流转市场

家庭农场承包的土地都是通过政府的土地流转市场获取的,不像中农那样通过自己的人缘和亲属关系获取廉价土地。其土地来源不是市场自由流通下的土地流转市场,是地方政府干预下的土地流转市场。土地租金是政府已经设定的,而非由土地的供求规律来决定土地租金价格。2008 年政府开始实行土地流转时,就规定了 400 斤粳稻/亩(依据粮食价格调整)的租金,考虑初期没人承包土地,政府为龙头企业承担部分租金,为 50 斤/亩,然后慢慢引导更多的人来承包土地,但是随着承包土地的人越来越多,土地租金依然没有上涨,而后期土地的供给却越来越少,土地的供给相对固化。随着国家惠农政策和地方扶持的增加,土地的需求不断上涨。从 2007 年到 2014 年,土地租金一直是 400 斤粳稻/亩,没有做过任何调整和变化,这是地方政府考虑包地的新型经营主体和农民的利益作出的政策干预的市场结果。

据镇流转中心陈站长说:“土地租金过高,大户受不了,亏损了就走了,也稳不住。租金太低,老百姓不划算。400 斤,是根据地的产量定的。要考虑大户的利润,一亩地一季水稻,好的情况,扣除租金(有)200 元好赚,再加一季小麦,200 元差不多,太低了,就没人干了……种地也是赚辛

苦钱，我们这里有政策规定，基本农田保护区，只能种粮食，又不能干其他的，租金上不去……”

土地租金价格是固定的，无须土地承包户与农民去谈判，去商讨租金价格。而且政府承担了土地流转的中介工作，也承担了农民流转土地的风险。土地承包户只需要与村委会或者土地流转中心协调讨论承包土地事宜。520 元/亩的租金，200 亩就需要 10 多万元的土地流转租金，另外还需要 2 万元的保证金。这 10 多万元的土地流转金很多普通农户拿不出来，即使有资金实力，也没有承受风险的能力。土地是高价租过来的，是繁重的经营成本，仅此一项，就完全不同于中农(通过亲属关系流转低租金土地)。因此土地流转制度一旦确立，土地租金确定下来，后续农民之间自发的土地流转条件也随之抬高。政府主导的土地流转市场在挤压农民自发的土地流转市场的空间。换句话说，也是将嵌入深厚亲属关系的土地流转转变为以金钱为依据，逐步剥离农民之间互助、互惠的社会支持。农民的亲族、社区共同体的非商品化关系在土地流转运动中逐步商品化、市场化，市场化的货币原则逐步替代之前的社会交往原则。因此，承包农地的大户全都是靠非农积累投资农业的，例如外出打工、做小生意、跑运输等其他副业的积累。村庄中能够承包农田当家庭农场主或种粮大户的农户，都是村庄里的中上阶层，无论是经济财富，还是村庄的人缘和社会地位，这些人整体处于村庄的优势位置。

## 三、生产性服务的来源：市场化的产业分工

这些作为当地大户的家庭农场相比一家一户的小农确实有本质的区别，按照范德普勒格(2013:59)的小农远距市场化的理论分析和 Harriet Friedmann 从家庭再生产的商品化过程对家庭农场的性质及其形态的分析，可知农场资源的更新，包括生产资料和产品的交换。家庭农场的生产以利润-成本为行为原则，其核心是生产资料和产品的商品化，农场的再生产关系高度融入市场、商品化关系之中，依靠商品化关系实现再生产。

虽说家庭农场种的都是粮食作物，不是经济作物，但中国的粮食市场

整体上已经高度融入世界市场了。国内虽有国家政策的干预，粮食价格波动有所减缓，但已经无法脱离世界市场而独立存在。家庭农场主在粮食生产、销售方面已经高度融入了全球市场的商业资本链条当中。生产资料（种子、化肥、农药等）几乎全部从市场上购买，农家肥的使用和自留种子早已成为历史，这一点毋庸置疑。但是生产资料的价格在逐渐攀升，粮价在全球市场的影响下不断波动，农业生产环节的利润被产前产后的链条逐步压低。除了宏观的形势之外，这些家庭农场的粮食销售首先都面临一大难题——烘干或储藏。

数百亩的农场，几十万斤的稻谷根本无法像小农一样，堆在家里进行自然晾晒。这些家庭农场主仅仅烘干这一项就不得不遭受粮食加工厂的剥削。家庭农场主根本无法购买上百万元的烘干设备，而国家储备库的收购均有水分和杂质的标准，无法直接收购他们的粮食。在平镇，只有3家粮食加工厂，农民卖粮几乎处于被垄断的地位。之前很多小农户一家一户种粮的时候，农户都是将粮食收割后，靠自然晾晒，干后再销售。粮食收购点和粮食经纪人比较多，加工厂不会与众多散户、小农打交道，就存在竞争激烈的粮食经纪人。有跑本地市场的、有跑外部运输的等，基层的小商小贩非常活跃。现在土地流转后，在规模化经营的家庭农场主这里，一家可以产出几十吨的粮食，连堆放都没地方，必须立即处理掉。家庭农场主卖粮，都是提前和粮食加工厂打招呼，让其到田间看粮食质量，给一个预定价格，然后收割后直接拉到加工厂，测量水分和杂质，再商议最后的价格，进行价格博弈。但这个时候往往家庭农场主就没有谈判的资本了，粮食已经拉过来了，即使因为水分扣得多，也没有办法，只能售卖给加工厂，否则再往外地运输，运输成本也不小。从这里来看，规模化所带来的粮食烘干问题，形成了粮食公司的利润环节。仅烘干这一环节，从家庭农场主手里脱离出来，成为企业的收益环节，也逐步减少了家庭农场所拥有的粮食收益环节，生产的商品化不可避免形成了专业化分工。专业化分工所形成的粮食初级加工环节逐步流出农村，其收益也随之进入工商企业。

家庭农场主的生产资料购买，完全依靠农资市场。粗略估算，一亩地的生产资料（种子及除草剂为100元，化肥为200元，农药为100元）需要投入400元，家庭农场有200亩，需要8万元的农资投入，对于这些承包农田的大户来说，高额的农资投入并不容易。他们的融资渠道仍属于传统的渠道，向亲戚借款或者向当地拥有信任关系的农资店赊购。但大部分农场主都是采取在农资店赊购的方式，现金付一半，赊购一半，等到粮食收货后再付款，但要承担不同程度的利息。

汪启志，承包了280亩土地。由于开始的农用机械投入较多，购买了大型拖拉机、收割机等一系列农机具，固定资本的投入和土地流转租金的支付使得他手头的流动资金特别紧张，只能去镇上的农资店赊购，某年3月份开春近10万元的农资，他付了3万元，还剩余7万元欠款（按照当地的略高于贷款利率的利息计息，8%）。等到11月份收割水稻，卖完粮食去付款时，加上利息，已经是7.6万元了。

农资赊购在这些规模经营的大户当中非常普遍，流动资金不足，只能采用高负债的经营方式。但是这些农场主的赊购和土地流转之前的小农户的赊购完全不一样。他们基本上完全依附于资本的投资-流动规则，需要支付高昂的利率。之前的小农户赊贷都是小额的，而且是短暂的，一星期抑或最多一个月，那些老人都会将子女在外打工寄回家的钱拿来结账，农资店基本不会向他们收取利息。而且绝大多数农户都有购买农资的余钱，赊购只是少量行为，不像大户采用的高额资本投入的高负债方式。这些农资经销店主经营的都属于农村的小本生意，他们的资金也很少，小农户的赊购都是短期行为，资金额度小，在农户之间是一种循环，你家今天赊贷，明天就有别人家来还钱。但是大户不同，大户的资金需求同一性较强，都是在春耕时节，赊贷数量大。开始和当地小农的习惯一样，不要利息，但是后来店主资金紧张，甚至出现资金断裂，向大户催要时，一般都很难及时还款，因此后来就出现了等同于银行的利率，这也是后续为何农村大户兴起之后，乡村农资经销店逐步解体的原因。赊贷量大，资金紧张，资金回收慢，而且农资价格波动大，容易遭受市场风险和赊贷压力，最后农资经销店被农资厂商直接挤垮，使得乡村的基层市场逐步被工商资本和大商业资本的高端市场所排挤。随着规模经营的大户，即家庭农场主逐步增加，各农资厂商需抢占市场，会主动联系大户；大户购买的农资数量较多，也需要与厂商对接，减少中间流通环节的剥削，特别是基层（县级以下的农资生产要素流通）市场的层层流通成本。除此之外，家庭农场主的相关农业技术也需要企业业务员和技术员的服务与指导。大户和农资厂商双方都有直接接触和相互沟通的需要。在农资的市场链条上，农户和厂商直接对接，挤垮了乡村的农资经销商。

在平镇，目前与厂商对接时，农场主无法欠款。沃夫特肥料厂 2012 年开始进入平镇，联系以刘正勇为首的种植大户，销售了 40 多吨肥料，都是要求现金支付，价格低于农资经销商的售价。比如尿素，当地为 138 元/袋，厂家直接与大户签订购买协议，是 118 元/袋，但需要现金支付。汪启志很想购买，但是没有现金，只能从镇上的一个农友农资店赊购。这个农资店是镇农业综合服务中心吴先明（同时和林有原等包地近 1400 亩）的老婆开的店，大多数大户都会在此赊购农资，一方面是要照顾吴先明的生意，获得吴先明的农技服务，而且还希望通过他能获得一些政策的照顾；另一方面，只有他家与粮食加工厂的李天好家有如此强的经济实力能够承担大户的赊购业务。所以农资赊购是大户缓解资金紧张的普遍策略。然而，类似于沃夫特这样的农资生产厂商也开始逐步调整策略，基于农资市场的竞争和扩大市场，占领市场主导地位，逐步对一些可信的和可靠的种植大户开放赊购业务。

通过增加土地规模扩大经营的家庭农场，目标是通过规模效应来获得农场的高收益，平均单位面积的收益低，但可以依靠规模来实现收入增加。通过上述对家庭农场生产资料的购买和产品的销售，以及生产管理过程中主要依靠家庭劳动，农忙兼用生产性雇工的描述可知，家庭农场每亩的盈利空间最高为 500 元。水稻生产资料需要 400 元，机耕、机收分别需要 50 元和 50 元（平均半个雇工）的雇工费，土地租金为 520 元，粗略估算其生产成本是 1020 元。而平镇水稻平均亩产量 1000 斤是较高的水平，大户售卖价格平均为 1.3 元/斤，每亩就是 300 元的利润空间。南方小麦品质不好，产量也不高，不如北方小麦。平镇小麦的亩产量为 600 斤(售卖价格为 1 元/斤)，每亩扣除 300 元的农资、50 元的收割费用及 50 元的雇工费，盈余也在 200 元。相比水稻盈余的稳定，小麦在南方特别不稳定，一年好，一年差，到了春季容易遭受赤霉病，在当地称之为小麦的"大小年"。没有气候灾害的情况下，采用中稻和小麦的种植结构，每亩可获得 500 元的收益，但是几乎每个家庭农场都很难达到此水平。一方面，气候是无法控制的，每年都会在作物的生长期遇到不同的天灾和作物疾病灾害，而且受损面积和受损程度不一；另一方面，农场的劳动力雇工费用、劳动力日工数可以控制，但是劳动力价格不断攀升，当地从 2008 年的 100 元/天(壮年劳动力)攀升到 2014 年的 200 元/天，但是一般村庄壮年劳动力较少，大多数都是 150 元/天的男性老年人。家庭农场主尽量将雇工控制在平均一亩 0.5～1 个工，压缩劳动力成本。

这些家庭农场采用类似于资本体系运作的成本-利润驱动规则所形成的经营方式。在陈义媛(2013a)的研究中，依照资本主义因素的增长将其视为"资本主义式家庭农场"，这个概念可以很好地概括新兴的家庭农场依附于商品生产的行为原则，其成本、利润的计算是农场的生命核心，类似于资本化大农场的经营规则。这些家庭农场完全依靠商品关系实现农场的生产与再生产，从商品化的关系视角来认识，可谓高度资本化的商品生产。

## 第三节　家庭农场的生产力与市场关系

依靠机械扩大耕作规模的家庭农场和之前的小农除了依附于商品化过程实现农场再生产的区别之外，即存在商品化维度的差异，利用现代农资提高耕作的集约化的家庭农场，即以机械和现代农资为基础的大规模农耕与之前的小农有什么区别？在生产关系和生产力两方面有什么样的质变？下文对其进行讨论。

认识1949年之前的中国农村社会，主要是依据租佃关系和雇工关系这两种生产关系视角，前者为依靠土地的关系，后者着眼于劳动关系，这两种关系在中国农村实际上是结合在一起的（黄宗智，2000：65），所以才会有以前的"地主""富农""中农""贫农"的阶级划分。但是自1949年后，逐步慢慢实现了集体农业，改变了传统农村的生产关系。随后，20世纪70年代出现的土地承包到户政策将村庄土地按人平均分配，人人拥有土地使用权，实现了现代的自由小农制社会。21世纪出现了土地流转政策，出现了新的土地租佃形式。本书前述的所有土地流转和规模经营均是在此后出现的，若是按照土地所有关系和土地经营现状，可称之为"小地主、大佃农"（邓大才，2011）的社会现实。但问题是，这种依靠机械实现的规模化经营的家庭农场方式是否代表了新的生产力呢？

## 一、农场生产力

面对生产力的讨论，主要衡量指标是农场的生产率和生产工具的使用。黄宗智在研究华北的小农经济时，着力对比了经营式农场[①]与家庭式农场的生产力和生产关系（黄宗智，2000：143、161），认为经营式农场并没有代表生产力和生产关系的同时突破，并不是代表生产力的新水平，反而将其视为"停滞的"小农经济的组成部分。因为不管是经营式还是家庭式农场，都属于以人力为主的高度集约化的农业。在这个农业体系中，经营式农场在牲口（耕畜）利用或单位面积产量上和家庭式农场并没有显著差别（黄宗智，2000：160）。如果比较平镇新兴的规模化经营的家庭农场和原来的精细化耕作的小农农场，可以毫无疑问地肯定小农农场比家庭农场的产量要高，无论是经济作物还是粮食作物。在水稻生产的亩产方

① 黄宗智所指的经营式农场，主要是指村庄中少量依赖雇佣劳动力的较大的农场。一般的小家庭农场，无论土地是租的，还是自有的，都是主要靠自家劳动力耕作的农场。经营式农场的土地一般都超过100亩，并且一般来讲，农场面积要达到相当的规模，并使用4个以上的劳动力，才是主要依靠雇佣劳动力的农场（黄宗智，2000：66-67），而且这些经营式农场主多自己参与劳动（黄宗智，2000：68）。把雇佣劳动力占总劳动力一半以下的农场，都算作是家庭式农场（黄宗智，2000：84）。

面，家庭农场远不及精细化管理的小农农场，而复种指数也不及小农高。因为这些规模化经营的家庭农场几乎都进行的是单一化的商品种植。在同一区域内，作物的选择和复种指数取决于其劳动安排，而由于农忙季节，家庭农场主比较难获得足够的可使用的劳动力，不像小农那样能合理安排作业，只能调整复种指数来节约劳动。因此，就总播种面积（单位面积乘以复种指数）的农场总生产量来说，新兴的家庭农场远不及小农农场。

再就是生产工具，即机械和现代农资的使用。当前平镇早已实现了机械化操作。由于小农家庭壮年劳动力的缺失，因此雇请机械的比例较大，在机械使用方面与家庭农场主的机械使用有少许差别，生产工具的自动化是家庭农场主为降低生产成本而努力去追求的。例如，机耕田地，一般农田需要翻耕两次才会进行种植。规模化经营的家庭农场主基本全部使用大型拖拉机耕地，速度快，土地翻耕深度深，然后再用大机械脱碎土地，使农田平整以利于播种。但是小户一般会请大机械翻耕一遍，第二遍则使用小型的手工或半自动化农具，如手扶拖拉机翻耕，投入自家没有就业机会的劳动力替代一部分机械，节约雇请机械的成本。另外，据种田的老农讲，小型农具翻耕土块更细碎、松散，便于耕种，种子生长、苗发育较全部采用机械时要好，所以好多自家耕作小块农田的中老年人仍然采取此耕作法。家庭农场主使用的机械，包括自动施肥器、大型喷药设备，这些远比小农所使用的半自动化农具自动化程度高、效率快。小农种田无须大型的自动化喷药设备，仍然采用传统的手摇式喷药器，速度要慢，施肥器是同样的道理。秋收后立即耕地种小麦，规模经营的家庭农场主大部分都有机械或者已经联系好机械前来收割、耕地，可连续操作。一年两季的生产同样要用机械以赶上种植的黄金期限。正如上文提到了，由于平镇没有推广机插秧，家庭农场主无法种植双季稻，普遍改作机械化程度高、人工劳作较少的小麦。对于一季水稻，大户打药的次数要比小户的多，而且用药量大，为了控制作物病情，大户的抗风险能力也弱，因此会使用更多的农药防治作物病虫害，减少损失。至于大型机械和农机具的拥有量，几乎每一个家庭农场主都拥有1台或2台甚至多台大型机械(大型拖拉机、收割机、旋耕机等)，而小户几乎什么机械和农机具都没有，只能雇请专业的农机手耕作。家庭农场主绝大多数都会使用大型机械，在政府的培训下，拖拉机和收割机都能运用自如。使用机械在耕地、翻土、收割方面是合算的，但是播种、施肥、打药、运送粮食(田间装袋上车环节)需要人力操作。因此，在机械化程度高的地区，规模化经营的家庭农场主才较多。机械和现代农资可以同样适用于大户和小户，小户(主要是老年人种田)雇请机械和使用现代农资可以大大降低劳动强度，劳动量也随之减少。其实，对于规模经营的大户来说，他们仍需要雇请机械，因为自家的机械(1台或2台)无法在短时间内完成收割、种植，但是购买多台机械不经济，机械的折旧率很高，农用机械更新换代很快。据平镇的农机手反映，以收割机为例，一般3年需要更新一次。小户和大户的耕地、播种、除草(都是使用除草剂)、打药、收割方法都相同，同样使用机械和现代农资，也同样要权衡成本和收益。但是小户拥有自由可支配的劳动力，在人工操作环节上的劳动投入更加充足、精细化。因此，小户的亩均劳动量仍然远高于大户。从机械使用环节上来看，两种农场机械使用的成本和收益是一致的，而且机械对于耕作面积的比例要求在平镇20世纪80年代末期逐步推广机械化以来是相同的。因此，规模化经营的家庭农场(即大户)因为使用大量机械和大量现代农资便有较高的产量，这是与乡村的事实不符的。当种子、化肥、农药的使用一致时，人工精细化的管理环节才是影响产量的最重要因素。所以大户在机械使用方面受农业技术本身的影响与小户的差异不大，但是单位面积产量却不如小户。从使用的生产工具与操作方式来看，并不能简单化地判断谁代表先进，谁代表落后。

除了农业技术、土地、机械等运用方面的相对一致性，他们的劳动力使用有没有分别呢？虽然大户的单位面积产量比小户的低，但是小户在人工管理环节的劳动量投入较多，那么该如何理解两者劳动生产率上的差异呢？大户在人工管理环节和农忙时节，是兼用生产性雇工(陈义媛，2013a)，而非雇请全职农工，有调节的弹性空间，而且大户的利润是依靠在单产的低利润上扩大规模来实现的。因为大户在农忙雇请生产性雇工时，有成本核算控制范围，不会过多投入劳动力。小户在人工管理环节，基于没有市场机会的自家劳动力，对单位面积的耕地投入更多劳动量，而且在老人农业当中，人工管理环节的劳动量是大户的数倍。老人即使每天没事做时，也会围绕着农田转一圈，看一看农作物的生长情况，这在当地叫作“绕田”。这种老人闲时的绕田时间是无法与据成本收益原则衡量的资本化大农场投入的时间相等同的。此外，劳动生产率在很大程度上取决于劳动者所使用的技术或工具（伯恩斯坦，2011：20），在人工管理环节，家庭农场主所使用的自动化喷药、施肥器等比小户的手摇式工具效率高。如此一来，毫无疑问，大户的劳动生产率高于小户。所以正如伯恩斯坦（2011：21）所言劳动生产率的提高与使用人的体力之外的其他形式的能量有关，如机械的内燃机动力等。因此，平镇大户与小户所采用的两种生产形式下的土地生产率和劳动生产率截然不同，形成了不同概念和衡量方式的生产率彼此矛盾的现象（伯恩斯坦，2011：22）。然而在中国地少人多，保护18亿亩耕地红线的情况下，采用土地的产出而不是劳动力的产出作为衡量标准可能更为恰当。

## 二、生产关系抑或市场关系

从传统的认识中国农村社会的租佃关系和雇佣关系的角度而言，平镇绝大部分的农业生产方式实难以劳资雇佣关系称之，且并没有直接形成劳资关系的资本主义特点。农村劳动力买卖在农村并不罕见，可谓司空见惯，然而数量相当有限，而且大部分发生在农民之间，都是本村的熟人社会之间的雇工，仅据此部分实在不足以赋予大户（家庭农场）资本化大农场的特性。也正如前文中提到的，很难在复杂的具体多种经营模式中套用二元对立化的分析框架，因此借鉴范德普勒格提出的农场资源与外界资源交换的渠道和循环方式，即“与市场的距离”来认识，就会发现异于小农生产方式和资本化大农场生产方式的第三种模式。

面对这些以家庭为生产组织的生产形式，农场土地是在政府干预的土地流转市场中依靠自家资本租来的，劳动力主要依靠家庭劳动，兼用生产性雇工，和传统的小农经济的“佃农”的意义已完全不同。陈义媛(2013a)的文章分析认为他们已经同简单商品生产的逻辑——以追求生产和家庭成员消费的平衡为目标，寻求劳动辛苦程度和家庭成员需求满足之间均衡的生产模式——发生了质的变化；并且认为在当前农业资本化的过程中，随着生产资料的商品化(与市场的关系)，家庭生产方式正在从内部被改造，必然导致农业生产方式的变迁，这个过程也就是农民分化的过程。而这个分化的过程正是在国家政策的鼓励下从村庄内成长起来的。因此他们的兴起和成长是农业当中资本化因素增长的结果。这是依据农场的商品化关系和雇工双重角度来认识农业生产方式变迁的动力，而非简单依据雇工来赋予“家庭农场”资本主义的性质，这是尊崇实体主义原则下对家庭农场实然状态的客观认识。这里的“资本主义式家庭农场”与范德普勒格的“企业农业模式”具有内涵的统一性，他们的资源和劳动使用既不同于小农模式，也不同于资本化大农场。因此，他们兼具多面性，是被整合进商品化关系中多个阶级地位的“矛盾统一体”(伯恩斯坦，2011:156)。

将小商品生产者的资本和雇工阶级的地位联系起来认识，可以发现在农耕活动中，资本的形式是土地、工具、种子、化肥和农药等其他制品；劳动力的形式是家庭农户，出于种种原因，这些小商品生产者是多个阶级地位的“矛盾统一体”(伯恩斯坦，2011:156)。一旦农民家庭整合进商品关系之中，就不得不服从商品化的动力和强制力，因而农村社会的阶层分化也就不可避免。商品化的过程提高了“进入”成本以及农场的再生产资本，并带来了与高成本有关的风险，必然出现对土地和劳动力的争夺，商品化农场也是建立在损害其邻居的意义基础之上的。这些农民邻居可能更为贫穷，无力负担这些成本，也承担不了那些风险，因此，他们输给了这些不怕成本与风险的农民，这样贫穷农民就可能会被挤出农业领域(伯恩斯坦，2011:159～160)。从这一多个阶层地位的矛盾统一体来看，他们具有“资本”损害“邻居”的性质。

案例12。乔林军，40来岁，2010年包了220亩土地，几乎全部流转了整个村民小组32家农户的土地。土地流转投资加上农资初始资金，投资了近20万元，还向朋友借了5万元，才包了220亩地。如今整个村民小组的农户家里全是老人在家，仅有5家老人还种了小块田地。乔林军夫妻俩加父亲自己耕作，农忙雇请一些在家闲着的老人帮忙，辛苦种了一年后，净利润为7万多元，家里买了一台大型拖拉机。接着种了2年，买了收割机之后于2012年又包了110亩土地。但是没想到2013年中稻遭遇干旱，冬季的小麦遭到来年(2014年)春天当地普遍的小麦赤霉病影响，全年整体亏损，欠债6万元。

乔林军这样的家庭农场，雇佣村庄的老人在农忙时帮工，的确具有雇佣关系的剥削性质，其农场的积累与扩大也是具有资本主义积累的扩大再生产。但同时，面对农业固有的不可控的自然灾害，依然很脆弱。这便是伯恩斯坦(2011:160)所总结的，他们也会因为农业风险和市场情况使得家庭农场再生产的压力沉重不堪。前文提到市场关系当中农资价格的上涨和粮食销售中的被剥削情况同样体现了他们"脆弱"的一面。这在目前的新闻媒体中也有诸多报道[①]。面对这些"打击"，诸如干旱、洪水，或者是其他自然天灾，作物病虫害，缺少足够的农药、化肥和劳动力，导致农田的收成减少了；又或许是因为他们需要购买和出售的产品的交易条件不断恶化，即农资价格上涨，粮食销售价格下降——从农田中获得的收入减少时，家庭农场应对这些"打击"的"脆弱性"都会导致其"破产"。正如范德普勒格(2013:52、59～61)的概括，随着农户进入市场，与市场的距离越近，他们的自主性随之降低，其风险随之增加，也变得越脆弱。面对土地和雇工，他们有"损害"邻居的"资本"性质，但同时也因市场关系的整合，而遭遇外围资本市场的剥削、控制和支配。

据此，抛开前面的雇佣关系，从市场链条来看，又该如何认识农村当

① 李冰峰，家庭农场的未来愿景与现实困境，http://epaper.jhnews.com.cn/site1/jhrb/html/2013-12/11/content_1731100.htm；发展家庭农场要防范五大风险，http://szb.farmer.com.cn/nmrb/html/2014-05/31/nw.D110000nmrb_20140531_4-02.htm?div=-1。

中资本化因素的扩张？他们在市场层面受到的剥削则是一种新型的资本化因素扩张的影响，即市场关系和纵向产业链的控制。历史传统上素来从雇佣关系和市场关系来认识资本化因素的扩张和增长。古典理论认为资本主义的转型毋庸置疑受雇佣关系增加的影响，认为只有透过生产关系的资本主义转型才能扩大生产规模，采用新技术及从事市场竞争，促进生产力的革命，得以支持工业化。换言之，资本主义转型理论应用到农业研究上，其实谈的就是商品化进程如何导致小农经济的瓦解，然而，近代学者(Vergopoulos，1978；Alavi，1980；Friedmann，1978)的研究指出，农业革命的主导不是产生于劳资关系的无产阶级，而扮演这个角色的恰恰是家庭农场(family farm)。因此，商品化并不一定以劳资关系的形成为其最终结果。或者说，在农村里，商品化并不见得带来劳资生产关系，而劳资关系的形成也不一定代表进入了商品化程度较高的阶段(转引自柯志明，2006:79)。农民经济转型(transformation of peasant economy)的论题未必如古典理论所关心的，只集中在生产关系的转变上(或者具体地说，核心基于雇佣关系集中在农民分解为无产阶级与资本家阶级的分化进程上)，而是有更广义的认识视角。到底应该从生产关系还是市场关系来理解资本化因素的扩张，一直是个争论不休的问题(Sweezy，1978；Aston and Philpin，1985；转引自柯志明，2006:80)。从平镇的发展历程来看，农业转型的经验并不是以资本家与无产阶级雇工化的阶级分立为主要趋势的，农业经营恰恰是以商品化的高度资本化的家庭农场为主体。因此，如果从市场关系来看，则是家庭农场或者说家户式生产如何被深深地紧密整合进市场，服从商品流通的原则。这些商品化的家庭农场粮食生产的商品化和市场交换的现象大量发生。依据市场关系可以发现，平镇水稻生产部门的结构已经形成农资厂商—家庭农场主—粮食加工厂—消费者的垂直整合的趋势。在这样的链条当中，家庭农场主群体处于产品价值链的最低端，是产品价值实现最少的环节。

从平镇资本下乡的轨迹来看，以当地龙头企业李氏加工厂承包农田的策略来说，开始包地时直接雇工经营，结果因为农业投资和劳动管理中的天然障碍，被迫转向了将土地转包给家庭农场的经营方式，加工厂成为农业食利阶层。它作为当地的龙头企业，享受国家政策的扶持，还不断挤压农民的利益空间。作为一个粮食加工厂，同时也是当地最大的化肥经销商，一方面通过销售农资赚家庭农场主的钱，另一方面在粮食收购方面垄断地方的粮食收购，破坏公平的粮食交换。李氏加工厂在平镇的农业转型过程中更出现了一个质的策略转变，即由最初的水平整合方式——大量承包农田，实行雇工经营，转变为市场链的垂直整合方式——控制农业生产、农资购买和产品交换的外部交易环境。因此，正如柯志明对小农的研究指出，在垂直集中模式下家庭农场仍然存在，农民并没有转化为一无所有只能依赖出售自己的劳动力为生的无产阶级(雇农)(柯志明，2006：18)。虽然农民保有自己土地的使用权，没有形成生产资料与劳动者的分离，然而市场链条的整合使得农场再生产深深地嵌入商品关系之中，农场生产的外部条件已完全被工商资本所控制。因此，平镇的经验并未如经典马克思理论预言的那样直接无产化，也未如恰亚诺夫所言的农民自我剥削而实现的消费与劳动呈现均衡状态的特殊经济形式一样，而是在新的社会经济环境中，资本通过垂直集中的方式没有瓦解家庭生产组织形式，而是将之再造并加以市场整合再利用。在资本化因素渗透农业的过程中，家户式生产实现了生产商品化和市场标准化的改造，能够更有利于资本市场对家庭农民的压榨和剥削，使之成为与资本市场运作方式相共生的一个系统，并且是存在分工与支配关系的运作系统。家庭式生产与资本主义生产方式的关系，是新形势下资本的控制与家户式生产“依附”资本的关系，家户式生产成为资本市场垂直集中控制下的积累环节。

## 第四节　家庭农场与资本的市场体系

农业生产不仅仅是田间耕作、管理，而且有一套围绕田间作业的农业社会化服务系统，比如围绕农村生产资料和农产品销售的小商小贩，售卖农资、化肥的农资店，收购农民粮食的粮食经纪人（也即粮食贩子），还有以给农民耕田、收割为业的农机手，等等。这些关键的社会化服务体系在资本没有进村之前，在农村社会形成了一套自洽的运行系统。遍布各村的、分散化的、在基层市场中处于高度竞争的农资店给小农提供化肥，且可赊贷农资，便利小农的同时也赚取了生计收入。同样，粮食经纪人和农机手也是一样，他们从表面看似是在乡村粮食销售、农机服务方面压迫、剥削小农的村民，但实际上他们却是为小农提供便利和农业生产支持的群体。在乡村，他们的生计来源和生活都依靠小农，他们和小农生产构成了一套自洽的运行体系，但是随着政府推动的农业生产的商品化日趋深化，家户式生产逐步被纳入资本采取的垂直集中①的控制方式之中，家户式生产的商品化日趋成为主导，陷入商品化的再生产关系之中。围绕农业生产的社会化服务体系也正在经历变革，逐步打破了自洽的小农运行体系，进而使得农业社会化服务体系中的农村群体在逐步消失……

## 一、资本驱动的市场垂直控制：以农资店的变迁为例

向农民提供农业生产资料的经营化肥、农药、种子的农资店的变迁。以服务农业为主的平镇基层的供销社解体后，逐步被乡村活跃的农资店所取代。据当地经营了 20 多年的农资店店主杨老板讲述，20 世纪 80 年代中后期时，个体户就开始在村里慢慢发展。最早时全镇就一家供销社提供化肥，各大队凭借配额的化肥票来购买。分田到户后，供销社的售卖点开始增加为两个，圩区周围的村庄一个，山区的村庄一个，一到买肥料的时候，各家买肥料的人很多，排队排好几个小时才能买到肥料。后来供销社就根据实际情况开始在各村（行政村）设置代销点。供销社提供所有的化肥，代销店按照销售量核算利润，一吨化肥给一点工时钱。慢慢的代

① 资本的垂直集中，来源于柯志明的表述，主要与水平集中控制相对应。资本的水平集中控制模式主要是指大规模集中土地，建立雇工农场；垂直集中主要是指大资本通过控制市场交换、流通，将家庭劳动的经营模式纳入市场中来，同时减少低端市场的分散竞争，享有垄断市场。大资本依靠政府的引导和监管，以及对公共服务的掌握控制家庭经营的外部生产条件。

销店利润空间变大，很多人开始想办法独立出来做。农业生产形式的变迁直接导致农业生产服务体系的转变，农田承包政策也逐步瓦解了国家垄断的农资供销社体系，政府经营逐步让位于市场。

杨老板说："我就是这个时候从农民变成卖化肥的……开始帮人家送货（帮忙从供销社送货到代销店），那个时候我会开拖拉机，跑得宽（多），所以各村的代销店我几乎都晓得……当时与供销社并行的是农技站，也在卖农资，两者处于竞争状态。供销社还是占据大部分市场的，不过后来农技站的一些人下岗后，出来独立开店做生意的也有，吴先明的农友和桥头的杨哥就是接手的农技站。等到（20世纪）90年代的时候，政策放宽了，95年（1995年）之后，各村的代销店可以绕过供销社直接去县委的农资公司进货，供销社一下子就被挤垮了。我这个房子就是当时供销社卖化肥的地方。供销社和农技站解体后，镇里卖农资的代销店估计有10到20家。村里这些代销店都是挣辛苦钱，供销社的那些人才是赚大头。代销店要自己去拉货，回来零卖，还要担风险，化肥用了有问题，还要赔偿老百姓，算下来就是挣点路费。那个时候化肥做假的多，农药假的也多，有好几家卖化肥的就是吃亏在这上……你推荐的农药，人家（作物）打死了，你要赔啊。大家都是住在一个村里的，多少总得赔点，可是要连续出现几次，那就直接关门。当时吴先明差点出了这个事，他还是镇里的农技员呢，稻种出了问题……最后还是政府给他撑了腰，出来解释才算收场。"

老种田户李大爷也给笔者讲述了这件事，"当年，吴先明推广一种新品种，结果从外地拉回来的稻种不适合这里的土壤，种的稻子光长草，不长穗，到秋天了，都11月份了，只有1/3的有收成。那一年，走到村里，只要是买了吴先明的种子的，都在骂他，说他是骗子。正好前一年他的肥料出了问题，肥料来效慢。稻子该收了，叶子还是青的，最后稻子产量低，稻谷谷粒不饱满，都是浆，它不老，到最后老了都是空壳壳，这是化肥出力的时间不对，该起肥效的时候，化肥没劲头，（效果）上不来。那些卖化肥的也坑人……后来又听镇里的人说，不是化肥有问题，是不适合我们这里的两季作物，适合人家一季水稻的地方，肥效时间长，反正我们又不懂，但这不是明显坑人嘛……"

经销化肥的店主，都或多或少遇到过类似的事情。杨老板无奈地继续诉苦："其实在村里卖化肥的，哪家都是自己也会种田，自己也明白，自家也种着田，哪有人专门去赚这个黑心钱，那都是一些奸商（化肥厂商）搞的。我们上了当，选错了化肥，村里人跟着吃亏。所以市场上化肥也多，进货时大家都晓得，尽量选大品牌，比较放心，质量有保证；我们也会进少量本地的小品牌，价格便宜，买的人少。稻子涨价了，用稻子的肥料，就是老年人都不稀（差）钱，都买贵的。"

从在村里卖化肥的代销店店主来看，他们卖化肥也非常不容易，他们顶多就相当于一个辛苦的搬运工，挣点苦力钱。农村的基层市场完全不同于大城市的陌生人市场。村民买的化肥或者是种子出现了问题，不仅仅是"售后三包服务"的问题。原本是化肥厂商的责任，在村里几乎全部落到了经营代销店的农民身上，这种代价和风险全部由农民自己来承担。正如杨老板说的，"农资市场的风险毫无纠责的制度体系，国内市场的化肥品牌超级多，一个品牌倒了，原班人马，换一个注册商标，又上市了，农民哪晓得这么多啊……"不仅如此，若是站在农民的立场，即使代销店店主通过售卖化肥赚村民的钱，具有剥削性质，但是也应该要同时认识到作为经销化肥的商贩也具有帮助、支持农民生产的一面。

例如，化肥、种子、农药等的赊购现象在农村较为普遍。20 世纪 80 年代末 90 年代初的时候，农民手头都没有多余的闲钱。外出打工的比较少，服装厂那些流水线工资也低，挣的钱少。在家种田的春耕、双抢、秋收时节，好多人都会到农资店那里赊购一些农资或者借点现金用。60％的农户都在杨老板的店里赊购过农资，有些打个欠条，大部分都是口头欠条，都是他忠实的客户。农村里赊购的农户 90％都不需要去催账，赖账欠账的仅是个别现象。一般农民欠账都是两三个月就还了。大多数都是家里有人在外打工，欠个十天半月的，最多一个月就主动还了，家里没有打工的老人，也是早稻收了，还春耕的钱，然后再去买双晚稻的肥料。这类农户一般店主是不会对欠款收取利息的。因为乡村的农资店比较多，竞争压力大，都是靠个人的人际关系和一些地理优势赢得客户。20世纪90年代中后期到2000年以后，农村里购买农资赊购现象大大减少，因为外出打工的人多了，挣钱也多了，手头都有现金了。只有少量家里做了大事(如结婚等)，有人生大病，身体不好的农户手头暂时确实没钱，会向农资店借贷。村民之间的小额借贷以及嵌入人际信用中的借贷现象是农村的非正式金融流通的主要方式，是农民社会生产和顺利渡过难关一种强大的社会支持。

自从平镇现代农业项目开始之后，平镇的农资店在两三年间迅速减少，之前有30来家农资店，经过市场的洗礼，截至2014年8月笔者调查之时，只剩下6家。一家是李氏加工厂开办的，一家是农业综合服务中心主任吴先明妻子开的农友店，一家是农技站的退休工作人员开的一个小店。另外两家是镇上开了一二十年的老店(杨老板家和潘其名家)，还有一家是林村的，也是给粮食加工厂代卖化肥。之前近30家农资店，短短3年之间迅速减少了4/5，只剩下1/5。其主要原因便是大户经营之后，厂商与农户直接对接销售农资，压缩了农资经销商的利润空间。2012年冬天，就有不少厂家业务员来平镇打探情况，有的找镇里的干部牵头联合大户共同购买农资，有的直接与大户签订合同，厂家送货上门。面对此形势，杨老板悲观地说："我这要不了一两年就要关门了。我这里主要是散户(小农户)，你看门口来买化肥的都是三五十斤，多的搬一两袋，和大户没得比。土地流转后，散户剩了还不到1/3了，再过几年，会全部是大户。厂家直销这种模式，大户也能带动小户，小户会让大户帮忙带肥料，我这里自然都没人了……将来能剩下来的就是吴先明和李氏加工厂。吴先明在政府(工作)，大户要考虑，想要政府补贴项目，提供农技服务，还要靠他，他家就是卖得贵，还得在他家买，你还必须得要。李氏加工厂听说有3000～4000亩地，转给巢湖(市)人，多数巢湖(市)人都在他那里买农资，要不人家不会包地给你。李氏加工厂，人家大，可以赊账给大户，下半年卖稻子给他加工厂，一条龙地赚钱。（李氏加工厂）又是我们这的企业老大，又是什么合作社，又是种粮大户……啥子好事都是他占到的，政府支持，没得哪个比得过。”

农业生产方式的改变，与之相伴随的是农业社会化服务体系的变革。政府政策支持与鼓励大户（贺雪峰，2011a）的同时，围绕小农生产的社会化服务体系也随之解体。表现最明显的就是乡村大量农资店关门倒闭。从表现形式来看，是农业生产资料的链条缩短了，市场环节减少了，对于大户来说，购买农资便宜了。但是从整体的农业产业链来看，低端竞争白热化的农资经销环节给挤垮了，整体提高了农资产业的垂直集中度，农户直接面对的是大资本厂商，而不再是乡村里具有熟人关系的农资店店主。对于大资本厂商，即使是现在作为农业生产大户的家庭农场是否有与之谈判或博弈的能力，未来都很难确定。从黄宗智先生（2012a）对经济作物（高度商品化）部门的研究来看，中国存在广泛的大资本与小农户的不平等现象，因此流通环节越是垂直集中，就越有利于资本对家庭农场的控制和剥削。依据柯志明（2006:109、161、175～182）对家庭农场的研究发现，同时在米糖两个部门内部，恰恰是蔗糖部门的垄断资本垂直集中较强，主要靠制糖会社垄断整个糖业的产前、产后环节，仅仅把甘蔗种植留给家庭农场，同时挤垮了农村广泛存在的本地小商小贩和商业资本，农民收益并未随生产力和生产技术的提高而增加。恰恰相反，在米业部门，由于存在本地大量残酷竞争的小商小贩以及本地商业资本掌控的粮食部门，种植水稻的家庭农民的收益随生产力和生产技术的提高而增加。柯志明的研究对笔者认识当前平镇农业生产方式转变带来的农业社会化服务体系的变迁具有新的启示意义。这些新兴的家庭农场，虽其表面保持完整的家庭组织形态，但是由于生产与再生产高度依赖市场，依靠商品化关系实现农场再生产，与商品化关系贯穿生产整个链条相应的工商资本在农业生产链条的垂直集中也愈来愈强，家庭农场的受支配力度和间接受剥削力度则越来越强。

乡村农资店之间也会有竞争，有市场的地方就会有竞争，但是市场竞争也不是自由的，因为市场不是自由流通的市场，而是有限制的市场，是嵌入社会当中的市场（Granovetter，1985）。波兰尼早已揭开了自由市场的神话，从来就没有存在过真正自由、自发调节的市场体系（波兰尼，2007：6）。从农资店的变迁轨迹、农资店倒闭的原因及其当下的剩余格局可以发现，农资店的市场竞争也并非是纯粹自由的市场竞争，而是依靠各自背后的社会关系在市场中赢得有利位置。按照平镇的近期发展格局，只有作为龙头企业的李氏加工厂的化肥店和身为农业综合服务中心主任的农友店具有竞争力，其他的农资店均将面临倒闭的风险。与之相应的是，围绕农资销售，以此为生的农户要逐步退出、转行。

作为社会公共产品的生产部门——农业，在国家针对农资放开市场之后，资本在农业领域的渗透比起经典马克思理论所概括的水平控制在雇工农场的渗透要更为隐蔽。目前以乡村为主体，为乡民提供生产便利的小商小贩在市场链条中的资本垂直渗透下渐趋消失，农业生产本身逐步走向日益深受资本垂直集中控制的生产链条。

## 二、资本驱动的市场利润空间的压缩：粮食购销体系

乡村最早的购销体系首属粮站。在计划经济时代，粮站收购粮食，国家统一调度。粮食的收储与购销都由粮站经营，依据上级指令管理，统一征购，不存在市场购销体系。正是为了方便征缴农业税费，督促农民交粮，粮站的网络十分发达，县一级设有中心粮站，一般几个乡镇一个，每个乡镇设有分站，在村子相对集中的地方设有收购点。从县到村，粮站的辐射范围基本上覆盖了所有的村庄。当后来国家粮食储备体系改革之后（熊万胜，2011），国家进行了宏观控制。基层粮储体系面对市场放开后，市场化的个体户逐步增加，即农村俗称的粮食贩子增加了。即使在粮食购销的双轨制时期（1985—2003年），随着粮食产量的增加及市场化改革

目标的明晰和确立，地方国有购销企业执行的国家定购任务基数下调，给自由购销留出的空间越来越大，粮食贩子越来越活跃。据 1991 年原农业部农村固定观察点的材料分析，在大宗农产品的销售方面，集体统一运输和销售的只占 4.1%，由私营组织销售的大宗农产品也只占 5.5%，绝大多数的大宗农产品是由农民自己和粮食贩子来完成销售的（国务院研究室课题组，1992：11～12，76）。在平镇农民生活当中的经历便是每个村的收购点逐步被上门服务的粮食贩子所代替，直至后来粮食贩子成为国家储备库与农民的联结中介（马玉忠、崔晓林，2008）。即使市场全面放开，作为国家经济命脉的农业仍然掌握在一套国家控制的、具有差序化格局的嵌套体系中（熊万胜，2011）。

在这种差序化的格局当中，粮食贩子也分为多个层级，按照其权力、资本、劳动的层级不同，分为"权力贩子、资本贩子和劳动力贩子"（熊万胜，2011）。最低层次的粮食贩子，他们以县级或乡镇级的市场为活动中心，不从事远距离贸易，也没有能力直接把粮食卖给储备库或者代储单位，主要是帮助大贩子和加工企业收粮食，因此，他们处于市场体系和行政化体系的最底层，他们依靠出卖劳动力生活，赚取劳动力的价格，可以称为"劳动力贩子"。活跃在乡村基层市场的粮食贩子，大多是指"劳动力贩子"。粮食贩子主要是上门收购老百姓粮食的一批人，他们的存在很大程度上缓解了农民卖粮难的问题，并加速了基层粮食市场的流通。粮食贩子把粮食通过市场流通卖给销区的粮食经纪人或者加工厂。而大多数具有雄厚资本的加工厂或大商业资本依靠粮食中介来囤积大量粮食，依靠市场波动获取利润。产区粮食贩子具有一些很鲜明的行动特征。一是产区粮食贩子通常是本地人，收购有稳定的客户对象，与农户之间相互比较信任；二是行为具有季节性，专职的粮食经纪人比较少，而且一般是生产时节从事粮食生产或者其他副业，在粮食丰收后将收粮作为副业经营；三是粮食贩子的利润空间相当低，基于产业链，他们处于粮食销售的低端，同时又是在熟人社会的市场收购，一般每 100 斤可挣 1～2 元钱。因此称他们为“劳动力贩子”。

农民卖粮也有一定的季节性特点，一年当中最集中的有两次，一次是秋收后的多余粮食销售；一次是春季的学生开学前夕，农民卖粮筹学费。这是大多数小农户卖粮的规律。乡村的粮食贩子，即粮食经纪人具有强烈的熟人特征和相对固化的市场网络。农民卖粮一般都会卖给自己熟悉的粮食贩子，大多都是本地人（本村或邻村）。一般一个行政村有两三个专做粮食收购生意的。生意做得好的人就开始购置加工设备建立小型加工厂，以前这在村里叫打米厂，做大米粗加工，兼有油坊功能，是从事菜籽榨油、小麦磨面的家庭作坊。以前平镇有10多个小型加工厂（家庭作坊）和二三十个做粮食生意的粮食经纪人。活跃在乡村市场的粮食经纪人会随着季节收购、倒卖不同的农产品。他们也会在收购经销活动中建立起自己固定的活动区域和人际网络。他们主要的客户就是遍布乡村各地的小农户，为其提供上门收购、兑换服务，为村里一些老人或者妇女卖粮食提供便利。

那些技术水平较低的粮食加工行业，门槛较低，20世纪90年代兴起的加工厂较多，但是初级加工的利润也较少，而且还要与固定的粮食经纪人合作，保持粮源。虽说利润小，但相对稳定，只需要有劳动力就可生存的家庭作坊靠给村里的农民提供便利维持发展。后来加工设备越来越先进，设备资金也从以前的两三万上升到现在的上百万（全套自动化设备）。其主要特征就是固定资产负债率较高，银行利息和固定资产折旧率若是高于其利润率，工厂便会被银行的贷款拖死。这时后期设备更新过程中资金有限，同时市场有限，利润低，也淘汰了一批初级加工厂。现在只有本地的龙头企业李氏加工厂依靠国家的低息贷款和政策扶持在地方市场中具有优越的竞争力。粮食加工体系因为市场的发展逐步走入垄断方向，平镇现在只有3家粮食加工厂，并且是一家独大的格局，所以基层市场的粮食购销并没有自由平等竞争的市场环境。

农民将水稻收割，在自家院场晒干后，依据自家的需要，留足自家食用的之外，才会售卖粮食。粮食秋收时，粮食经纪人会开着拖拉机到各家门口收粮食，无须农民送货。在收购的时候，一般粮食经纪人会带着一个或者两个小工帮忙搬运，粮食过磅秤，装袋上车，户主只需协助帮忙即可。上门的收购服务减少了很多老年人和妇女卖粮的麻烦。农户卖粮，一般都担心粮贩在磅秤上做手脚，还怕上当受骗，因此都会卖给熟悉的人。家里有劳动力的或者邻近加工厂的农户都会把粮食卖到粮食加工厂。粮食加工厂为了稳定客户源，采取了兑购方式。农户可以把家里收的所有粮食全部拉到加工厂，除了卖的，自家食用的部分可以存放到加工厂，按照100斤稻子换60斤大米兑换，农民随时可以来取大米，加工厂和农户各持一个账本记录。粮食加工厂的兑换模式在当地较为普遍，因此，当地农民除了山区少数老农，绝大部分家里都不存粮，直接到加工厂兑换即可。当地加工厂收粮食的主要渠道为本地的粮食贩子和农民的兑换储存。

自从推动土地流转之后，大量的小农退出生产，小农与加工厂的兑换行为也就终止了。这些种粮大户(家庭农场)因为家里的粮食无法进行晾晒、收储，都是直接从田间收割后拉到加工厂销售，让加工厂烘干、加工，根本就没有粮食经纪人的生存空间了。加工厂更愿意直接与大户沟通，联系一个大户后，就占据了一个生产队的粮食市场。大户也愿意与加工厂直面接洽，但往往会在稻谷水分、杂质的扣除比例上争论较大，大户们觉得吃亏。

正如平村的刘正勇说的，“加工厂在水分测量仪上做手脚，你也没办法，你又不懂，由他说，10个水分点，还是12个，只能由他说。我收的都是湿稻子，几百亩(地)，家里根本不可能晒干去卖，再说你都请了拖拉机、卡车拉到加工厂了，他说12个水分点，10%、8%的杂质(正常一般是3%～5%)，你难道不卖，又拉走，来回运费都不少了。加工厂就那么两个，拉到哪一家都差不多，你能不卖吗……我啥时候都没卖(到)过国家保护价嘛，保护价都是保护加工厂的……”

伴随大户的兴起，当地粮食收购业务逐渐被垄断，加工厂的竞争也非常激烈。李氏加工厂是当地最有实力的企业，占据平镇粮食收购市场份额的一半以上。后来，居于平镇粮食收购主导地位的三家粮食加工厂开始联合压价，在水分、杂质扣除方面逐步统一比例，压低大户们的粮食价格。由于当地大户自己基本完全没有仓储、烘干设备，这方面只能将利润让渡给加工厂。但是，2013 年的秋天，平镇一个外地来种田的巢湖市人，通过其朋友网络，暗地里叫来了一个浙江省的老板收购粮食，一样的水稻，每斤比平镇的企业给出的价格高出 0.2 元，一担(100 斤)就要高出 20 元，这对大户来说，是一笔不小的经济账。当时在大户之间传开后，在连续 3 天时间里，大户为了将粮食卖给浙江省的那个老板，纷纷快速收割，联合起来，互相免费租借收割机，甚至有些提前加班收割，3 天时间，这个老板收购了平镇约 30%的粮食。李氏加工厂知道此消息后，联系朋友前来骚扰，并暗地里在夜间找人扎破其拉粮食的卡车的轮胎，阻拦其收购行为，后来浙江省的老板被迫离开，之后再也没有外地人来此收过粮食。地域性的市场，并不是自由的竞争市场，而是有诸多社会因素影响，并受其制约的市场。

大户直接售卖粮食到加工厂后，乡村普遍的粮食经纪人逐步消失，但这完全不利于山区的小农户卖粮。在山里面渣尺组的老种田户渣大爷讲述，他们那片山里面的田没有给大户。他种了 3 家人的田，共 27 亩。早稻 10 亩，晚稻 20 多亩，冬天油菜有 5 亩。自家嫁在镇里的 2 个女儿，县城的 1 个女儿和 1 个在县城里陪读的儿媳妇，4 个家庭全年都不用买大米，都是他们定期回来取或者他有时间往城里送。家里的鸡蛋、蔬菜，他也是主要供儿女们食用。2013 年 11 月，家里的晚稻全部收割了，加上一些早稻，共 3 万斤稻子，晒干堆在家里一个多星期了，还没见人(买稻子的粮食经纪人)来收。他有些担心，怕人来偷，两个老人在家没办法，就给城里的儿媳妇打电话，让她回来帮忙想办法卖粮食。最后还是 2 个女儿和女婿开车回来帮忙联系人卖的粮。

粮食经纪人的消失，对山区一些种田老人来说，实属不方便，出现了卖粮难现象。加工厂没有人手和精力来针对小农户进行收购，也不愿意花费这部分成本。而且这些零散的小农户在卖粮食时，也会遭受不公平待遇。即使他们的稻子是晒干的，而且是经过了手工过滤的干稻子，达到了国家储备库的标准，当地加工厂会给予略高于大户的价格，1.2 或 1.3 元/斤，也无法达到国家的粮食保护价。

农资供应和粮食销售是与农业生产相关的重要社会化服务，与之相关的还有乡村的农机手，现在大部分大户都买了大型机械，对农机的市场化服务需求逐步在减弱，职业农机手要么改行，要么包地，扩大经营规模，提高机械的利用率，自己当农场主。为小农体系的农业生产提供社会化服务的农资店、粮食经纪人和农机手等，他们的消失是农业生产形式改变的结果，他们都是乡村社会的中间阶层。与之联动的效应是，平镇很多相关的零售服务行业因为土地流转后，乡村的人口大量减少，老年人的消费能力有限，也在大量萎缩。比如服装店、饭馆、早餐摊、水果摊、超市、煤气罐店等，他们的客流量和销售额近几年都在大量下滑。首先，土地流转后，人口少了，自然需求减少了。其次，平日留在农村的都是老年人，消费能力有限。最后，一些原本务农的家庭在土地流转后，货币化消费压力增加，手头更是紧张。早餐摊从之前的 4 个只剩下桥头的 1 个，拥有 10 多个小饭馆的小镇，如今也只剩下三四个，超市亦是如此，生意冷淡，门可罗雀。另外，镇上的农贸市场由之前拥有 40 多个摊位变成现如今零零散散的 10 来个。在镇上经营各种零售行业的店家都反映，土地流转后，生意清淡了许多。最大的问题是没人消费，而且这种乡村市场的凋敝意味着以此为生计的一大批小商小贩只能关门或者改行。因为增减挂钩、土地流转或主动在镇里购房的农民也由于没有就业渠道或生活来源而外出寻求生计，全镇新开发的 20 多栋居民楼大多都处于空置状态。

以小农为核心的农业生产形式，在经过土地流转后转变成高度资本化、商品化、规模化经营的家庭农场时，不仅围绕农业生产的社会化服务体系瓦解了，而且围绕小农体系的社会服务群体也丧失了生计，农业生产形式的改变使得乡村社会当中大量为小农服务的中间阶层在逐步消失。例如上文提到以基层市场为核心的小商小贩在土地流转后，都面临生计窘迫的问题。土地流转后的规模化经营在逐步替代小农体系的同时，也逐步瓦解了依靠小农体系生存的广大乡村市场服务主体。他们依靠自己的劳动和为小农服务谋求生计，与小农生产方式是一套自洽的运行体系。从以上来看，以政府开启现代农业项目的土地流转为核心推动的农业转型不仅在农业生产方面大量挤垮了乡村内生的“中农”，而且也使得在乡村基层市场体系当中作为乡村社会活跃的中间阶层群体的生计来源丧失。内在的农业生产形式改变带来的农业转型重塑了乡村既有的社会结构。在平镇的表现就是大量的中间阶层消失，转变成为少数家庭农场主群体和大多数无所事事的老人，二者所共享的“农民”符号早已截然不同，所处的社会位置也是天壤之别。

大资本愈来愈趋于垂直集中的生产链控制方式逐步渗透商品化的农业生产当中，替代之前为小农服务的个体化的小商小贩的，是越来越多的为大资本所控制的农民合作社，即乡村农民和学界广泛所知的伪合作社（张颖、任大鹏，2010；应瑞瑶，2002；冯小，2014）。无论是生产、销售，抑或是提供社会化服务的农机合作社，普遍是以“农民”为符号建立的伪合作社。平镇的农机合作社便是当地龙头企业名下的一个部门成立的机械化服务部。而且这个合作社的多台大型设备和农具均是国家政策和项目支持下的成果。自2008年成立农机合作社以来，一直是龙头企业独享合作社剩余，并未形成与合作社成员的分利机制。原本这个伪合作社就不存在合作社成员，而是名副其实的大资本企业。大资本企业对农业外围生产环境的渗透深深地影响了嵌入市场商品化生产中的家庭农场，日益将商品化的家庭农场纳入垂直集中的控制方式之下，使大资本企业便于进行资本的积累。

## 第五节　小结：资本驱动的去小农化

平镇以家庭农场经营为主体的生产系统在逐步取代之前散户经营的小农体系。在政策支持和项目资源分配时，地方政府重点关注新型经营主体，形成政府支持大户的局面。在地方政府培育“种粮大户”的过程中，并不是所有人都能晋升为家庭农场主，只有村庄的极少数群体能成为家庭农场主。而且很大一部分家庭农场也是处于被剥削的地位，只能承接工商资本无力经营而进行转包的土地。在土地流转中，总是有错综复杂的权力与资源的支配，机会并不是平等地分配在每一个农民身上。土地流转制度的设计为我们了解农村的分化提供了很好的窗口。从政策设计上，土地流转制度设计意味着乡村的任何主体都可以承包农田并从中获益，但是每个农民所拥有的资源和社会关系不同，关键在于那些拥有更多资本和社会关系的农民能够更好地应对规模经营带来的风险。但是一些贫困的农民、有耕作经验的农民在这样的制度设计下，是无法继续从事农耕的，只能被迫退出农业生产。因此，边缘化的小农或者中农都会逐渐退出农业生产，进城务工，成为社会的半无产阶级。

即使成功晋升为规模化经营的家庭农场主，也会因为农业生产的市场化和农场再生产的商品化关系而处于农业产业部门的最低端，在种植管理环节中处于被压迫、被剥削的地位。农场产品的价值需要依靠市场的交换关系来实现，而且，嵌入国际市场的国内粮食市场价格很难持续走高，虽然在政府的干预下保持相对稳定，但是家庭农场主仍然要面对稻谷的地方市场，深深嵌入各种权力关系的地方市场才是他们面临的市场。因此，从市场关系来认识，农业生产的商品化和农场再生产的商品化关系使得家庭农场主也在农产品交换市场中处于被挤压、被剥削的地位。家庭农场主只能在亩均收益下降的情况下通过扩大规模来实现总收益的增加，这是农业产业链的驱动，换句话说，也就是工商业资本的组织和控制方式在驱动生产环节的变革。资本对农业产业的渗透挤压了农民的收益空间，从种子、化肥、农药、机械收割、粮食烘干、初级加工等环节开始，全部成为工商资本的利润范畴，仅仅只剩下田间管理留给了家庭农场。高价值和低风险的环节被资本吸纳，只剩下低价值和高风险的田间作业留在了农村。

尽管政府培育了一批新兴的家庭农场主，但由于其内在的商品化经营，也免不了在市场中处于被剥削地位。家庭农场的发展并未如经典马克思理论所预言的那样直接无产化，也未按照恰亚诺夫所言的农民自我剥削而实现的消费与劳动呈现均衡状态的特殊经济形式一样持续发展下去。在新的社会经济环境中，资本并未通过水平集中的方式来瓦解家庭农场，而是通过垂直集中的方式重塑家庭生产组织形式，将之再造并加以市场整合再利用。在资本化因素渗透农业的过程中，家户式生产实现了生产商品化和市场标准化的改造，能够更有利于资本市场对家庭农民的压榨和剥削，使之成为与资本市场运作方式相共生的一个系统，并且存在于家庭生产与资本的市场支配及分工的运作系统中。家庭式生产与资本主义生产的关系是新形势下资本的控制与家户式生产“依附”资本的关系，家户式生产成为资本市场垂直集中控制下的积累环节。这也正如武广汉(2012:101)的研究指出的，依照农产品的商品化率，家庭农场的生产独立性掩盖了市场的依附性特征。概而言之，即独立的家庭式生产依附于资本的实然状态，其生产的自主性也在逐步消退。在这一进程当中，现代化的技术和大规模的水利灌溉、储藏等投资逐步左右了农民生产的外部条件。作为主体的家庭农场虽然保有直接生产者的外貌，尚未与生产资料分离，但其实已经因为生产的商品化和农场的高度资本化，牢牢受到资本的控制。资本的垂直控制和整合由农业企业延展至农业生产，成为整个农业体系的支配角色。垂直整合的资本通过对生产链条的控制将分享中间利润的乡村农民的利润挤压到最少，这种控制几乎囊括整个利益链条。

一旦陷入商品化的再生产关系之中，就难以摆脱依附于资本的命运。从生产资料和粮食销售的前后端整体来看家庭农场的命运，资本还未直接参与生产的田间作业，但是资本对农业生产过程的控制有多种方法，比较常见的就是储藏、运输以及市场的交换，使得农业利润的实现即农民的劳动时间非价值化。农民即使表面维持着分散和独立的生产者样貌，但是实际上已经被纳入了一整个从上而下的垂直整合的大经济体内。

从乡村社会来看，生产组织形式的改变也重塑了乡村的生产体系和社会结构，以小农为核心的生产体系和社会化分工被打破，服务于小农体系的基层市场主体也因生产形式的转型而被瓦解。平镇，这座拥有 3 万农民的乡镇，仅仅只剩下 100 来个家庭农场和少数无处就业的闲散老人。中间阶层的逐步消失也瓦解了一个逻辑自洽、运行有效、提供丰富多样的生计的小农体系。同时共享“农民”符号的社会群体早已分化成为资本、阶层地位悬殊的差异化群体。不仅如此，作为乡村主体的人都已被迫离开自己的村庄社区，将来会剩下只有农场主而无农民的村庄。

# 第五章 农业去小农化与乡村社会的变迁

皖南平镇的农业转型是在农业经营方式上实现了结构性的改变，由自给消费型的小农家庭经营模式向商品化、专业化和规模化的家庭农场生产模式转变，催生了一个富有活力的家庭农场主阶层。

从前一章的分析来看，平镇的农业转型主导趋势已经形成，其主体是资本化的商品化家庭农场，这些农场的生产及其社会再生产已经深深融入高度竞争的商品化关系之中。随着商品化的进程和农业生产形式的变化，平镇去小农化的趋势和格局渐趋形成。虽然小农模式的家庭生产的解体和小农分化日趋明显，但是在商品化的进程中，不同类型农民的命运是会截然不同，还是会有某种趋同呢？另外，面对这样的农业现代化方向和政府的干预，去小农化的改造对于农业本身而言，到底是农业的发展抑或是倒退？这给整个乡村社会带来了什么影响？本章重点分析农业转型结果及其对乡村社会的影响。

## 第一节　殊途是否同归？遭遇商品化的农民境遇

前文的描述已经分别分析了 20 世纪 80 年代后期皖南平镇所经历的市场化的发展进程。从劳动力流动到土地流转，即劳动力商品化和土地拟商品化的过程中，不同农民的家庭生产在这一商品化进程中有的解体，有的升级成为当今资本化的商品化家庭农场。纵观平镇的农业转型过程，可将其分为两个阶段：一个是劳动力商品化阶段的农业“去过密化”过程，另一个是土地流转阶段农场主的快速兴起过程。代际分工模式下半工半耕的农民家庭的生计受到来自商品化的压力，同时新兴家庭农场的社会再生产已高度陷入商品化关系之中，若是从商品化的视角来分析，他们都不同层次地被逐步锁入商品化关系中，在这个现代化浪潮中均难以独善其身……

### 一、人口流动：劳动力商品化

平镇的农村外出劳动力在 20 世纪 80 年代后期逐步增加，几乎达到总人口的 1/3，这得益于长江中下游地区的位置优势，比邻上海市、南京市，属于经济发达地区，商品化程度高，非农就业机会多。劳动力的商品化进程确实很大程度上影响了小农经济，即前文概括的推动了“去过密化”的农业生产的发展，同时也带动了农业资本的增加，即小农家庭农业投资的增长。农民家庭外出打工的多种收入支持了家里的农业生产和消费支出，即农民兼业化一定程度上促进了中国的乡村发展(Ploeg J. D. van der and Ye Jingzhong,2010)。依据黄宗智对明清时代华北地区和长江三角洲地区的农民经济的研究发现，商品化进程对这种经营式(依靠雇工的)农业有相互矛盾的作用，既可促进，又可阻碍经营式农业的发展(黄宗智,2006b:73)。在华北平原，商品化进程确实在一定程度上促进了经营式农业的扩展。然而，在商品化程度远高于华北平原的长江三角洲地区，研究涉及的8个村庄几乎无一例可定性为经营式农场，即靠雇工(通常3个雇工或更多人手)维持的农场(黄宗智,2006b:58～59)。商品化的发展反而巩固了小农家庭，即生产的家庭化。因为经济作物和手工业扩展所需的劳动力主要来自家庭的辅助劳动力。在这个商品化进程中，妇女和儿童更多地分担了生产活动，形成农村生产的家庭化(黄宗智,2006b:44)，所以黄宗智认为，商品化带来的并不是小农家庭生产单位的削弱，而是它更充分的完善和强化。商品化非但没有削弱小农家庭生产存在的基础，反而刺激了这一生产的发展，并使之成为支持商品化经济的基础。正是因为农村生产的家庭化和商品化的发展是相互关联在一起的，所以中国农村集体时代的工业化发展是不含城市化的工业化(黄宗智,2006b:291)，农民仍被限制在村庄里，结果出现了大量半农半工的村庄。这些被称作“离土不离乡”的工人是中国发展得最快的群体，由于资本和报酬的不同，获得工作的难易程度和职业的社会地位不同，每个村庄都有区别精细的职业等级，由高到低排序，首先是工资和福利较好的国有企业，公社和乡一级的单位，再次是大队或行政村办的企业，最后就是种地，又苦又累。这种分化悬殊的职业等级观念已经主导了新时期农民的价值观。当时国家的具体政策上偏重城市和城市居民的发展，使得生活在这种等级社会结构中的农民，无一例外地认为农村生活远不如城市，离开农村进入城市工作成为许多青年的奋斗目标。因此，人们将这一时期及之后的半农半工村庄归结为国家政权强制下的产物，认为这种半农半工村民的"二等公民"地位，就像村办和乡办企业的二等地位一样，是工业发展的亦喜亦忧的结果。喜的是，长期以来农民有机会摆脱农业生产的过密化，令人担忧的是，它把农民地位降低到社会经济阶梯的最底层（黄宗智，2006b：299～300）。

延续上述已有的认识路径会发现，平镇20世纪90年代中后期的劳动力流动范围早已超出村庄、乡土社会，跨越地域，他们的就业不再是集体时代嵌入乡村生活的工业就业劳动形式。他们的跨省流动早已受到国家（或私人）资本的投资驱动效应影响，比如广东省沿海制造业的大量流水线工人是早期平镇农民工的主要职业，他们都是资本工厂的劳动者，而早已不再是集体时代国家再分配逻辑下的国有或集体工厂职工。大量的中小企业是农民主要的就业渠道，但同时中小企业无法提供正规的权益保障，因此，农民工大多处于非正规化的就业状态。非正规就业使得他们的劳动工资无法满足家庭全部成员的城市消费需求，他们的劳动力再生产必须依靠农村的生产经营活动，即靠家里老人的农田收入抚养小孩。农民工在非正规部门就业的临时工状态完全不同于集体乡镇企业的正规职工，因此农民工的职业分化并非如国家政权组织下的国有、乡办、社队企业中职工的分化一样。农村流动人口的就业方式更多受市场资本的空间分布影响，即使家里保有一小块土地，也仍处于非正规就业的低工资状态中，形成黄宗智（2006c）所说的半无产化工人。按照一位马克思主义学者所言，半无产化工人在世界范围内长期存在，是资本原始积累得以长期延续的一种表现，也是资本家阶级的一种最优雇佣策略（Wilson T. Diana，2012）。资本的市场逻辑已经完全替代了国有或集体企业的再分配逻辑。相比集体时代，人们急于跳出农门，千方百计寻求农业外就业，是为获得更好福利待遇和更高社会地位而言，资本驱动的市场时代，农民工外出就业、哺乳期妇女丢下小孩进城工作完全是生活货币化压力所致，其意义与集体时代的非农就业追求早已不可同日而语。

由国家政权制度下的再分配逻辑所产生的劳动力分布，后续的研究将其称为非商品化的劳动力。直到后集体经济时代，市场经济发展之后，中国才广泛拥有商品化的劳动力。孟捷和李怡乐(2013)依据出卖劳动力的人口数量和占总人口的比重、雇佣合约的性质和稳定性、工人组织化的程度和谈判权力的大小，以及国家所承担的工人的社会福利和社会保障四个维度分析中国劳动力的商品化时，主要是分析20世纪90年代中后期，传统单位制彻底解体之后的广泛商品化，核心是劳动关系的市场化和契约化的扩展。这一时期的重要特征是农民工的数量持续增加，农民家庭再生产对工资性收入的依赖度越来越高。劳动力由于商品化发展成为马克思理论意义上结构完整的产业化后备军。农民家庭参与市场，劳动力进入市场获取工资性收入。自2013年开始，农民家庭的工资性收入首次超过了家庭经营性收入[①]。换言之，长时期以来，农业经营性收入仍是农民家庭的重要支柱，是农民家庭抵御商品化压力的最后保障。

因此，农村劳动力频繁地在城乡之间流动，但农民彻底抛弃土地的进程依然很漫长。平镇虽处于上海市、南京市、浙江省经济辐射带，具有较好的区位优势，但是农民的非农户口转移依然较少。户口转为城镇居民的绝大多数都是大中专院校录取的学生，另外便是当兵退伍后的职业军人。其实就业于非正规行业的农民工很难彻底离开土地，成为市民。农民家庭的社会再生产依然需要靠留守人员的农业经营性活动的收入来维持。所以，在村庄内部，因农民生计多样化、兼业化等带来的分化，均是以务农收入和非农就业为核心指标的，已有研究将其分为纯农户、兼业户、半进城户、进城户和不务农的在村户等几大阶层(孙新华，2012)。纯农户是指家庭收入完全来自农业的农户；兼业户则是指经营土地兼外出打工或经商的农户；半进城户则是指因家庭生命周期特征而呈现暂时性全家外出打工，脱离农业状态，但并不能在城安居的农户，一旦遇到风险或者年老则会返回农村成为兼业户或纯农户；进城户则是已经通过务工、经商或者考学等方式在城市安居乐业，成为城市居民的人；不务农的在村户则是脱离农业，依靠乡村的非农机会(运输、经商等)维持生计的农户。依据

---

① http://jingji.cntv.cn/2013/12/27/ARTI1388100975395840.shtml，经济日报，2013年12月。据报道，2013年我国农民收入结构发生重要变化，工资性收入首次超过家庭经营收入。

生计对农民进行划分，比较具体地概括了在劳动力流动阶段的农村分化状况。

在分化的群体中，纯农户和进城户均占少数，而且这两个群体都可能因为家庭生命周期而发生变动，可能因为进城打工中的挫折和风险（工伤）而滑落至纯农户，而那些兼业户或者半进城户也会因为收入的稳定性增加而成为进城户。所以进城户、半进城户与务农户之间因为家乡土地的联系而自发形成了一种动态的平衡，即土地在农民之间、亲族之间灵活而互惠性地自发流转。当然，其本质是因为农民外出打工就业具有高度不稳定性，而且工资水平无法满足一个家庭顺利完成社会再生产的需要。农民家庭内一些成员外出打工或经商，一些成员在家务农。务农的经济和社会活动最大限度地抵御了劳动力商品化的风险。位于商品化程度较高的长江三角洲下游经济辐射带的平镇，因为区位优势承接了一些剩余产业，带动了部分本地的非农就业。这种本地就业的家庭与外出打工的半进城户都给土地减少了人口压力，农业出现了“去过密化”的发展契机。

正如第一章中详细分析的非农就业促进了农业资本化的发展，即使小规模农户家庭的农产品仍然主要是以自家食用为主，部分商品化，但农民的生产资料和消费资料大部分需要依赖非农活动的货币化收入。虽然留守农业主体仍然延用小农生产主导的家户式生产模式，但是这种小农生产已经深深嵌入市场和劳动力商品化之中。正如任守云(2012)的论文研究中详细论证的生产资料、消费资料、种植活动都已受到了市场的影响。但是农民家庭整体的社会再生产依然还是由非商品化关系所主导的，即依靠地域性的亲族社会关系以及集体分配的土地，只是受到市场和劳动力商品化的影响。

因此，人口流动阶段的家庭农业在提高了农民家庭生活水平的同时，仍然以小农生产模式为主，恰恰是小农生产活动极大地缓解了生活资料商品化的压力，但农民家庭已经不可避免地受到市场和劳动力商品化的影响。在由国家再分配逻辑向市场分配逻辑转变的初期，农民群体已经出现了初步的动态阶层分化。同时非农就业、劳动力流动以及农村的优秀劳作者(例如中农)也在不断地自我积累，形成乡村社会中的富裕群体。还有少数外出务工者，顺利实现了在城定居，从纯务农户、兼业户与进城户的比例来看，乡村的贫富分化状况在逐步凸显。

## 二、土地流转阶段：土地拟商品化

当农村大量的人口流动，呈现全面的“留守农业”状态时，政府开始快速推进农业现代化，用大量的项目绑定推动土地流转来实现农业规模化经营。在乡镇范围内，实现土地指标的有价流转，这可等同于将农民的土地进行有限的商品化，即本书所指的土地拟商品化。土地流转的范围已经完全超出了农民生活共同体的小组或村庄范畴，实现了跨村流动。从土地流转在平镇的规模和比重、土地流转合同的契约性质，及土地附着的社会保障作用这几个维度可简化地将土地流程等同于土地的拟商品化(当然不能等同于商品交换意义上的所有权交换)。平镇已经实现了全镇76%的土地的规模流转，而且土地转让方的农民和接受土地的经营方均已签订了规范的土地流转合同。农民根据“虚拟确权和两次流转”的方式可以将土地指标在全镇范围内实现有序转让，农民享受固定租金，而且土地流转使得土地已经完全沦为了一种单纯的生产要素而发挥重要作用。土地逐步脱离村庄社区共同体的伦理、情感关系，成为在一定地域内可交换的商品。

当然，农村家庭成员外出打工，在劳动力商品化影响下的农民分化，也成为这一时期政府推动土地流转的社会基础。不同农民对土地的生计依赖在同一时段则不同，因为农民家庭所处的生命阶段有差异，而且农民的决策又是在政府的强大动员力量之下的结构性压力中作出的选择。土地流转结合已有的农民分化和土地自发流转的社会基础，再加之自上而下的国家动员力量，瞬间掀起一种新的社会运动浪潮，即土地流转运动。农民手中的土地可以放到政府干预的土地流转市场进行商品化的交易。地方政府基于自身财政运作逻辑实施的农业现代化项目加速了农村土地拟商品化的进程。将农民家庭仅有的可置换、可交易的资源——土地和劳动，当作生产性要素推向市场化浪潮当中，一方面是在提高农民收入的话语下，解决农民的后顾之忧，让农民全心全意地在劳动力市场上就业，增加农民收入；另一方面是在现代农业增产、保证粮食安全的话语下，大力投资农业现代化项目，培育新型资本，推动远不如小农家庭农场生产力的资本化农场。政府的项目和政策干预使得农民家庭以及农业生产进一步地融入市场，进一步锁进商品化关系当中。

转让土地的农民只能全家外出打工，成为工商企业当中的无产化劳工，成为国际资本在全球市场空间修复的产业工人。同时，他们又因为附带着“农民”的身份而无法同等享受国家提供给城市产业工人的待遇和福利，处于“二等公民”的地位（黄宗智，2010）。当他们面临就业和创业风险，社会流动挫折和失败时，深陷于市场化浪潮和商品化关系中的农民已无退路，再也无法回到可以抵御商品化压力的农业耕作活动当中。因为农村的生产经营体系已经发生了重大改变，从农业生产的基础设施、农业生产的社会化服务，到地方政府塑造的农业经营体系，已经发生了结构性转变，返回的机会和空间虽有法律性的制度支持（即享有土地承包权），但实践状态中普通农民所享有的农耕活动空间（农耕水利系统、农技社会化服务、生产资料和粮食销售市场）已被农业生产的外围环境所压缩、排斥。

在地方政府基于项目财政的运作逻辑下，平镇在实施全方位的现代化涉农项目时实施了土地流转政策。国家政策将农民土地的集体所有权、农户承包权和使用经营权进行三权分离，虚化集体所有权、物化农户承包权、强化使用经营权的改革方向，已经使得农民的土地承包权具有了转让、交易的流动空间。在土地流转的地方市场当中，农民的土地承包权（除受地理等自然环境因素影响外）可以自愿转让。这些流转土地的方式使得享有土地使用经营权的家庭农场主抑或企业公司可以完全与转让土地的农民毫无任何关联。根据政府制定的合同契约，在理论上可以使得转让土地的农户依据契约年限收回土地经营权，但在实践样态上，农民享有的农耕空间会出现各种问题。当然这里的土地流转市场不能完全等同于抽象的、受价格供求规律制约的、完全竞争的市场。但是承包权和经营权的分离与转让，适应了旧的制度和新的政策，同时也满足了乡村富人或城市老板投资土地以及农村家庭外出打工的需要。经营权的交易和转让变得越来越自由，可以说，土地流转政策大力实施后，乡村社会几乎形成了一个自由交易土地经营权的市场，经营权可以像股票或者债券一样买卖。这与谁拥有承包权和谁实际使用土地已经毫无关系，大多数村民对土地经营权的转手(即上文提到的一包农户向二包农户的转手)一无所知，也毫不关心。农村土地的经营权转让也逐步远离了村社习惯，以及同族、邻居优先的社会关系的制约，愈来愈受租金高低的影响。土地经营权的转让逐步让位于货币交易，跳出社会关系的制约。

从上述土地流转本身的性质可以发现，土地经营权转让越来越脱离农民的社会关系制约，越来越趋于成为一种生产要素在农村市场当中进行交易。所以，那些农场主从土地流转市场通过竞价获得土地时，已经注定了土地作为一种商品性要素融入自己农场的生产循环系统当中，必定要将购买的土地进行成本-利润的生产。农场生产的基本生产资料——土地，已经作为一种商品引入农场运行系统，那么农场因为市场生产的商品化属性就无法脱离市场竞争进行生产。作为生产商品的家庭农场在生产资料和产品销售环节均陷入具有市场竞争的商品化关系之中，必须遵从资本的积累投资原则来参与市场竞争，遵从优胜劣汰的丛林法则。市场中的机会并不是完全均等化地分配到每一个人身上，占据市场有利机会需结合自身已有的社会资本要素。又加之当前农业生产很大程度上受地方政策的影响，但是政策的福利和相关补贴并非每个主体都能享受到，这也加剧了竞争中的分化。

参与市场竞争的商品化的家户式生产，还受影响市场竞争力的社会资本差异的制约，其具体是指除农场经营能力之外的社会因素，主要包括争取到的国家支持的农业补贴以及项目资源，另外还有乡村社会经营活动中所需的社会关系，这些都是农场在市场竞争中保持优势的重要资源。中农户、农民农、村干部家庭农场，抑或名实不符、实为企业的家庭农场，这些不同的商品化家庭农场拥有不同的社会资源。在获取地方政府的政策支持和良好的农业生产环境方面，差异较大。家庭农场主群体中的一些没有资金实力和社会关系、无法独立承包土地的农户，靠其丰富的耕作经验成为企业的代管户或者企业的合同农户，一部分选择与大资本的企业农场主协商，从其手中接管土地，向企业承诺水稻丰收后售卖给企业，从而置换一部分可以缓缴的土地流转金来承包土地。部分想种地而没有资金缴纳土地保证金的中农户便会找企业协商，成为企业旗下的合同农户；或者是成为企业的代管户，分管100～200亩土地，从生产、收获开始，全程负责，企业垫付一切经营成本，最后结算分得部分利润。后两种均类似于张谦(Zhang，2012)提到的合同农业和陈义媛(2013b)研究的代管户，虽表面上是保持着“家庭”外壳的家庭农场主，但实质上这些农民无异于契约化的雇佣劳工。

另外，那些从企业手中接包土地的作为二包户的农民农群体，在转包过程中，往往需要加价(60～80元/亩)。农户只有承担了高额的土地租金，才能获得独立经营地位。他们不同于合同农户和代管户(即本质上属于企业的工人)。拥有独立经营地位的二包户付出的代价是不仅要承担高额租金，还无法享受到地方政府提供的60元/亩的农业补贴。因为在当地政府的管理和监测系统中，没有他们的信息。外地人来本地经营农业，实质上作为二包户，所承担的高额租金等同于购买了一包户(企业)的庇护关系和稳定的合同关系。同时还可以从一包户那里赊购部分农资，等作物收获后再结账，缓解了部分资金压力。二包户在生产领域的独立经营地位是以牺牲自己的权益(农业补贴和政府政策支持)和承担高额租金为代价的，这使得作为一包户的企业成为当地的食利阶层。这也使得一些工商资本不直接干预生产过程，通过维持家庭农场的形态获得超额利润。如此，村庄中拥有实力和社会关系的农民才当得了规模经营农场主。作为村庄精英的农户，一是有实力承包土地，二是有机会获得土地。他们有一定的家庭盈余和积累资金，能够承担流转土地的保证金。其实更重要的是他们依靠自己的人脉关系，能够获得政府内部的一些政策信息，获取相关的政府项目、补贴或者政府服务等。

虽然这些商品化的家庭农场保持着其家庭生产组织形态，家庭经营形态的耕地面积约占平镇耕地总面积的80%，但其群体已经分化为企业的代管户或是合同户，成为资本积累链条的一环，抑或成为受土地食利阶层剥削的二包户。只有拥有社会关系资源和经济实力的精英农户才能获得独立的家庭经营地位。诸多中农户或者农民农因为权力、资本或身份资源的不足而成为二包户、合同农户、代管户。虽然他们保持着家庭经营的外壳，但是笼罩在资本主义生产方式的企业控制之下，形成异于经典农业资本主义理论中雇工经营的异象，其本质上仍然遭受着裹挟政策支持的实为食利阶层的涉农企业和工商资本的压榨与剥削。这些少数食利阶层一方面压榨二包户的农业利润，一方面截获本应由种田的二包户享受的农业补贴，在挤压耕作农户农业利益的同时，还享受着地方政府的多层政治光环。

不仅如此，在政府引导资本下乡的大规模土地流转中，企业依托农业现代化政策在原本利润空间较小的农业领域与处于弱势地位的小农分一杯羹，挤占生产领域的农业利益。以土地流转为契机，推进资本化的农业生产模式，塑造了新的农利分配秩序的基础。不仅如此，随着土地流转而来的农业规模化经营的另一结果便是，平镇“小地主、大佃农”的结构生发出了新的农利分配格局。绝大多数小农耕种着约占40%的土地，这小部分土地处于全镇边缘，目前工程改造技术还无法使其平整的丘陵地区，其土壤肥沃程度和水利条件都远远劣于平坦地区的农田。按照农田生产量来说，小农所占有的都是生产量比较低、耕作条件差的土地，但恰恰是这约40%的土地养育着全镇的绝大多数农民。全镇近100个规模化农场经营近60%的土地，这意味着土地利润也在逐步集中。而规模化经营的农场主又分为食利阶层的企业、遭受压榨的二包户、靠社会关系和非农积累盈利的独立家庭农场。乡村农业生产领域的农利分配秩序存在以下两个转变。

一个是乡村内部农业利润随流转土地的集中而集中到少数精英农户

手中。土地流转使得土地逐步向乡村的社会精英集中。伴随土地的集中，农业利润在向乡村的中上层流动，这是乡村内部新的农利分配秩序。不仅如此，政府的下乡惠农支农资源也逐步以土地为鉴别标志，农业补贴明确规定向种粮大户集中。如此一来的联动效应便是附着于土地之上的有关农业的政策利益（涉农项目和惠农补贴）也在向乡村的社会精英集中。

另一个是涉农企业吸纳生产领域的农业利润，掌握大资本的企业使得商品化生产的家庭农场在粮食产品的市场交换时不再能够实现对等的博弈地位（黄宗智，2012a；武广汉，2012）。不仅如此，工商资本越来越明显的垂直集中控制方式与商品化的家庭农场日趋契合，使得农业资本更便于通过农业的产品交换市场获得农业生产部门的利润。这种生产转型的本质是，相对强势且占据垄断性的市场地位的大资本，使家庭农场主在农业产品的市场交换过程中的家庭自我劳动价值实现比例越来越低，最后导致农业利润逐步向乡村外流动。这便是当前乡村社会新的农利分配秩序，打破了原有农业生产中的农利归农秩序。

无论是劳动力商品化阶段的人口流动，抑或是土地拟商品化的土地流转阶段，都带来了村庄的农民分化，即加剧了贫富分化。其共同的特征和趋势是，小农家庭逐步被牢牢锁入商品化关系之中，市场关系的嵌入和非商品化关系的弱化共同降低了农民的自主性，增加了农民家庭应对危机的脆弱性。

## 第二节　发展抑或倒退：农业生产与农业治理的去小农化

回过头来看平镇的农业转型过程，在城镇化快速发展的背景下，大量农民劳动力受市场的驱动离开农业进入城市经济部门。培育新型农业经营主体，加快农业发展方式转变成为各级地方政府（特别是粮食主产区）治理农业的主要目标，按照现代农业的规模化、组织化、专业化和市场化的目标，地方政府以培育新型农业经营主体为抓手，着力推进土地流转以促进农业规模化经营。平镇农业变迁的整体性特征可概括为农业生产的去小农化和农业治理的去小农化。

## 一、农业生产的去小农化

按照国家政策主流话语的认知，资本下乡所推动的产业化农业，在理论上不仅可以提高农民的市场竞争力(尹成杰，2002)，可以提高农民的组织化程度(杜吟棠，2005)，也可以建立小规模生产与大市场的连接机制，实现公司与农户的双赢(万俊毅，2008)。然而，在现实中，正如平镇的资本下乡推动土地流转的整体结果一样，农民深深嵌入商品关系之中，农民生活的成本和生活压力全面增加。正如有关研究指出，资本下乡不仅不能提高农民的组织化程度，相反还会损害农民的利益，特别是弱势农民群体的利益，造成农民分化，使农民生活水平降低，将拥有土地的生活成本低的农民强制商品化，提高他们的生活成本(孙新华，2013)。资本下乡推动的土地流转剥夺了农民的最后生活保障，使得中国农业走向无地雇工的方向(黄宗智，2012c)。与之相对，持乐观态度的研究指出，资本下乡带来了新型的市场和技术，特别是促进了一些经济作物的种植和养殖业的发展，农户学会并提高农业种植或畜牧养殖的新技术，提高了部分农民收入。如云南省种植咖啡和花卉的农户，以及山东省养殖家禽和种植蔬菜的农户，他们都间接或直接地从企业提供的市场和技术方面得到了发展(Zhang and John A. Donaldson，2010)。围绕土地流转所培育的新型经营主体，如"种粮大户"，他们不仅被赋予保障中国粮食安全的任务，还承担着改进农业技术、推动农业现代化的职责(陈洁、罗丹，2012)。

与上述研究不同的是，笔者并不先入为主地进行价值判断，而是依据平镇的现实经验现象来认识伴随资本下乡而发生的农业转型。从客观现实来说，前文已经详细论述过，资本侵入农村，推进农业生产资本化、商品化的发展，同时也逐步从水平集中的雇工大农场转变为垂直集中的对生产链条的控制，整体提高了农业的组织化程度，但并未提高农民的组织化程度，增加了农业资本的整合力度，方便了垂直控制的资本维持其利润积累方式。

千家万户小农创造劳动价值和就业的农业部门转变为高度商品化和资本化的追逐利润的家庭农场主的“赚钱营生”，家庭农场主在政府的政策支持下，成为农业生产主体，推动乡村农业逐步去小农化。争论某种生产形式的优劣往往是对其相关的劳动生产率和农场生产率的考量，前文已详细论述，农业大镇的3.4万亩土地，由100多个家庭农场主耕作，劳均面积大幅提高，农场机械化和现代资本化要素大大增加，大量减少了每一单位农场面积的劳动投入时间，毫无疑问，农业的劳动生产率快速提高，但对于其是否代表了新型生产力，则有不同的认识视角。按照新近研究(伯恩斯坦，2011:21～22)，劳动生产率的提高与使用人体力之外的其他形式的能量有关，如役畜的畜力、拖拉机与联合收割机的内燃机动力等。因此，控制并且应用其他形式的能量能够使生产和生产率不再受到人们体力的限制，也使得相同数量的劳动者能够耕作更多的土地。而且，土地生产率不仅仅与耕作中使用的能量形式有关，也反映了其他“投入”要素的质量，如使用的灌溉技术、种子、肥料等。随着劳动生产率的提高，越来越少的农业人口能够养活更多的非农业人口。但是一定的农业产出，从能量平衡的角度观察，即产出恒定，提供一定能量(热量)的粮食需要消耗多少单位的能量(卡路里)。因此，“低投入”农业，如锄头劳作，比“高投入”的机械化农业更有效率，哪怕它的劳动生产率低得多。因此衡量生产形式适合与否，要根据一定自然条件下的环境考量。如果从土地生产率，即农场生产率来分析，毫无疑问，家庭农场将更适合中国人多地少的国情，以及可更好地保障中国粮食安全和人口大国的粮食自给。但是从农场生产率角度看，可以简单算一笔账。之前一家一户的小农，依靠非市场化就业的老人、妇女、小孩在自家的承包地耕作，依据当地平均生产水平，早稻800斤/亩，晚稻1200斤/亩。而当地的家庭农场普遍因为农忙双抢时节雇工不经济，劳动力成本高而放弃双季稻种植，采用中稻+小麦的种植结构，在他们粗放的经营和管理模式下，一亩田的平均产量，中稻一般为1000斤，小麦为500斤。粗略估算，一亩田大概要减少500

斤的产量。按照全镇流转土地的数据，以集中的2.6万亩土地估算，一年要减少1.3万吨粮食。不仅如此，土地质量的退化也在加剧：小农采取早稻+晚稻的种植结构，冬天还可以使农田休耕（当地方言叫炕田，就是在稻子收割后将田翻一遍，让其经受冬天低温的霜冻，减少来年的病虫害）；而大户采取中稻+小麦的种植结构，全年农田基本没有休耕的机会，家庭农场需要考虑每一亩田的收益与成本，不可能闲空土地专门休耕，其农场生产率明显低于小农耕作的。

从田间的农业生产来看，农业转型的结果是种田的人少了，机械增加了。劳动力的减少，是农业现代化的指标之一。然而与之密切相关的是，小户变大户的直接结果是粮食产量的下降。这并没有实现利用现代机械提高农场生产率，增加农场总收益的目标。如此看来，在平镇提高劳动生产率的现代农业只不过是将农业资源进行了社会再分配，并没有创造更多的资源总量和提高农业生产效益，只是将农村既有资源总量进行了再分配，将农业蛋糕进行再切割，其主要结果则是使资源往少数人群体集中。同时，将国家新时期的以土地数量为鉴别标志的输入式资源集中分配到少数人群体之中，即乡村的精英群体和部分外来投资商。

## 二、农业治理的去小农化

在与农业生产的去小农化相伴发生的过程中，政府在农业方面的社会公共服务也表现了相同的趋势。无论政府项目和政策的初衷是否如此，但是兴起的“大户”生产主体在与政府的互动过程中，逐步倒逼地方政府的农业治理目标逐步向这一群体聚焦，两者之间的互动和博弈共同推动农业治理逐步去小农化。

在第三章中提到了很多关于大户与各主体互动关系的表现，其背后的深层次原因是，土地流转产生了一大批“无农可务”的失业群体，他们是村庄中无法外出、只能留守村庄的社会群体。且由于土地流转过程中存在不同程度的“强迫”性质，特别是存在很多想种地却不得的农民，土地流转便产生了很多隐性的矛盾和对抗，这些矛盾和对抗直接表现为小农与这些新型农业经营主体之间或显或隐的冲突。

在粮食收获时节，农民在“拾稻穗”和做雇工过程中的“揩油”事件可以视为斯科特笔下农民的“弱者的武器”。粮食收获时节，大户有了新的“防盗”任务。据当地承包大户陈某讲，粮食收割季节，收割机收完后，需要小工（往往是当地的小农）把一袋袋的粮食装好，或是放到路边，或是搬到货车上运走，现成的一袋袋的粮食很容易被别人“搬走”。“明抢”显然是有违法律的，小农也有小农的“策略”，小工会趁劳动之机将一些装袋的粮食藏在隐蔽的地方，等到晚上再到田里去把粮食拖走。有的老太太也借着“拾稻穗”的名义，随便就从大户的稻田里割稻子，种粮大户们不敢得罪这些老年农民，只能寄希望于村干部恰当处理，否则后续的生产会面临很多困难。这些小农有他们自己的“策略”，“白天捡，晚上偷”，趁凌晨时到处“活动”。除了粮食，有的农民还“偷油”、偷水汞等。这些“偷盗”事件是伴随着土地流转而出现的，种粮大户认为防治“偷盗”事件是基层政府的职责，乡村组织必须回应大户的这些诉求，于是在粮食收获季节，乡村干部多了一项“教训”和“劝说”农民的任务。

除此之外，大户与小农还存在地权冲突。目前推动的大规模土地流转在一定程度上加剧了土地产权的复杂性。笔者在调查中发现，土地平整后出现了很多田埂、沟渠、道路边的小块废地，有小农认为这些废地不属于承包者，自己可以在道路旁、田埂边开荒。小农认为这不属于农田，自己可以耕种，因为未流转之前自己拥有这块土地的经营权。承包大户认为，既然土地已经完全再次发包，土地就不再属于小农，在合同期限内，即使是“模糊地带”的地块其他人也不能耕种。这部分作为小块废地的“公共地”成为一个权利的“模糊地带”，引起了大户与小农之间的矛盾。公共地上能否种菜，或者谁有权利种菜？在现实情况中，这些“模糊地带”有大户种之，也有农户种之。由于模糊地权产生的大小纠纷无数，为此，乡镇有专门的批文，“农户不准在田埂、沟渠和道路两边种植农作物”。镇里专门发文对此进行规范，但是纠纷依然不止。因“公共地”出现的土地使用权纠纷不计其数，也成为乡村治理的主要纠纷之一。有些村干部当然知道，这些“纠纷的产生主要是由于农民没有地种，为了生存和发泄心中的怨气而采取一些不和谐的做法”[①]。大户耕作过程中，很容易与农户发生冲突。而乡村两级秉持的原则是要保护大户的利益，说服农户不再种植农作物，无论处理生产内还是生产外的社会矛盾，都是以协调为主。由于这些大户已经成为本地农业生产的骨干群体，又是地方政府着力培养的新型农业经营主体，因而在纠纷调解中不得不以保护大户为标准，要为大户营造良好的耕种环境。

另外，再看农技服务方面的变革。土地流转培育出了新型农业经营主体，围绕大规模经营的一整套农业生产体系，包括道路、水利灌溉以及与生产密切相关的农技服务体系都发生了转变。在乡村消失了多年的农技服务体系为满足种粮大户的需求也逐步建立并完善起来，而且其目标由之前的“服务千家万户”变为今天的“只服务大户”。现在不仅仅农委系统和乡镇的农业综合服务中心，他们的服务对象是大户，甚至上至县农委，下至村干部，他们都有一套详细的大户数据资料。在测土配方、农药化肥使用技术、植保、优良品种选取等方面，都会对他们进行免费培训，而且还会定期向他们宣传和解释新颁布的农业政策。这些新型家庭农场主都与农经站和农技中心建立了稳定的私人关系，笔者遇到的很多家庭农场主都存有农机、农技站以及农委领导的电话，他们在遇到农作物的病虫害时，只要一个电话，便会有相关领导下来走访查看，给予指导性意见。而且这一连锁的实践变化是当地农业大镇政府的制度性规定和行政责任。地方政府将主要的人力、财力、物力投入到构建主要服务种植大户的服务体系时，原本主要服务小生产者的服务体系更加支离破碎、“线断网破”，普通农户的诉求很难得到很好的回应，他们不是“接线补网”，而是另起炉灶，构建了一套服务大户的农技体系，构成了“扶大不扶小、扶强不扶弱”的服务体系。

以农业补贴为例，除中央政府同意设立的农业综合补贴和粮食直补

① 牌村村书记对这些纠纷的概括，仅仅只是表达自己对待这类纠纷的个人观点和认识，不代表整个村干部群体或者乡镇工作人员的态度。

归小农户所享有之外，中央力推大户补贴政策，平镇和县政府还专门另辟地方财政分设大户补贴，分不同规模设置不同级别的补贴。按照100亩的规模种植给予每年每亩60元的补贴，500亩给予每年每亩80元的补贴。1000亩以上的补贴是每年每亩110元。不仅如此，例如当地2013年县级配给平镇的80万农业植保补贴，除了平镇政府服务经费所需的20万之外，往年是分发给各村级组织，由它们按照区域承担植保和一些公共生产服务。当大户知道这一信息后，认为其承包的农田早已跨越村界，要求其余60万直接发放给大户。最终县农委工作组为避免矛盾，直接将剩余金额全额逐一打卡分至“种粮大户”。当地具有普惠性质的农业贷款更是如此。在当地为农业设置的小额贷款普遍是考虑给大户，而很少会考虑给小农。2012年，上级分配到平镇的500万低息政策贷款，基本都由龙头企业和家庭农场获得，仅有5%～10%的比例分配到了普通农民的头上。龙头企业获取政策性低息贷款都会选择以政府部门作为担保人，将地方政府捆绑到自己的经营之中。

农业保险也是一样。在农业保险的理赔过程中，并非是依据保险的规章设置和程序，按照实际的受损和受灾程度来理赔，理赔的过程是一个博弈过程。2013年，当地冬小麦因为普遍的赤霉病，而遭受不同程度的损失，保险公司派人前来考察，核定之后按照受损面积的20%理赔。即如果大户承包面积为200亩，其中100亩受损，按照100亩的20%赔付，且100亩中的20亩按最高额度100%赔付[①]。但是当地大户普遍不同意，认为自己的利益受到了损害，因此联合起来找县农委出来协调。县农委工作人员迫于家庭农场主“群体上访”的压力，说服大户们不要大闹，劝说他们按照保险公司的赔付程序走。县农委在和13个大户代表谈判未果之后，只好要求乡镇领导和农经站出面协调。家庭农场主们要求按照承包面积的50%计算受损面积，而且依照受损面积统一给予70%的赔付

① 当地农业保险的保险公司不可能做到对每个农户的每一块地都去进行测量、查验，实际操作中只是按照区域代表性地查看一下受损程度，给一个统一的赔付比例。最高额度为100%，是按绝收赔付，320元/亩（小麦、水稻、玉米等作物不同，稍有差异）。

(即承包200亩，若有100亩受损，其中70亩要按照70%的额度赔付)，这一要求大大超出了受损面积20%的标准。然而在家庭农场主的群体压力之下，县农委和乡镇领导不得不多次找保险公司协商，保险公司最后无奈只得同意了这套赔付方案。可做对比的是，同一区域的小农经营虽然也都买了国家的农业保险，但未获得任何补偿，由于大户需求和压力较大，普遍将小农应得的赔偿在博弈过程中悄悄地转移到了大户身上。新型农业经营主体形成了能产生集体行动的"博弈集团"，就可以为争取自己的利益而同政府、保险公司进行博弈，甚至要挟地方政府，迫使政府惠农资源的分配原则向自己倾斜。

因此，从上述的农业补贴、农业政策性贷款、农业保险三个方面来看，地方政府的分配原则转向以大户为中心，小农则被边缘化。而且，目前政府的政策也在逐步将资源和项目向大户集中，有意边缘化小农，这一转变使得小农生产的外部条件进一步恶化。全镇出现的家庭农场已成为农业经营的骨干群体，他们寻求博弈、争取政府资源的能力更强，这使得地方政府不得不出于稳定地方产业的目的，将上述普惠性的项目过度叠加给"新型农业经营主体"。从政府的角度看，地方的公共服务通过多种不同的方式和策略在逐步弱化小农的生产支持。本应为大多数人提供的普惠性服务通过资源整合也变成了少数人的权利和利益。

为此，将视野转换到那些处于弱势群体的小农生产者，以他们为中心来分析其境遇。同样是为国家作贡献，为粮食安全作出巨大贡献的千千万万的小农在新的农业转型过程中被排挤，以致成为政府工作服务和惠农资源再分配(例如农技服务工作和农业保险)的盲点。代表广大人民群众的地方政府转变为"资本化企业"和"新型经营主体"的专业化服务者。农村生产方式和政府农业治理的去小农化，仅仅只是增加了部分精英群体和资本化企业的收益，而并未增加大多数以农为业的真正农民的收益，也并未促进他们收入的增加，反而使得大多数普通农户更深地陷入市场和商品关系中，使得生活更加拮据，成为当前转型浪潮中真正的脆弱性群体。

## 第三节　农业转型:农村中间阶层的消失与农民分化

皖南平镇经历了从小农到资本化大农场生产、家庭农场生产形式的变迁。土地耕作面积的集中、生产主体的更替、地方政府的干预再造了农村的经营体系,使得围绕小农体系运行的多种生计方式也逐步消失,依靠这些多元化渠道和兼业化生计获取收入养家、完成家庭再生产的农民群体也逐步被挤出小农体系……这在乡村当中普遍存在,虽然他们并不以农业生产为主业,但是生计方式是依靠为小农服务,依靠小农体系生活的。他们是勤恳劳动、依靠小农的地方市场交换,分享农业资源且生活在农民社区当中的小商小贩群体,属于广大乡村农民群体的中间阶层。这里主要是从乡村的社会结构视角来分析这一群体所占据的社会位置具有的阶层意义。社会学中的社会分层研究主要是理解和解释社会上各种不平等的现象(李春玲、吕鹏,2008:2)。分层标准一直是多样化的,从马克思主义按生产资料的占有划分阶级、韦伯的三元(权力、财富、声望)划分开始就有差异。但在我国比较盛行的还是马克思主义传统,例如毛泽东(1982)的有关富农、中农、贫农的划分,陈翰笙(1984)的《解放前的地主与农民——华南农村危机研究》都是延续了马克思主义的阶级划分方法,依据土地的占有和农民的生活消费分析了农民的阶层分化问题。到了当代,虽然经历了马克思的阶级分析视野的远去与衰退(刘磊,2013),但也出现了很多结合农村实际情况的描述和分析。例如贺雪峰(2011b)根据税后农民与土地之间的关系将农民划分为脱农阶层、半工半农阶层、在乡兼业阶层、普通农业经营阶层以及农村贫弱阶层;陈柏峰(2009)在此基础上进一步关注了土地流转对农民阶层变化的影响,认为原来的农民阶层之间具有相互转化的动态变化的可能。而且陈柏峰(2012)还特别注意到了依靠市场和兼业化生计发展起来的农村活跃的群体,以及在前文中提到的土地自发流转中新出现的中农群体(林辉煌,2012;徐嘉鸿,2012)。他们在农村社会结构内部,将经济收入指标、政治参与、社会声望等综合起来，具有乡村群体中间阶层的内涵。因此，本小节当中也将这部分群体放置于中间阶层的意义上去考察，侧重点是分析在农业转型过程中生计方式的变化给这部分群体带来的影响。这些群体在农业转型过程中所遭遇的生存空间的挤压，在皖南平镇，主要有以下几类。

## 一、乡村的中间阶层：兼业化农户的消失

皖南属于长江中下游，外邻漳河，内有山河，地处半山半圩区。圩区最大的特点是村庄或农田之间的水塘星罗棋布，没有进行大型的农田平整和项目改造之前，每个村民小组都有大小不等的三五口，甚至十余口水塘。这些水塘一方面是作灌溉或是排涝之用，另一方面便是农村里养鱼户的主要生计来源。一口 2～3 亩的鱼塘，外加种几亩田，就够一个家庭的基本生活了。

案例 1。外滩组钱礼明，46 岁，大儿子高中毕业没考上大学，去了上海市打工，小女儿在上高中，学习成绩很好，现在（2014 年）妻子在陪读。家里还有近 70 岁的常年卧床的老母亲，老父亲已去世。钱礼明年轻时，间歇性地出去打过 5 年工，自从前些年母亲瘫痪在床以后，夫妻俩就都回来了。妻子在乡里服装厂上班，他没有办法，就拾起了老父亲的养鱼技术。他承包了生产队的 2 口鱼塘，一共有 5 亩多面积，鱼塘里养鱼、种莲藕。家里还种了 8 亩田，主要是种水稻。他家儿子 2012 年才出去打工，基本没给家里寄多少钱，2 年多总共给家里寄了 3000 元（一次春节 2000 元，一次女儿开学 1000 元）。

他家 5 亩鱼塘和莲藕的收入，好的年景能有 4 万多元，一般年景，也有 3 万元左右。家里 8 亩田的两季水稻，一年只留 2000 斤自家食用，每年能卖近 15000 斤粮食，粮食收入 1 万元。冬天家里还会种一些油菜，榨油自己吃。家里种些蔬菜，养了一群鸡。妻子在城里陪读，第一年没工作，就一心一意给女儿做饭、洗衣服。女儿不用在学校买饭菜吃，节省了伙食费。妻子定期回家里取粮食、油、鸡蛋、蔬菜，基本就交房租费（一个月 350 元的单间，隔成两间），家里生活还比较轻松。第二年，妻子好不容

易在朋友的介绍下在县城一个超市里找到了工作，工资为 1700 元/月。可是没时间给女儿做饭菜，女儿的伙食费为 500 元/月，超市不管饭，妻子每天中午要买饭吃，晚上才能自己做饭。除去母女俩的消费，剩余的钱也正好交房租。妻子在超市工作，减少了钱礼明每个月的房租压力。夫妻俩一心一意为女儿上大学攒钱。

可是在 2012 年冬天，他家所在的生产队划入了项目规划区，进行农田改造。队里的鱼塘被全部填埋了，重新规划。钱礼明一看，鱼塘没有了，只靠种 8 亩田，家里无法生活。可老母亲又没人照顾，只能待在家里，外出做零工又无法走太远，每天要给母亲做饭。工程队施工期间，在工程队里好不容易找人帮忙介绍了一个活，零零散散共干了 43 天活。等到 2013 年 5 月，项目工程结束分田，因为农田平整质量很差，故请了大拖拉机平田，花了 800 多元，然后自己用小拖拉机整了 10 来天，直到当年 6 月份，才种下中稻。在家没事做，又豁不出去脸面去服装厂干活(服装厂职工多为妇女或中学毕业生)，一直闲着。之前他也没有出去干过零工，东村、西村地串活儿干，也不好找活。家里有老母亲，也走不了太远，每天要按时给老母亲送饭。如此过了大半年，基本没有多少收入，处于糊口状态。冬季时，老母亲病故。花了近 3 万元给老母亲送葬。年底时，钱礼明就和妻子商量，不能在家待了，要出去打工。2014 年初，正月十二就和村里的建筑队去浙江省了。妻子则继续在县城超市打工，陪伴女儿考大学。可是到了浙江省，干了 2 个月后，第一期房子建起来后，建筑队没接到活，找不到事做，他又和村里的建筑队回来了。

这是笔者 2014 年 4 月实地调研期间了解到的钱礼明的故事。他对家里的变故，自身工作的不顺，归为他运气不好，他抱怨政府不该把堰塘毁了，毁了他的生计。言谈之间，除了愤怒，剩下的也尽是无奈！对于未来的打算，他也说不好："土地已经签了合同(承包给别人)，得 2018 年才到期。想学别人承包来搞规模经营，地哪个都会种，但是我没有关系，拿不到地，也没有钱来投资……过段时间去县里看看，看能不能想点办法找个活干。要不然光吃老底，我女儿快上大学了，不能到时候考上了，我供不起啊……”在和他闲谈中，钱大叔还问了我很多关于农村子女上大学申请国家助学贷款的事。钱礼明的故事并不是特殊案例，每个生产队都有那么几户，是依靠种田兼具其他生计方式的农户。比如种蔬菜，或者进行小规模家禽养殖的农户，他们正如前文第四章中提到的依靠自发流转土地的中农群体一样，按照乡村的阶层属性划分，和中农具有类似的社会属性。在村庄当中，他们因各种原因或自身特长，依靠乡村资源获得与外出务工相一致的收入，而且他们的生计活动来源于乡村，社会关系深深地嵌入在社区当中，他们的期望与政治参与与中农具有一致性。因此，当农村土地改造，土地流转项目实施后，肢解了他们融为一体的兼业化生计。就如钱礼明一样，没有“水塘”，少了一大部分收入，便无法在乡村生活。

另外还有村庄里的一些老农机手，他们是出卖机械化服务（替人整田、收割）兼带种田的农机手。除了少数承包土地，升级成为农场主之外，多数仍如钱礼明的命运一样，只有放弃农业，另寻他业抑或失业。自大户发展规模种植以来，一般的家庭农场主自会购买大机械，降低向外寻求机械服务的需求。另一方面，当地的粮食加工龙头企业和另一个经营园林绿化的公司各自筹办了一个农机合作社。其中以粮食加工龙头企业为主，占领全镇和邻县一大半的机械化服务市场。规模化种植的家庭农场主会依据自家农场需要，雇请农机合作社前来收割，好几台大型机械同时作业，可以有效缩短收割时间。而且，比之前零散化地请农机手要便宜。以“大资本”为核心的农机合作社挤垮了乡村一部分零散的农机手。

诸如上述这种与农业相伴、兼有其他收入渠道的农户，比如种地加水产养殖、家禽小规模养殖、蔬菜种植、果树种植等的农户，无论是从经济收入，还是社会资本以及乡村的人情网络来说，他们都属于村庄社会结构当中的中间阶层，也具有中间阶层的社会禀赋，关心村庄，融入社区生活。然而，土地流转后，这些农户失去了与农业的纽带，收入来源大大减少，不得不另寻他路。除了在土地上劳作的兼业化的中间阶层在土地流转中慢慢消失，还有大部分为小农体系服务的活跃在基层市场的小商小贩，他们也面临着同样的命运。

## 二、小农体系的基层市场萎缩：日趋减少的小商小贩

农民除了农业生产，也参与很多的市场行为。比如他们售卖自家生产、消费剩余的零散物品，以及购买自家无法生产的一些日常必需品。这些产品的交换集中在乡村的集镇或者中心市场。对于农村基层市场的研究已经有很多，诸如分析农村的市场结构，描述农村的实体经济状态，抑或从市场情况分析农民的收入以及交易行为等。最早的汉学人类学家施坚雅(1998)对四川省的农村基层市场进行了研究，认为农民生活的共同体已然超出村庄，形成以基层市场为中心向外扩展的社会结构。无论是接生婆、裁缝还是雇工，大部分都能在基层市场体系内找到，这意味着每个农村集市所覆盖的区域，结成了一个稳定的关系网络。农民常常在市场社区内缔结姻亲关系、在市场社区内组织各种互助会，他们对体系外的家庭缺乏了解，害怕与体系外的家庭发生人事和经济关系。基层市场所覆盖的区域，就是他们的生活空间和文化空间。依照施坚雅的基层市场体系理论，足见基层市场与小农体系是密切相关的，甚至可将其视为小农体系的一部分。除了人类学和空间文化学意义上的基层市场研究之外，黄宗智(2006b:94～115)先生也对明清时代长江三角洲地区不同农民参与市场的社会行为以及该行为的性质和社会内涵都进行了详细探讨。从集市上交换的粮食、棉花、棉纱、棉布之类的生活必需品是小农贸易的主体，而这些产品大部分是由小农生产的。但是这种活跃的贸易体系并未像经典马克思主义模式所设想的那样向资本主义市场的商品交换转化(黄宗智，2006b:108)。不仅如此，乡村的土地市场、信贷市场以及劳动力市场都与受供求关系影响的、单一运行的、资本主义的“价格导向的市场”不同，相比之下，以家族关系、互惠原则、道德以及生计原则为核心的社会内容成为支配农民市场行为的主要内容(黄宗智，2006b:114)。但是本书考察这些群体的目的与之不同，本书意在说明以小农经济体系为核心的基层市场在农业转型后，发生了哪些变化。

平镇通过土地增减挂钩，在平镇集市和另一个林乡集市点，兴建了可

容纳近1000户的城市化小区，政府试图通过拆村并居，让农民搬迁，建立城镇化小区。这两个集市点搬迁入住的农户总共不到300户，加上原本就住在集镇的农民，以及购买房屋的，入住率约有50%。但是农民搬了家，并不能“乐业”。大部分购房的农民家里摆放了家具，但是常年无人居住。因为土地流转后，乡镇没有其他的就业方式，他们仍然外出打工。笔者调研的7月暑假和春耕的3至4月份，集镇上人烟稀少。恰恰因此，平镇原来村村通的至县城的公交车路线，由于客流量迅速减少，政府在2012年为减少运营成本，缩短路线，调整为只从县城公交公司到集市，不再下村。与公交车命运相同的乡村客运生意更是惨淡，笔者调研期间常坐的一个面包车的司机谈道：“土地流转了，人少了很多，都出去打工了，出行的人少了，平时都没生意，你看，停在这里（桥边）的车就剩这3辆了，还没生意，（司机）都在车上打牌。”

土地流转，一个最明显的变化是村里的人少了，连集镇上的人都少了，因此集镇上做小买卖的生意也很冷清。前文只提到了农业生产体系变革对农资店的影响，农资店纷纷倒闭，经营各类小买卖的日用品商店、服装店、鞋店亦是如此，而且生意竞争形势相当严峻。举个例子，笔者调研期间，路途中每次要经过2个日用品商店，兼卖水果。笔者经常会去买水果，第一次调研期间的20多天常在小学校拐角处的王林生（50多岁的妇女）家购买，每次王林生都乐呵呵地跟我聊天，特别热情。我还专门向她请教过，与她访谈过两次。他们家老头子还种了5亩地，儿子在芜湖市打工，儿媳妇在村里的小服装厂上班。平时进货、卸货，老伴都会帮忙。他们家一直没有流转出土地，5亩地上的蔬菜、水稻、油菜等作物搭配的土地产出可以最大化地减少他们家的消费支出。当我第二次调研期间，换了一个住处，就去了来回顺路的公路斜对面的商店买水果。买了两三次后，有天中午回来，看见王林生在店门口听收音机。我迎上去打招呼，可她对我并不理睬，当我说买点香蕉时，她才起身帮我拿水果，并笑着说：“今天怎么来了，他们家没有了？”我一时还没反应过来，但立即又明白了，想起了之前她和我说的市场竞争。

因为客流量较少，生意少，像我这样隔天就光顾水果店的外来客人都成为市场竞争的对象，足见乡村市场的惨淡。集市上这些做小生意的个体户的客户主要是村里的人，都需要靠稳定的客源支撑。土地流转后，客流量减少，生意自然就少了。而且很多老人消费能力有限，很少光顾集市。

另外，与之密切相关的是早餐店和一些快餐店，原来平镇集市上有10多家餐馆，早餐店就有好几家，卖油条、包子和一些小吃。但是在最近几年，餐馆和早餐店也减少了。现在镇上就剩下了4家餐馆。以前的面馆、饺子馆和类似的快餐店也纷纷关闭了，早餐店也就剩下公交车站点桥头的1家。住在集市后面的种地兼卖菜的吴常花，在家开了10来年的早餐店，2012年拆村并居时用补偿款(另外又向亲戚借了点钱)在平镇集市小区换购了一套120平方米的新房。本想着人都住集镇了，扩大早餐店，将来开一个饭馆。可是没想到早餐生意还没以前好，到2013年5月时，由于生意太少而无法经营，一天连5笼包子都卖不出去，30块钱都挣不回来。因为闲空时间客流量实在太少，于是只能去县城和别人合伙开了早餐店，经营了不到半年，因为店面位置不好，生意清淡，合伙人要撤资，最后无奈散伙回家。回家后待了一个多月实在没事做，想去本地服装厂工作，但40多岁的她从没进工厂干过活，本地服装厂嫌她手脚慢，不收。没有办法，吴常花就跟着丈夫去了工地，给公司建筑队做饭。

另外变化最大的是集市的农贸市场，一个拥有40多个摊位的菜市场，以前都是满满的，从蔬菜、粮、油到肉、蛋等一应俱全，而现在仅有几个卖鱼、卖肉的在经营，其他的全部空着，无人租用，只在过年的时候摊位才会爆满。村里的年轻人少了，每天卖菜的人也很少，只有一些老头老太太提着篮子卖自家的剩余农产品。现在饭馆少了，买菜的人也少了，而且菜市场摊位租金不划算，不是零售专业户根本不会租摊位。以菜市场摊位的闲置率可知农村基层市场的消费低迷，土地流转大大推动了一批具有消费能力的中青年群体进城，伴随着他们的离去，乡村的基层市场也在逐步萎缩，仅有过年时节才显得格外热闹。

围绕着小农体系的农村基层市场在农业转型过程中日趋萎缩，依靠基层市场就业的个体户以及一些小商小贩也逐步被迫退出。简言之，依靠小农生产体系的基层市场随着生产体系的变革也日趋萎缩。乡村集市即基层市场的个体户以及一些游走在乡村的小商小贩(前文第四章提到的粮食经纪人等)，他们本都属于小农体系范畴内的成员。他们一方面具有剥削老百姓的一面，生计来源于小农的交换市场，但同时也为乡村老百姓提供了生产服务和生活便利，能够帮助和支持农民生产生活。

像王林生和吴常花这样的小商贩占据集市的大部分。他们家庭的收入一半是靠农地产出，一半是靠集市。他们的家庭收入略高于那些外出打工的农户。从他们的经营活动、社会交往和婚姻圈来看，他们都属于小农体系的群体。他们依靠自身的经营头脑维持着略高于乡村普通农民的生活水平，属于乡村的中上阶层群体。以往的研究揭示出，像他们这样的基层市场群体的社会交往和婚姻圈与乡村密切联系在一起(施坚雅，1998)。在平镇，集镇上的住户往往是村里普通农民向上奋斗的目标，在镇里买套房，做点小生意比种地、打工要好。农村的姑娘往往也更愿意往镇上嫁，因为镇上的小商贩和个体户的生活是普通农民可以有望通过努力奋斗达到的，是通过自己的辛苦劳动可以有望实现的。无论是身份属性，抑或是经营、生产活动本身，他们都可置身于同一体系内，都属于小农体系的农民。从经济收入、社会交往以及他们的声望分析都可称之为乡村的中间阶层。

但是随着土地流转，大量的小农户和农民消失，仅仅只剩下拥有数百亩土地的农场主时，依靠对小农的市场服务维生的基层市场主体也逐步消失。农业转型的完成将逐步使得基层市场萎缩，乡村集市日渐凋敝，依靠基层市场维生的小商小贩也迫于无奈，不得不另寻他路……农业转型带来的是整个体系的变革，牵动着数以万计农民和基层市场主体的生计。

从上文来看，一方面，农业转型直接导致农村原有小农的分化，使得部分小农退出生产，成为无业群体或者城市的临时雇工，少数农民因丰富的社会资本和经济资本成功升级，成为商品化、资本化的大农场主。另一方面，为小农生产体系服务的基层市场主体也逐步丧失了原有的生计方式，农业转型的成功意味着他们不得不另寻他路。乡村原本的拥有自发活力的运行自洽的社会系统解体，使得生活在小农体系当中的各阶层农民形成了不同的社会流动。一是少数富裕农民成功地实现了向上流动，成为农场主，二是大部分中下阶层的农民慢慢被排挤出农业、甚至农村。原本就无法实现市场化就业的底层农民的生活进一步边缘化，以小农生产为核心的绝大部分中间阶层农民也在逐步消失……

## 第四节　农业转型中的农利再分配

通过以上对农业转型过程的分析可见，皖南平镇在政府引导资本进村的农业发展道路中，出现了家庭农业的分化，可将其总体概括为：生计保障型小农的萎缩、中农的解体与新生、家庭农场的兴起。其整体趋势表现为由自给消费型的生计保障型小农向商品化、专业化、规模化生产的经营式农场快速转型。然而，在转型过程中，不同类型的家庭农场因“资本”“权力”和“身份”境遇的不同而形成多种分化，掌握流转土地的企业农场以转包或者合同方式控制部分家庭农场，使其成为企业的资本积累环节，并享有政府的农业补贴，成为农业的食利阶层。足见资本进村最终造成乡村农业生产领域的农利再分配，打破了农业生产领域农利归农的秩序。本节的目的是分析在家庭农业分化过程中，皖南平镇形成了怎样的农利再分配秩序。

### 一、农业转型过程中家庭农业的分化

平镇自从20世纪80年代开始实行家庭联产承包责任制以来，农户家庭自主经营一直是其主要经营形态，然而面对当前的农业转型，置身于乡土社会和地方政治经济环境中的不同类型及不同阶层的农村家庭各自却面临着不同的机遇和危机。

### (一)土地流转前后两个阶段的变化

虽经历了不同阶段的改革与发展,直到目前为止,平镇仍然是以家庭农场为主要经营形式,若以家庭为生产组织单位来分析,皖南平镇的农业转型过程可分为两个阶段。第一阶段,主要是因城市劳动力价格上涨,大量农民外出打工后,在村庄中出现了普遍的土地自发流转,形成了学界讨论的中农(贺雪峰,2012b;杨华,2012)群体。正如表 5-1 所呈现的基本现状。

**表 5-1　2009 年平镇蔡村 4 个村民小组土地自发流转后农户农业生产情况**

| 村民小组 | 总户数 | 土地总面积/亩 | 种地户 | | "中农" | | |
|---|---|---|---|---|---|---|---|
| | | | 户数 | 土地面积/亩 | 户数 | 土地面积/亩 | 占种地户耕种的土地面积的比例/(%) |
| W 组 | 42 | 243 | 17 | 185.51 | 9 | 148.21 | 79.89 |
| D 组 | 17 | 109 | 5 | 59.18 | 3 | 48.18 | 81.41 |
| Z 组 | 19 | 230 | 7 | 128 | 4 | 102 | 79.69 |
| F 组 | 32 | 95 | 10 | 95 | 4 | 70.7 | 74.42 |
| 总计 | 110 | 677 | 39 | 467.69 | 20 | 369.09 | 78.92 |

注:W 组有 57.49 亩土地流转给了蔬菜公司;D 组在山区,退耕还林了 20 多亩土地,另外,抛荒土地有 20 多亩;Z 组有 100 余亩土地在项目区,流转给了万达加工厂。

从表 5-1 可见,4 个村民小组种地农户数合计约占农户总数的 1/3(35.46%),其中,中农约占种地农户数的一半(51.28%);从农户耕种的土地面积来看,F 组自发流转土地形成的中农所耕种的土地面积约占全组土地总面积的 74.42%。总体来看,除政府推动流转的 150 余亩和退耕、抛荒的 40 来亩外,4 个村民小组的中农耕种了近 80%(78.92%)的土地。这说明,在政府没有推动土地流转时,土地自发流转解决了外出打工农户的土地闲置问题,由此形成的中农承担了主要的农业生产任务。他们依靠自家劳动力耕作土地,不仅能够获得不低于外出打工农户的较高收入,而且还能过上相比于外出打工农户家庭成员分离状态的圆满的家庭生活。恰恰因为他们的生产、生活都源于村庄,进而成为贺雪峰教授

(2012b)所指的中坚力量。这一阶段可谓是农村因打工经济盛行而形成的初步的家庭农业的分化,形成了留守农业和中农的分化。

到了第二阶段,政府引导资本进村,推行土地规模化流转,推进了家庭农场的发展,出现了农业经营的多样化发展趋势。按照平镇总体的农业经营面积估算,可发现平镇农业经营的主体结构发生了巨大变化,详见表 5-2。

**表 5-2 皖南平镇农业经营的基本结构**

| 时　　间 | 经 营 形 式 | 占 地 面 积 |
|---|---|---|
| 2008 年未改革前 | 小农(老人农业+中农) | 100%(60%+40%) |
| 2009—2011 年 | 小农+企业农业 | 80%+20% |
| 2012 年至今 | 小农+家庭农场+企业 | 40%+41%+19% |

由于皖南平镇的地形限制,土地平整面积无法再扩大,而且政府土地流转政策有所转变,因此,企业控制的土地面积一直是 2012 年前合同所确立的面积,没有太大变化,后续主要是家庭农场的发展。但是,企业农业的发展方式却有重大转变,正如前文介绍的,由直接雇工经营转而向家庭农场转包土地,正好促成了皖南平镇多样化家庭农场的形成,也形成了不同的农利分配模式。

### (二)家庭农业的分化

从平镇的农业变迁过程来看,从村庄土地自发流转到政府推动规模流转的发展过程中,平镇家庭组织形态的农业发展主要有以下几种变动类型。

1. 留守家庭生计保障型农业的萎缩。

由表 5-2 中统计的基本情况可知,2012 年之后,皖南平镇 40%的农地由传统的小农在耕种,而这些家庭中耕种的人大多是留守人群。村庄青壮年劳动力进城打工,妇女或老人留守在家耕作。由于工商等经济部门对劳动力的差异性要求,小农家庭的青壮年劳动力进入工商等经济部门,农村家庭自发调配形成新的性别与代际分工,即普遍的半工半耕的小农生计模式。留守在家的劳动力所经营的农场成为外出打工应对危机时的社会保障，依靠自家承包地，以满足家庭老人和妇女就业为特征的保障型农业维持着皖南平镇的农业基础。现在这种保障型农业主要分布在皖南平镇的非项目区和部分项目区的边缘地带，亦即生态脆弱性生产区。

2. 中农家庭的农业生产：升级与解体。

在农村劳动力外流使中国小农家庭内部劳动力组织发生重大变化的同时，农户与农户之间也因家庭情况差异而呈现举家外出和部分完全退出农业的分化。这时，部分家庭会通过亲属之间的非正式契约以低租金甚至零租金的方式将土地流转给村里的在村农户，即自发形成中农家庭农场。他们因为农田规模扩大，获得了基本的生存所需，但在耕作技术与经营逻辑上与小农并无本质差异，如陈义媛(2013a)所言，他们在一定程度上可被视为黄宗智研究中的去过密化的小农。但是中农群体面对家庭生命周期、市场与社会环境的巨大变化时，也会发生不同的分化。要么缩小农场规模，退回到留守群体的农业生产形态；要么参与土地流转竞争，扩大规模进行升级。

案例 2。李程英，60 岁，她一直和在家的大儿子种地。她包了她 3 个兄弟、2 个侄子、3 个邻居的部分土地，最多时有 80 多亩土地。耕种的这些土地，租金最高的每亩为 100 斤水稻，部分是免费耕种。当政府推动规模流转，把土地租金定为水稻 400 斤/亩时，有些邻居就自动把土地交给村流转中心了。个别亲属看她家可怜(一个 5 岁的孙女得了一种慢性病，需常年治疗，每年需医疗费用 2 万多)，依然让其免费耕种，但只剩下不到 20 亩土地。第二年，因为项目区部分平整的土地不太好，没有大户愿意要，政府又以水稻 300 斤/亩的价格说服她，让她家接手，2014 年维持着 70 亩的土地耕种面积。

案例 3。蔡村的一个老村长，64 岁。夫妻俩之前一直耕种兄弟和邻居的土地，从 20 亩到 60 多亩不等。但随着儿子读书毕业，进城工作安家，女儿出嫁了后，自己也老了，不需要太辛苦(劳动)，自动缩小到只种自家的 8 亩承包地。

从上述案例可以发现，在没有外界力量刺激的情况下，中农常常是因家庭生命周期（案例 3）或家庭重大事件而自动在中农和留守小农状态之间转化。但是因政府介入抬高土地租金时，大部分中农解体（案例 2），仅有少数有经营能力和资金的中农群体保留了自己的经营位置，扩大成规模化家庭农场。其实村里大部分被挤垮的中农除个别农户依据自己的社会关系和耕作经验成功升级为独立的家庭农场主外，另一部分依靠自己的耕作管理经验和人缘关系成为资本化大农场的代管人员，或是资本化大农场的转包户。

3. 规模化家庭农场主的来源与发展。

皖南平镇的家庭农场一大部分是依靠雇工经营的企业化农场失败后，进行转包而形成的，另一小部分便是中农通过自身努力发展形成的。值得讨论的是，这里的二包户群体，均是农业耕作技术丰富、富有经营实力的农户。但是，二包户是享受不到政府对规模经营的农业补贴的，因为政府发放补贴是按照土地流转中心登记在册的主体来发放的。除此之外，他们还需要在水稻 400 斤 /亩租金的价格上多加 60～80 元的土地租金，额外租金的水平就看二包户与一包户（涉农企业）的私人关系和谈判能力了。另外，二包户部分是外地人，即流动性家庭农场主（余练、刘洋，2013）。他们因为社会关系有限，无法获得土地，只能屈当二包户。当地政策虽未明确规定排斥外地人承包农地，但是本地人（特别是集体村社成员）享有优先承包权是普遍规则。

具有独立经营地位的家庭农场主是指政策调整后直接从土地流转中心承包土地的一包家庭户，可概括称为村庄的精英农户。他们主要分三类：一类是村里的村干部群体；一类是富有耕作经验，具有经济实力的中农群体；另外一类是家里拥有非农积累和大型农业机械的农户。

案例 4。河村的舍立群，30 多岁，在镇上开了小饭馆。家里父亲是常年种地的农民，以前每年都是捡（自发流转）邻居、亲戚家的土地种，2013 年开始承包了 110 亩土地。舍立群夫妻俩经营饭店，农忙帮助父亲种地，也雇请工人。

案例5。李河兵，承包了300多亩土地。以前家里一直种地，有二三十亩，2010年家里买了收割机，然后开始包地种地。

案例6。平村的刘正勇，30多岁，承包了406亩土地。夫妻俩及老父亲亲自耕种土地。农忙时有一个固定的父亲老友、同组的小队长经常来帮忙。家里有小型农机具，2013年后陆续购买了大型农机具。

案例4、5、6中的农户与二包户巨大的差异是，他们是依靠自身社会关系从镇里的流转中心直接获得土地的，登记在册，享受政府的各项服务和农业补贴。依靠政策发展起来的家庭农场有一个共同特点，即他们均是村里的中上阶层。从村庄的内部阶层结构可以发现，最富有的农民已经彻底离开农村进城了，有实力和社会关系的农民才能成为规模经营的农场主。一是他们有资金实力承包土地，二是他们有机会（社会关系）获得土地。因此，皖南平镇的土地集中和农业经营现状可简单概括为“小地主、大佃农”（邓大才，2011）的基本结构。

因此，整体来看皖南平镇农业领域的变化，即传统小农或者说留守农业仍然处于基础性地位，适度规模的商品化家庭农场则占据主体，主要依靠雇工经营的资本化的企业化大农场（经营面积不到20%）处于边缘地位。构成家庭农场主体的主要是少数自我升级的中农户、企业农场经营失败进行转包而分化形成的二包户，以及在当地有关系资源和经济实力的精英农户，全镇整体的农业经营主体发生了巨大的结构性变化。

## 二、不同家庭农场的生存策略

皖南平镇从2008年至笔者结束调研，经历了两次地方农业政策的调整。因此，在面对政策的调整和农地的紧缺时，不同类型的家庭农场主有不同的策略和方式应对当地社会政治环境的变化。面对与企业农场的竞争，如何在当地维持自己的生存与发展，是他们急需解决的主要问题。

### （一）中农：向亲友借资金艰难升级或成为企业的合同农户

上文提到，政府在推动土地流转的过程中，整体提高了农地的土地租金，从而击垮了大部分免费或低价耕种亲友农地的中农农场。但是面对土地租金的提高，也有少数中农户依靠原有积累或者向亲属支借部分资金，凭借自己丰富的耕作经验和社会关系，依靠政府提供的农业补贴，也完成了自我突破，成为独立的新兴家庭农场主。

另外一部分农户选择和拥有资本的企业农场主协商，从其手中接管土地，向企业承诺水稻丰收后售卖给企业，从而置换一部分可以缓缴的土地流转金来承包土地。上文提到的流转 3000 多亩土地的万达加工厂，因为是当地有名的龙头企业，具有多项政治光环[①]，享有政府担保的农业政策性贷款和各种涉农项目支持。因享有特权，经济实力和信用也较好而无须向土地流转中心提前缴纳全部土地保证金，而在实际经营中，该企业又再次加价将土地转包给农户，成为享有政府农业补贴并剥削实际耕作者的企业，成为农业的食利阶层。部分想种地而没有资金缴纳土地保证金的中农户便会找其协商，成为企业旗下的合同农户；或者是成为企业的代管户，分管 100～200 亩土地，对生产、收获全程负责，企业垫付一切经营成本，最后结算分得部分利润。后两种均类似于张谦（Zhang and John A. Donaldson，2012）提到的合同农业和陈义媛（2013b）研究的代管户，虽是保持着“家庭”外壳的家庭农场，但实质上却无异于契约化的雇佣劳工。

### （二）二包户的家庭农场：承担高额租金，被迫让渡农利

家庭农场主中有一部分是二包户，大部分属于上海理工大学研究的“农民农”（叶敏，马流辉，罗煊，2012）群体。因为土地数量相对固定，后续想承包种地的人较多。外地人没有办法获得土地，只能从作为一包户的企业大老板那里转包土地，因此便形成了转包关系。但是在转包过程中，往往需要加价（60～80 元/亩）。农户只有承担高额的土地租金，才能成为拥有独立经营权的规模化农场主。他们不同于企业的合同农户和代管户（即本质上属于企业的工人）。成为拥有独立经营地位的二包户，代价

① 其工厂老板是县人大代表，工厂连续多年被评为市级龙头企业，又是种植大户，兼有农机合作社和水稻种植合作社。

是不仅要承担高额租金，还无法享受到地方政府 60 元/亩的农业补贴，因为在当地政府的管理和监测系统中，没有他们的信息。外地人来本地经营农业，实质上他们承担的高额租金也等同于购买了一包户（企业）的庇护关系和稳定的合同关系。同时还可以从一包户那里赊购部分农资（化肥、农药）、收获后再结账，缓解了部分资金压力。二包户在生产领域的独立经营地位是以牺牲自己的权益（政府农业补贴和政策支持）和承担高额租金为代价的，使得作为一包户的企业成为当地的食利阶层。

### （三）精英农户的家庭农场：家庭积累与优势社会资本

若是从村庄的内部结构看，可以发现，有实力和社会关系的农民才能成为规模经营农场主。作为村庄精英的农户，一是有实力承包土地，二是有机会获得土地。他们有一定的家庭盈余和积累资金能够承担流转土地的保证金。其实，更重要的是他们依靠自己的人脉关系能够获得政府内部的一些政策信息。上文提到的案例 4，开饭店的舍立群在镇上结交了很多朋友，了解政府的内部政策，冲着农业补贴才承包了 110 亩土地，正好达到政府农业补贴的标准。案例 6 中，30 来岁的刘正勇之前在北京打工，有些积蓄，回家当上了村里的会计，赶上国家政策，就着手承包了 400 亩土地，和父亲一起耕种。像他们这类能够独立承包到土地的农户，需要兼具资金、劳动力和经营实力（耕作经验），也要敢于承担农业风险，才有能力去承包土地，做一个新型的农场主。

没有资金实力的中农只能解体，抑或成为企业的代管户或者合同农户，想种地且有丰富耕作经验和经营能力的农民农群体苦于社会关系而拿不到土地，只能甘当二包户，被迫承受一包户（大企业）的压榨和剥削。作为村庄中能够成为一包户的精英农户，得益于政府的支持和自身特有的社会资本而成为新兴的农业经营主体。

## 三、农业转型与农利再分配

在皖南平镇的农业转型过程中，可以看到农业经营主体由“小农＋企业农业"的格局演变成了当地"小农＋家庭农场＋企业"的基本结构。虽然实际上家庭农业经营的耕地面积占比约为80%，但其群体已经分化为企业的代管户或是合同户，成为资本积累链条的一环；抑或成为受土地食利阶层剥削的二包户和独立的精英农户。拥有社会关系资源和经济实力的精英农户才能获得独立的家庭经营地位。诸多中农户或者农民农因为权力、资本或身份资源的不足而成为二包户、合同农户、代管户。虽然他们保持着家庭经营的外壳，但是笼罩在资本化的企业控制之下，形成异于经典农业资本主义理论中雇工经营的异象，但是其本质上仍然遭受着政府政策支持的实为食利阶层的涉农企业和工商资本的压榨与剥削，这可以印证前文提到的中国农业已经走上了农业资本化道路的现象。这些少数食利阶层一方面压榨二包户的农业利润，一方面截获本应由种田的二包户享受的农业补贴，在挤压耕作农户农业利益的同时，还享受着地方政府的多层政治光环。

不仅如此，在政府引导资本下乡的大规模土地流转中，企业依托农业现代化政策，在原本利润空间狭小的农业领域与处于弱势地位的小农分一杯羹，挤占生产领域的农业利益。以土地流转为契机，推进资本化的农业生产模式，重塑了新的农利分配秩序的基础。不仅如此，随着土地流转带来的农业规模化经营的另一结果便是，皖南平镇"小地主、大佃农"的结构生发出了新的农利分配格局。绝大多数的小农耕种约40%的土地，而且这约40%的土地还处于全镇边缘，目前工程改造技术还无法使其平整的丘陵地区，其土壤和水利条件都远远劣于平坦地区的农田。按照农田生产量来说，小农所占有的都是单产比较低、耕作条件差的土地。但恰恰是这约40%的土地却养育着全镇绝大多数的贫穷农民，他们多是无法外出的农民。当然，他们的家庭里也许有其他成员外出务工，家庭开支依靠在城务工人员的工资收入。但是这些家庭在农业领域本应享受的资源(肥沃土地)和福利(政府投资农业的公共资源)无形之中被抽离了。

全镇近100个规模化农场经营约60%的土地，这意味着附着在土地上的利润也在逐步集中。规模化经营的农场主的实际主体包括食利阶层的企业、遭受压榨的二包户、靠社会关系和非农积累盈利的独立家庭农场主。所以，乡村农业生产领域的农利分配存在两个转变。一方面，乡村内部农业利润随流转土地的集中而集中到少数精英农户手中，土地流转使得土地逐步向乡村的社会精英集中。伴随土地的集中，农业利润在向乡村的中上层流动，这是乡村内部新的农利分配秩序。与之相反，这一时期的土地集中与之前土地自发流转时期的集中完全不同，自发流转土地集中流向的农户多是在村庄因各种原因（身体残疾，家有老人、小孩需照顾）无法外出的农户（他们也多是村里的经济贫困群体）。友情低价转入亲友土地，是社区内农业利润向贫弱农户的一种集中和再分配。此外，国家的下乡惠农支农资源也逐步以土地为鉴别标志，进一步的农业补贴明确规定向种粮大户集中。如此一来的联动效应便是附着在土地之上的有关农业的政策利益（涉农项目和惠农补贴）也在向乡村的社会精英集中。另一方面，涉农企业吸纳生产领域的农业利润，掌握大资本的企业使得商品化生产的家庭农场在粮食产品的市场交换时不再能够实现对等的博弈地位（黄宗智，2012a）。农村家庭农业生产的农业产品，在市场交换过程中的自我劳动价值实现比例越来越低，导致农业利润在逐步向乡村外流动。这便是当前乡村社会新的农利分配秩序，打破了原有的农业生产中的农利归农秩序。这也是皖南平镇农业转型过程中，农村生产关系转变的实质形态。

皖南平镇的农业转型是在农业经营方式上实现了结构性的改变，由自给消费型的小农家庭经营模式向商品化、专业化和规模化的家庭农场生产模式转变，催生了一个富有活力的家庭农场主阶层。然而，由于权力、资本和身份资源的差异性，这个群体内部仍然存在着不同程度的分化，也遭受着资本不同程度的挤压。随着农业政策的调整与家庭农场的分化，在这个转型过程中出现了农业利润的分流。之前由小农所共享的利益空间逐渐变成了由政府支持的企业、少数家庭农场获得，他们不仅分享着生产领域的农业利润，还挤占了大部分国家支持农业发展和农民增收的农业补贴。农地向少数农场主（企业和精英农户）集中，在政策和农业补贴的大力支持下，实现其收入倍增。这样的农地流转与规模经营并未解决广大贫弱农民家庭的生存与发展问题。

# 第六章 结语

随着乡村中间阶层和基层市场主体的逐步消失，乡村社会结构也被重塑了，即小农体系瓦解后，乡村变成了以少数精英农场主和进城务工的“半无产化”农民阶层为主的乡村。

在2007—2014年，平镇农业由分散的小农模式，经历了资本化大农场的变革，最后发展为集约化、专业化、商品化生产的家庭农场模式。农业本身发生了资本化和商品化的双重转型，这一快速而颠覆式的农业变革，从平镇的经验来看，无法用经典马克思主义理论的“农民生产方式和资本主义生产方式孰优孰劣”来进行判定，而且第一阶段政府引资下乡形成的资本化大农场并未表现出资本主义生产方式的先进性。从平镇农业变迁的历程可以得出以下结论：当地的农业转型是基于当地的城乡人口流动，并在政府主导的发展干预下实现的，是当地政府的政策干预和制度的选择性扶持重塑了不利于小农经营的社会生产条件。恰恰是强有力的政府干预和选择性的制度扶持壮大了个别龙头企业和新型的家庭农场，这些企业主和家庭农场主因农业产业的重要作用和自身的社会资本，拥有较强的博弈力量，二者的契合使得地方政府农业治理的目标逐步往去小农化方向发展。另外，平镇的经验显示，目前家庭农场的生产形式占据平镇的主导地位，然而彻底商品化了的家庭农场的农业生产使得农业本身更加依附于资本控制的市场，这重新建构了农民经济与资本市场经济体系之间新的市场依附关系，并不是农民农场经济模式在市场中的胜利。最后，不得不慎重讨论的是，作为乡村主体的农民，那些本身拥有生产资料，部分依靠乡村小农经济体系就业和生活的农民，在地方政府干预的农业转型过程中，却成为农业转型（抑或政策话语中的农业现代化）的社会代价，成为失去土地及就业机会的底层群体。乡村变成了只有农场主、无农民的村庄，政府干预和资本驱动下的农业转型加剧了乡村社会的分化。

## 第一节　农业转型的动力：人口流动与国家干预

平镇地处江南发达地区的经济辐射带，每年有高达1/3人口总量、过半农村劳动力的城乡流动，以及本地约占20%的“离土不离乡”的非农就业，极大地缓解了土地上“过密化”的人口压力。人口流动和非农就业造成了农民对土地依赖程度的分化，带来了农民务农生计的差异化需求。

虽然人口流动和非农就业引发了农民对土地的差异化依赖，即土地收入在各家的收入比重中各有差异，但是并不意味着所有的农民不再需要土地收入。农民劳动力的转移均是随着劳动力生命周期而发生变化的（章铮、杜峥鸣、乔晓春，2008），因此农民对土地的差异化需求也是因家庭结构和家庭生命周期而变化的（景晓芬、马凤鸣，2012），农民离开土地的进程，并不是一劳永逸的彻底离开，而是暂时性地离开农地，或者离开部分农地。他们出于对自身进城职业或者兼业化生计的稳定性和长远预期考虑，以及家庭的代际再生产使得他们都无法彻底放弃农地（Ploeg, Ye Jingzhong and Pan Lu, 2014），这就形成了家庭内的代际分工，即老年父母种地、年轻夫妇进城务工的分工模式。如果全家外出务工，则会将土地暂时性地委托给自家亲戚或者邻居耕种，以便灵活性地应对外出务工可能遇到的挫折、失败。综合起来，一方面是乡村内在的家庭之间对土地依赖的分化，即贫困家庭和富裕家庭对土地依赖的差异；另一方面是农民家庭自身生命周期的变化与家庭结构性的差异使得农民对务农生计安排的变化。这二者综合起来使得农地在村庄内部有了自然流动的空间，即外出户和富裕农户想转出土地，在村务农户想扩大耕地面积，流入土地。

土地在村社内的自发流转催生了平镇的中农群体，他们成为村庄主要的务农群体，承接了那些暂时性离开乡村农户的土地，抑或是在村有兼业化生计的农户种不了的土地。一些人缩小耕作面积，一些人扩大耕作面积。劳动力流动和兼业化生计带来的土地自发流转，形成了农民口中的“三三结构”，即农村种地农户仅占总农户的三分之一，而在村种地的农户中又有三分之一的中农种了生产队三分之二的土地。农民之间依靠亲属或友邻关系维持土地在村社内的自发流转秩序，这既提供了外出务工农户失败的退路，也解决了村庄无法市场化就业的贫弱群体的家庭生计问题，形成了一种村社内部农民家庭之间的互惠和相互支持机制。不仅如此，在家庭内部，外出务工成员的非农就业收入也会反过来支持家庭的农业活动，通过资本化的投入降低劳动强度，降低老年父母农业劳动的负担。平镇机械化服务的增长和现代农资的大量投入大大降低了农村留守老人、妇女田间劳作的劳动强度。因此，整体来看，农村土地依靠社区亲属关系实现了自发流转，农民农场依靠兼业化收入实现了顺利再生产，维持了劳动力流动时期多样化生计的小农家庭的发展。对于农业来说，劳动力流动和非农就业使得中国农业由历史上的“过密化”农业摆脱出来，走向了“去过密化”的发展趋势。

与劳动力流动和留守农业的实然状态相一致的改造话语，却是农业企业化和资本下乡的规模经营。作为农业大镇的平镇在税费取消之后，一方面，因自身财政需要，承接了上级各种项目，以维持政府正常运转，力图走上“项目强镇”之路；另一方面，平镇也需要项目资金向农民提供公共服务，走上“民生稳镇”的道路。从2007—2014年短短的7年，总额高达近4亿的项目资金投放到平镇。而所有的项目几乎都与现代农业或者农地密切相关，现代农业项目在地方政府的操作实践便是规模经营运动。农业大镇唯一拥有的资源就是土地，因此，土地流转和引资下乡推动规模经营，实现农业现代化即项目要求的任务指标便成为政府的中心工作，也是农业巨变的开始。

政府进行项目实践，首先便是对农业生产的基础设施进行改造。对之前零散的、细碎化作业的小农格局实施现代化改造，对田块、道路和灌溉、排涝的水利系统进行全面改造。小田改大田，机耕道全面硬化，将以前零散的堰塘、毛渠灌溉体系一一填埋，以现行的大型提灌设施取而代之。农田基础设施的改造，尤其是田块的大面积设计以及农田水系的改变，直接排斥了细碎化的小家小户的耕作方式。农业生产物质基础的改变为整个农业经营体系的重塑打好了基础。农业生产的物质基础改造完毕，就需要与其匹配的经营主体来承担耕作任务。

与农田基础设施改造同时进行的便是农民的土地流转动员和引资下乡工作，即寻找农业规模经营的经营主体。上万亩、数千亩的农地规模，小农是不可能拥有巨额资本来承担的。土地流转也成为政府工作的突破口。一方面要动员农民放弃土地经营权，另一方面又要寻找新的经营主体，即引资下乡。土地流转，首先需要进行土地确权，确保农民的土地收益份额。平镇采取“确权不确地”的方式，即享有土地收益面积，但并不知道土地实体面积的地块在哪里，即统一归到生产队，在村民小组的土地范围内。土地基础设施改造完毕之后，平镇政府对土地进行了科学的GPS测量，按照土地面积“去等级化”[①]地登记承包户的确权面积。以前农户的土地面积是按照农地的肥瘦比例搭配的，即按农地产量确定面积。而新型的农地测量按照地表面积登记农户的确权面积，虽然在农民当中引起了不小的争议和波动，但政府所创设的制度营造了一个新的大局，即所谓的大势所趋，作为个体的农户也无法抵挡。科学化的测量工具也践行了“去政治化”的工作方式（刘娟，2012：47～49），统一的标准和科学的测量基本完成了项目区农户的收益面积“确权”工作。但农民的这个收益面积和农户手中的经营权证的面积，即承包面积有出入。承包面积是国家进行种粮直补和农业综合补贴发放的标准。土地确权工作后接着便是土地流转，平镇农民对土地的依赖已经发生了不同程度的分化。外出打工农户此时则会选择放弃土地经营权，自愿选择流转；本地非农收入较好的农户也自愿放弃，选择流转。比较难做工作的主要是在家种地的老人和前文提到的中农户，政府需要做工作的仅仅是这一批农户。但是外出打工农户因政府的高租金愿意流转，也自动瓦解了依靠亲属关系的以低租金获取土地的中农户。农民群体的生计分化也成为政府土地流转动员工作的突破口，一方面，存在土地流转的乡村基础（农民分化），另一方面，因为土地基础设施的改造和农田平整质量问题，而使得小农户被迫放弃经营权，最后便是政府的说服和“拔钉子”的工作过程。

除了政府行政动员式的土地流转工作使得土地流转率达到90%之外，县政府和平镇政府都对下乡资本和种植大户实行了政策扶持及大户

① GPS的测量面积是按照地理的物理面积实测得出的，而农村原来的土地面积一般是按照农田肥沃程度对应的粮食产量划分的面积，例如，一等山坡地，可能是1000 $m^2$为一亩；而圩区的一等水田，600 $m^2$为一亩，二等水田可能800 $m^2$为一亩。这三类农地，即1000 $m^2$、600 $m^2$、800 $m^2$的粮食产量却大致相同，而GPS的测量，是统一将地表按照666 $m^2$为一亩进行确权登记。若是按照农村的实际状态来说，原有的以粮食产量的等级化农田确定面积是更符合农村实际情况的，也符合农业生产的实际情况。

补贴，助其实现规模经营。通过政策奖励、金融支持、农业保险、基础设施专项项目等方式鼓励和培育规模经营主体。在此之初，政府直接行政动员当地龙头企业承包流转土地，实行规模经营，且政府为其承担部分土地租金。地方政府从农田水利、土地、农业保险、农业贷款、农业项目和农业补贴等全方面为被定位为新型经营主体的种田大户保驾护航，全面地改造传统的依靠农村村社组织提供公共服务和农村社区提供社会支持的小农经济体系，重塑当地的现代农业生产体系。在这些全方位的政府服务和优惠政策下，平镇出现了依靠雇工规模经营的资本化大农场模式，一定程度上完成了现代农业示范区的任务指标。在项目的干预下，平镇的农业生产发生了初步的转型，出现了新兴的农业生产方式，即主流视野中的现代农业。

然而任何形式的农业经营方式都必须与当地的人文社会环境、一定的技术生产水平相匹配，依靠雇工、科层化管理的生产方式遭遇到了农业经营的多种天然障碍。由于当地的机械化水平有限，农业的日常化管理依然需要人工操作，管理环节的巨大成本使得公司大农场不堪重负。资本投资农业确实面临生产的技术问题，即大自然给资本带来的诸多“麻烦”，由于工人劳动时间与作物生长时间的差异，资本不得不被“自然”所绑定，另外还有不确定的天然灾害带来的风险。因此，高价劳动力成本和劳作质量的不平衡造成平镇资本投资农业的大量失败。

不仅如此，除了农业投资的天然障碍之外，还有影响农场耕作可持续发展的人文社会环境。资本化大农场在农村经营农业，还不得不与乡村其他各主体互动。例如，首先，农场主需要处理那些当地无业可就的小农“盗窃”和“揩油”行为所带来的“麻烦”，以及生产当中的工伤事故，这些事情会不同程度地存在，并给农场经营造成不同的负面影响。其次，原本有地却因土地流转而造成无地可耕的农民会在一些田埂、沟渠、道路边上闲散细碎化的空地上种蔬菜、豆子等作物，满足自家所需。这便会造成很多生产上的矛盾，比如农药造成作物损伤，以及给抗旱、排涝造成诸多不便，容易引起社会矛盾，甚至是上访现象。这些烦琐的社会矛盾也增加了农场再生产的不可持续性。因此，一方面是天然障碍，一方面是社会矛盾，二者共同导致资本化大农场雇工经营方式的失败。平镇的资本化大农场统统采取转包策略，将土地一一分包，再次转包给家庭经营。至此之后，政府也开始调整政策，调整土地流转制度和农田改造标准，鼓励适度规模的家庭农场发展，因而，平镇的家庭农场逐渐成为农业规模经营的主体成长起来。截至2014年，平镇的农业经营主体已由小农变成了专业化经营的资本化和商品化的家庭农场，去小农化的趋势和格局基本形成。

整体来看，平镇的农业转型存在前后两个阶段，人口流动阶段的“去过密化”农业成为农业转型的社会基础。然而，政府基于项目体制的运作对农业的运动式干预却成为农业转型的关键，造就了一批资本化大农场，依靠雇工规模经营的资本化大农场因为农业的天然障碍和地域性的人文社会环境而走向失败，进而专业化的家庭农场开始生长……所以，平镇的农业转型是由人口流动和国家干预共同推动形成的。但值得注意的是，中国的人口流动不能完全等同于西方发达国家某些地区的永久移民，即农民的后代不再返回土地，可以进入城市找到稳定而体面的就业机会，上升流动成为真正的市民。这些成功进城的农民将农村的土地卖给本村的农民，使得留在村里的那些农民成为类似于资本主体雇工经营的家庭农场，称之为资本主义式家庭农场（capitallized family farm）（Lehmann，1986）的发展。而在中国，能够流转土地的，不是村庄的贫弱阶层，恰恰是村里的精英阶层。家庭农场的主体是依靠自身的权力、社会关系以及资本在国家的政策干预下发展而成的，政策干预扭转了农业自然发展的趋势，替换了农业经营主体，也重塑了乡村的农业产业体系。

## 第二节　农业转型的本质：市场依附与去小农化

皖南平镇的农业经营主体已由小农变成如今资本化的商品化家庭农场，农场的生产组织可谓是家庭范围内的劳动组织，生产主体并未超出家庭范畴，但是农场的再生产关系已经完全融入了商品化链条，由之前的非商品化关系实现的社会再生产变成了如今的商品化关系实现再生产。农业由自给小农或者部分商品化的小农变成了完全商品化的家庭农场。依据哈里特·弗里德曼(Harriet Friedmann, 1979)在理论逻辑层面对家庭生产做出的分析认为,家庭生产有两个可能的方向。一个是商品化在再生产循环过程中加深商品关系,即依靠商品关系和商品化过程实现农场和家庭的再生产。如果家庭生产在进行生产资料和生活资料的再生产时切断了横向或者纵向的互惠关系,那么商品化在一定程度上就发生了,家庭生产就会越来越依赖商品化关系。商品化的过程就意味着各家各户的个体化状态,它就成为企业了,它的关系就融入了买卖的竞争环境中。因此,依靠简单商品生产,就可以推论出再生产的一系列环境,以及它与其他阶层的社会关系。另一个是再生产也可能朝相反的方向,即非商品关系和去商品化过程发展,家庭再生产是基于互惠性的横向和纵向关系,这个再生产就会抵制商品化。农民与社会的其他阶层也是非商品化关系。如果这些互惠性关系有稳定的制度性的机制进行再生产,那么商品化的关系对于再生产过程的渗透就非常有限。因此,简而言之,家庭再生产是通过亲属、社区或者特殊的阶级(阶层)关系①而实现的生产形式,称之为"小农"(peasants)。小农的对立面则是家庭农场主、企业家。他们之间的区别是维生与商品化的比例关系。这一定量化的关系在哈里特·弗里德曼看来是描述性的,并不是质性区别,而且从主体维生与谋利的主观动机来分析,也无法辨别。恰恰相反,商品化的过程和再生产关系构成一个新的逻辑起点,能够很好地分析二者的质性区别。家庭农场生产是在一定的地域环境和社会形态下发生的,和家庭的内在结构一起构成了家庭生产的再生产条件,即发展或转型的条件。

从平镇的发展过程来看,小农到家庭农场的发展,印证了家庭生产中商品化关系的发展。从土地、生产资料、产品销售以及劳动安排都表现出商品化家庭农场的再生产被纳入商品生产循环之中。土地已经脱离了村

① 例如,地主不是通过商品关系剥削小农,而是通过人身依附关系,或者非经济强制、超经济强制实现的。

社共同体的人情网络，人们主要依靠土地流转租金从政府干预下的土地流转市场获得土地，生产资料也越来越脱离以往的以本地人为主的熟人社会中小商小贩的交换网络，逐步跨越本地市场，参与到以厂商为核心的区域甚至是国内市场当中。粮食销售亦是如此，虽有国家政策干预，但已经逐步脱离当地社区的地方市场，生产资料和产品的流通市场层级越来越高。另外，劳动力的使用，虽是主要依靠家庭劳动，但也兼用生产性雇工。亲属性的劳动关系也逐步市场化、商品化，因为生产性雇工仍是农场经营成本的重要组成部分。当农场再生产循环的要素全部市场化、商品化时，它就不得不依附于资本的经营逻辑，即成本-利润的组织生产原则，成为一个完全商品化的家庭企业型生产形式，即范德普勒格论述的企业农业模式。家庭农场的资源库已经脱离了当地的社区关系，融入更广泛的国内甚或国际流通市场当中。

土地规模数倍于小农的家庭农场在同样的生产技术条件下，劳动生产率要远高于小农。从劳均耕作面积增加、劳动生产率的提高两方面来说，家庭农场相比小农可以说是一种发展。因为小农的劳动投入是无须计时、计量的，而且也不存在用工成本的考量，都是自家的家庭劳动。家庭农场无论农闲、农忙以及日常生产、管理都会依据成本控制原则投入劳动用工，有弹性地调节用工量。因此，劳动投入方式的不同决定了二者劳动生产率的差异。从机械化水平、劳均耕作面积、农场的要素投入（种子、化肥、农药等）、农业劳动生产率和农产品的市场化程度综合来分析，都有现代农业的表征，且越来越趋近于农业与自然相分离的高效化学化的现代农业发展趋势，可谓之现代农业的发展。

然而，这种谓之现代农业的家庭农场，并不能在资本驱动的市场经济中超然存在，也不能免于资本的控制、挤压或剥削。随着商品化现代农业的发展，农业生产的市场化和家庭农场再生产的商品化关系使得家庭农场生产越来越处于农业产业部门的最底端，处于利益严重受损的被排挤和被剥削的种植管理环节。农场产品的价值也即农场主们家庭劳动的价值，需要市场的公平交换关系来实现，况且，嵌入国际资本市场的国内粮食市场价格很难持续走高，已经到了接近“天花板”的临界点①，很难再提升。即使在国家政府的干预下保持了相对稳定，但是家庭农场主仍然要面对粮食在国际市场影响下的国内市场，更多的资本、权力垄断下的地方市场，即深深嵌入在各种权力关系的地方市场才是他们面临的市场结构。家庭农场无论是与越来越垂直集中的农资生产商的对接，抑或是与粮食加工厂的对接，都显示出资本在农业部门的垂直集中和渗透越来越深，农资和粮食产品的两端逐步被大资本通过市场链所渗透、控制。所以，从市场关系来认识，农业生产的商品化和农场再生产的商品化关系使得家庭农场主也面临着在农资购买、农产品交换市场被挤压、剥削的地位。家庭农场主只有在亩均收益下降的情况下通过扩大规模来实现总收益的增加，这是农业产业链的价值驱动力，简言之，也就是工商业资本的组织和控制方式在驱动生产环节的变革。资本对农业产业的渗透挤压了农民的收益空间，从种子、化肥、农药到机械收割、粮食烘干、初级加工等全部成为工商资本的利润范畴，仅仅只剩下低价值、高风险的田间管理留给了家庭农场。高价值和低风险的环节被资本吸纳，只剩下低价值和高风险的田间作业留在了农村，而且专业化的家庭农场生产在不稳定和高度竞争的市场中越来越处于被支配的地位，越来越依附于资本市场而生存。

在新的社会经济环境中，大资本并未能成功地通过水平集中（扩大土地规模，依靠雇工经营）的方式来瓦解家庭农场，而是通过农资产业链垂直集中的方式重塑家庭生产组织形式，将之再造并加以市场整合再利用。在资本入侵农业的过程中，家户式生产实现了生产商品化和市场标准化的改造，能够更有利于资本市场对家庭农民的压榨和剥削，使之成为与资本市场经济体系运作方式相共生的一个系统，并且是存在家庭生产和资本的市场支配与分工的运作系统。家庭式生产方式与资本主义生产方式并非是取代的关系，而是新形势下资本的控制策略，重塑新型的家户式生

① 参见陈锡文，适应经济发展新常态 加快转变农业发展方式——学习贯彻习近平总书记在中央经济工作会议上的重要讲话精神，http://www.snzg.cn/article/2015/0402/article_40813.html，2015年4月10日最后访问。

产“依附”资本的关系，家户式生产（商品化的家庭农场）成为新的社会经济环境中资本垂直集中控制下的积累环节。依照家庭农场再生产的商品化关系，正如武广汉（2012）所指出的家庭农场的生产独立性掩盖了市场的从属性（依附性）特征，概言之，即独立的家庭式生产依附于资本的实然状态，其生产的自主性也在逐步消退。这种生产形式是否是资本主义生产方式的替代？是否是农业发展的第三条道路？将其放置于整个农业产业链、农业部门来看，商品化的家庭农场仍处于市场依附、被支配的地位，相比小农的超经济强制生产方式所受的经济强制有过之而无不及。

从农业发展本身来看，大量的化肥和农药对水土、作物结构的改变，使得农业越来越脱离生态、自然的方向，农业生产越来越脱离既有的地方生态。单一作业且规模化生产的农业转型表明中国的农业正在从多样化作业的多功能性农业向专业化转变（叶敬忠，2013）。在国家推动科学和现代农业快速发展的同时，社会的风险强度也在迅速增加，风险范围不断扩张，人们的食品消费越来越遭受巨大的“人工风险”（朱启臻，2009）。而且，家庭农场的商品化生产和专业化生产的整个生产链都融入市场当中，食物生产的链条越来越多地由大资本企业所控制，食物的生产、购销、分配以及整个体系越来越脱离农业生产者所熟知的地域社会，由大资本所主宰的陌生市场来控制。农业企业化的推进与市场化的渗透，大资本的市场主宰越来越成为新时代全球粮食危机的本质特征（Ploeg，2010）。平镇的农业生产，由多样化作业的一家一户的小规模耕作的小农生产形式变成如今的规模化、专业化粮食生产的家庭农场形式，也正是在加速这一进程。无论是作物的种植结构还是作物的种植安排，都日趋单一化、专业化。高度的商品化生产使得农场再生产更加处于市场的依附性地位，使得农业系统立足于“彻底的商品流通”之上，成为商品的附属。单一的经济价值决定了农业的命运，忽略了作为多元价值产业（经济价值、生态环境价值、社会文化价值）的特性。农业生产活动与工业不同，具有净化环境和保全国土的功能，但市场机制并没有对此进行等价的支付或补偿。长期以来，在经济学的笼罩之下，农业生产所要求的只是“作为产业的农业，作为商品的农产品”，这仅仅是体现了经济高速增长以来经济至上主义农业观的本质(祖田修，2003:89)。这种单一或专断的经济学价值忽略了与自然协同相处的具有多功能性的小农农业。小农的小块土地依靠精耕细作的经营，种植兼养殖的多样化作业，不仅可以满足自家的基本食物需求，还可为当地的基层市场提供丰富的农产品和特色食品(Barbara，2012)，通过对印度小生产的研究，芭芭拉指出，小生产不仅托起了印度经济的脊梁，还产生了不同于资本主义大生产的政治和社会效应，小生产通过繁衍实现了社会积累(Barbara，2012)。农业本身的多元价值和小生产的政治社会特性表明，平镇的农业生产正走向脱离农业与自然协同关系的道路，转向“大生产”(指资本化大农场、家庭农场)的资本积累逻辑。

平镇经历了小农—资本化大农场—家庭农场的变迁过程，而农场的资本化和农场再生产的商品化关系已经从本质上说明了后两者与小农不同的内外资源的控制与交换系统，例如农资(种子、化肥、农药等)本身的获取，生产的劳动投入，与农业生产密切相关的生态环境和社会环境(制度支持与人际网络)，都对小农有不同程度的排斥与挤压。农业生产本身和地方政府的农业治理思维都表现了一致的去小农化特征。国家的项目和制度干预首先将分散的小农变成水平集中、控制土地的资本化大农场，相继失败后，政府仍然进行引导，又变革为专业化的依赖市场的家庭农场生产，这也仍然未能逃脱资本市场垂直控制的命运。虽然说从水平集中控制的资本化大农场生产到市场垂直控制的家庭农场生产，提高了农业的组织化程度(农业的市场依赖)，但并未提高农民的组织化程度，农民被权力和市场共同抛弃了。这种方式只是便利了市场抽取农产品的利润，挤压乡村农民所享的农业利润份额。更加值得警醒的是，千家万户的小农创造劳动价值和社会就业的生活部门转变为少数人的“赚钱营生”，即高度资本和商品化的家庭农场。它们在政府的支持下，成为农业生产的主体，推动乡村农业逐步去小农化。

不仅如此，地方政府的治理对象也发生了变化。由之前的千家万户的小农变为如今少数的“种粮大户”(资本化大农场、家庭农场)，从农业生产相关的社会纠纷调解，农业生产相关的政府服务（农技服务、基础设施建设）以及一些政府提供的制度性支持（土地流转制度）和国家惠农资源（农业补贴、农业保险）的再分配等方面来看，虽不论政府实施政策的主观目的为何，但客观的现实却是，资本化大农场、家庭农场是其重点帮扶的对象，而小农则是国家政策的排挤对象，或者资源分配的盲点。

因此，平镇农业转型的本质是在政府干预和主导的发展路径下，一方面使得整个农业生产走向了市场依附性地位，另一方面使得乡村的农业生产和地方的农业治理表现出去小农化的特征，政府的干预契合了商品化农业的发展，加速了乡村的去小农化进程。

## 第三节　农业转型的社会代价：社会结构重塑与农民分化

尽管经历了由小农向专业化的家庭农场生产模式的变迁，以及农业机械和现代农资的大量投入推动了农业劳动生产率的发展，代表了现代农业的发展方向，但是这种在理念和信仰上与西方“现代农业”的规模化、集约化、市场化模式高度一致的农业发展方式在全面提倡和推广的时候，一方面缺乏对外来模式所产生的时代背景、地域和文化等的了解和自我的内化（叶敬忠、安苗，2010），另一方面又缺乏对本土实情的认真审视。在平镇的案例当中，我们看到，这样的农业转型对于农村发展，或许在主流学界看来是不可或缺的动力。农业转型与农业产业化、现代化、劳动力转移以及商品化的嵌入具有某种天然的亲和力。因为这些现象的本质都是对于“发展”的崇尚与追求。政府从小农转到对种粮大户的培育，以及对农业龙头企业的扶持，客观现实的本质无非就是让农民离开土地，将既有的土地交给少数人经营，使其成为专业化、商品化经营的农场主，将千家万户小农的生计转换成少数人的“赚钱营生”，将由数万农民所共享的农业资源和土地通过一系列的制度和措施再分配给少数精英群体，这就是平镇农业转型的本质。从这一分配秩序的形成也可窥见乡村社会结构的变化，多样化生计的农民及因家庭生命周期而致的动态分化经过劳动力和土地的商品化发展，促成了断裂的且相互固化的阶层结构，即农场主与半无产化农民的社会形态。

之前一亩三分地的小农，在人口流动的过程中形成了半工半耕的生计模式，小农家庭也因外出务工收益和家庭劳动力的多少，存在不同程度的贫富差异。在村庄内部，依据务农和外出打工进行分类，因农民生计多样化、兼业化等带来的分化，均是以务农收入和非农就业为核心指标的，将其分为纯农户、兼业户、半进城户、进城户和不务农的在村户等阶层。这些阶层之间存在紧密相关的联系，兼业户是指经营土地兼具外出打工或经商的农户；半进城户则是指因家庭生命周期特征而呈现暂时性全家外出打工、脱离农业但并不能在城安居的农户，一旦遇到风险或者年老，则会返回农村成为兼业户或纯农户；进城户则是已经通过务工、经商或者考学等方式在城市安居乐业，成为市民的人；不务农的在村户则是脱离农业，依靠乡村的非农就业机会（运输、经商等）维持生计的农户。这是学界主流研究城乡流动时期乡村的分化类型，然而这里的分化有两个被学界所忽略的特点，即纯农户和进城户均是少数，而且每个家庭都可能依据家庭生命周期而发生变动，可能因为进城打工中的挫折和风险（工伤）而滑落至纯农户，而那些兼业户或者半进城户也会因为收入的稳定性增加而成为进城户。所以进城户、半进城户与纯农户群体都不是固化的，无法在再生产过程中生产出新的相对稳定的阶层结构，恰恰相反，他们之间是不稳定的，而且是动态变化的，他们之间因为家乡土地的联系而自发生成了一种动态的平衡，即土地在农民之间、亲族之间灵活而互惠性地自发流转，也出现了本书第二章中提到的处于村庄中间阶层的中农群体。不仅如此，因为农民外出打工就业的高度不稳定性，而且工资水平无法承担一个家庭劳动力再生产的需要，更加呈现了阶层的不稳定性。农民外出打工或经商，或在家务农属于不同的就业机会。但是务农的经济和社会活动最大限度地抵御了劳动力商品化的风险。这些阶层之间存在动态的变化，可因家庭生命周期变化呈现动态的规律。

当以土地流转为契机的农业现代化体系再造了新型的农业生产形式

时，之前的逻辑自洽的小农体系解体，成为如今平镇的农场主阶层和大多数的半无产化农民。土地流转，即土地经营权转让也逐渐脱离农民亲属之间的社会关系制约，越来越趋于成为一种生产要素的商品，在政府干预下的农村市场当中进行交易。土地流转的推行，将农村的资源、土地、劳动力以及社会关系都推向全盘市场化的方向发展，使得农场和农民家庭都深深地嵌入商品化关系之中。土地流转所推动的规模经营运动首先挤垮了农村中处于社会结构中间阶层的中农群体，这属于乡村当中依靠社会关系获取土地的主要务农群体。不仅如此，还摧毁了部分兼业化农户的生计，诸如养鱼兼种地、种蔬菜，或者小规模家禽养殖兼务农的农户；村庄里为小农服务的，出卖“机械化”服务（替人整田、收割）兼带种田的农机手，在农业转型后，他们因被以资本为主体的农机合作社所挤垮而失业，因为农业规模经营运动而失去了围绕土地的生计来源。无论是从经济收入，还是社会资本以及乡村的人情网络来说，他们都属于村庄社会结构当中的中间阶层，也具有中间阶层的社会禀赋，即关心村庄，融入社区生活。

除了在土地上劳作且依靠兼业化生计的中间阶层在土地流转中慢慢消失之外，另外还有大部分为小农体系服务而活跃在基层市场中的小商小贩，他们也面临着同样的命运。比如集市上为小农的日常生活提供服务的诸多早餐摊、快餐店、日用品百货店、农资经销店以及农贸市场等，皆因为土地流转后，人口大量外出，货币化压力下老年农民消费能力的降低而失去生意和客户，日渐衰落。围绕着小农体系的农村基层市场在农业转型过程中日趋萎缩，依靠基层市场就业的个体户以及一些小商小贩也被迫逐步退出。简言之，依靠小农生产体系的基层市场随着生产体系的变革也日渐消失。乡村集市即基层市场的个体户以及一些游走在乡村的小商小贩（前文第四章提到的粮食经纪人等），他们本都属于小农体系范畴内的成员，依靠小农体系的运行谋得生计，但是随着土地流转，大量的小农户和农民消失了。村里千家万户的小农仅仅只剩下数百个农场主时，依靠小农市场服务维生的基层市场主体也将逐步消失。农业转型的完成将逐步使得基层市场萎缩，乡村集市日渐凋敝，依靠基层市场维生的小商小贩也迫于无奈不得不另寻他路……农业转型带来的是整个体系的变革，牵动着数以万计农民和基层市场主体的生计。

随着乡村中间阶层和基层市场主体的逐步消失，乡村社会结构也被重塑了，即小农体系瓦解后，乡村变成了以少数精英农场主和进城务工的“半无产化”农民阶层为主的乡村。平镇农业转型的过程可称为有代价的发展，抑或有代价的社会变迁。然而正如彼得·伯格所说：

没有任何无代价的社会变迁，必须认真严肃地拷问的是这种代价是什么，以及谁被要求付出代价，预计的收益是否使这些代价被人们接受。

——彼得·伯格(Peter Berger,1974)

《牺牲的金字塔：政治伦理学与社会变革》

“没有任何无代价的社会变迁”，况且，任何社会变迁的代价从来没有平均分摊到每一个人身上，在很多时候，往往我们自己也不清楚谁在这些发展中受益，谁将为其中的代价买单。我们能隐约感受到的是，在这场农业转型的浪潮中，有部分农民并不是农业现代化的受益者，相反，他们的日常生活变得更紧张，生活货币化压力更大，发展的成果并未让所有农民共享！

# 附录A　土地流转实施方案

为加快推进农村土地承包经营权流转,促进土地向规模经营集中,优化农村土地资源配置,加快农村产业结构调整,推进新农村建设,结合我镇土地整理项目区实际情况,制定本实施方案。

## 一、指导思想

以落实科学发展观、城乡一体化及建设新农村为指导,以稳定农村土地承包关系为基础,通过探索土地规模经营方式,促进土地适度集中,发展农业机械化、集约化经营,以提高农村土地利用率、产出率,提升农业产业化经营水平,稳步推进"土地向规模经营者集中,人口向城镇集中,农村劳力向非农产业转移"。

## 二、基本原则

农村土地流转在遵循农户土地承包经营制度和稳定农村土地承包关系的基础上,坚持农户经营权长期不变的原则;坚持依法、自愿、有偿的原则;坚持农业规模经营的原则;坚持发展现代农业,促进新农村建设的原则。

## 三、主要工作内容

1. 召开村民组长、村民代表等各类型会议,印发《致平镇土地整理项目区承包土地农户朋友的一封信》,进行广泛宣传,征求意见,统一思想认识。

2. 向承包土地的农户发放申请表、委托书,明确是否愿意集中流转土地经营权,还是要求继续承包经营土地。

3. 丈量项目区之内的土地总面积，按照同增同减的方法，分摊、确定到村民组所有的土地面积。

4. 划分各村民组所有的地块，并勘界、确权、发证到组，各农户项目区田亩数不再确定具体田块，由各组将承包权田亩数分解发证到户，相关资料报镇政府备案存档。

5. 划分大户经营和本组农户经营的区域及地块。项目区农户需继续承包经营土地的，申请后取得土地经营权，并在本村民组土地区域内，按土地质量的好坏，合理划分耕种地块，但需保证田块的基本完整。

6. 以村民组为单位，召开农户代表会议，签订流转协议或土地租赁经营合同。

7. 村集体经济组织或村委会与土地承包经营大户签订合同，同时交付土地。

## 四、流转方法与步骤

平镇土地整理项目二期工程，规划整理耕地面积为 9200 亩左右（不含路、渠、埂占用面积），平整后的土地达到田成块、路相连、渠相通、林成网、旱能灌、涝能排、适应机械化耕作的现代农田格局。项目已于 2008 年 8 月开工，预计 2009 年元月完工。对治理后可集中进行流转的土地做如下安排。

### （一）流转方法

1. 土地集中流转方式以租赁为主，每个承包经营大户承包面积原则上不得少于 100 亩，并具有相应的农业生产技术水平、管理能力和一定的经济实力。

2. 流转期限及价格。项目区集中流转的土地第一轮流转期限为 5～16 年。租金每年每亩不得少于 400 元现金或按 400 斤中籼稻谷计价，以现金支付。

3. 承包费兑现时间及承包风险金交纳标准。分两种情况：第一种是每年承包费于元月 10 日前一次性兑现到各农户，按每亩 100 元交纳承包风险金；第二种是每年承包费于10月1日至10月15日一次性兑现到各农户，按每亩200元交纳承包风险金，同时必须购买农业政策性保险。合同到期时，承包风险金按合同约定退还。

4. 其他约定。流转期间，国家给予的粮食直接补贴、良种补贴以及农资综合直补仍属原承包农户享有，给予规模经营大户的各项政策性补贴属承包规模经营户享有。

以上流转方式的具体约定以签订土地承包经营合同为准。

### （二）大户承包步骤

1. 实行报名登记。2008年11月30日前，有意承包项目区土地的大户须到镇农经站进行报名登记，填写承包户基本情况表，包括姓名、职业、承包面积、种植意向及联系地址、联系方式。报名时按承包面积，每亩100元交纳承包信誉担保金到农经账户，否则报名无效。

2. 确定流转对象。2009年元月份，镇、村根据项目区农户愿意集中流转的土地面积来选择流转对象，综合考虑因素包括：报名先后顺序，本村、本镇及镇外承包人身份顺序，承包人的生产技术水平、管理能力、经济实力以及在地方村民中的信誉度等资信情况。也可采取公开拍租的方式来确定流转对象。

3. 签订流转合同。对于确定为流转对象的大户，通知签订土地流转合同。签合同时，信誉担保金可以转为承包风险金，如被确定为流转对象后却无故拒签合同的，信誉担保金不再退还。因集中流转土地面积有限，没能承包土地的报名户，信誉担保金如数退还，并由镇政府按银行活期存款支付期间利息。

## 五、服务保障措施

1. 加强领导，依法引导。成立镇农村土地流转工作领导小组，建立相应的农村土地经营权流转服务中心，与镇经管站合署办公（一个机构两块牌子）。服务中心接受土地流转双方委托，登记和发布土地流转信息；组织土地流转双方见面洽谈，促成土地流转；按照规范的合同文本指导流转双方及时签订土地流转合同，办理土地流转合同的登记及立卷归档工作。

村委会负责具体组织实施。对依法委托村委会流转土地的农户，村委会要及时收集农户的土地流转信息，按规定将流转土地的基本信息及时发布并上报镇土地流转中心；依法与新承包人签订合同；根据合同规定及时收取新承包人应交纳的承包金，凡不能及时足额交纳的，村委会有权终止合同；流转收益要及时足额支付给原承包户，否则原承包户有权终止委托并依法追偿。

2. 严格审查新承包人资质及实力。凡流转土地连片达 100 亩以上(含 100 亩)的，由村级上报，经镇会同有关部门审查。主要审查新承包人的资信情况、经营能力、履约能力以及拟经营的项目是否符合法律法规、环境保护政策、产业发展规划等。

3. 规范土地承包经营权流转合同。土地承包经营权流转合同内容包括双方姓名和住所，流转土地的位置、面积、期限和起止日期、用途、价款及支付方式，双方的权利和义务以及违约责任等。凡委托村委会流转的，委托书需明确委托事项、权限、参考底价、支付方式及流转期限等，由委托人签字或盖章。土地流转合同必须在服务中心的监督下签订，村级归档管理，并报镇备案。

4. 依法解决土地承包和流转中出现的问题。农村土地经营权流转服务中心要及时解决土地承包和流转中出现的矛盾与纠纷。因土地承包和土地流转发生矛盾与纠纷，双方当事人可协商解决，也可请村委会和镇政府进行调解。经协商、调解不成的，可以申请仲裁，也可向人民法院提起诉讼。确保农村土地流转工作健康发展。

平镇人民政府

二〇〇八年十月三十日

# 附录B 项目区土地流转分配方案

为切实做好平镇土地整理二期工程项目区的土地流转工作,推进土地适度规模经营,本着公平、公正、公开的原则,经研究决定,特制定如下土地流转分配方案。

鉴于土地整理二期工程项目区土地承包的实际情况(即承包大户报名承包田亩数的10400亩和实际参与土地流转田亩数的5000亩),原则上所有承包大户按实际报名田亩数折扣50%为基数(特殊情况可适当增减)参与此次流转,在实际田亩分配中采取抽签的方式确定具体承包地块。按报名先后顺序进行抽签,根据抽签结果排序,从第一签开始由项目区四标开始按顺序到十三标止,本着"标段顺序,抽签定位,相对连片,不足切补,忽略不计,尊重水源,符合情理,下不保底"的原则进行分配。具体如下。

1.标段顺序:就是按照施工标段的编号顺序进行排序(四标段部分田块因水系地形复杂,已商定发包)。

2.抽签定位:就是按照抽签顺序进行排列,决定承包土地的位置。抽签人员一旦形成抽签事实,确定具体田块,当日签订流转土地合同,并于三天内缴纳第一年360元/亩的承包金。否则视同承包人违约,不再返还其所缴纳的实际确认田亩数保证金(即50元/亩)。

3.不足切补:承包户通过抽签定位后,出现的跨标段田块,原则上以连片邻近的切补办法,做到相对连片,确实无法连片的,采取尽量以近凑近。

4.忽略不计:就是田地在具体分配中,根据连片分配后出现少数田亩不足预分配数和多于预分配数时,可以采用"舍去或纳入"的办法,不求承包绝对整数。

5. 尊重水源：在相对连片和不足切补的过程中，要尊重水系关系，连片的小户不得夺取连片大户的水源条件。

6. 符合情理：就是在土地分配中不得出现违背生产条件、违反科学规划、无形增加生产成本的倒置分配方法。

7. 下不保底：按照抽签的顺序，土地分配不足（含零面积）或上签分配节余的田亩均属尾签。

平镇农村合作经济经营管理站

二〇〇九年三月二十日

# 附录C　土地流转统计表

**平镇土地规模经营情况统计表(2007—2014 年)**

| 业主序号 | 面积(合同)/亩 | 土地类别 | 经营项目 | 取得经营权方式 | 流转起止日期 |
|---|---|---|---|---|---|
| 1 | 485 | 耕地 | 蔬菜 | 租赁 | 2007—2026 年 |
| 2 | 2244.03 | 耕地 | 水稻 | 租赁 | 2008—2016 年 |
|  | 271.94 | 耕地 | 水稻 | 租赁 | 2011—2016 年 |
|  | 581.86 | 耕地 | 水稻 | 租赁 | 2012—2021 年 |
| 3 | 220 | 耕地 | 水稻 | 租赁 | 2008—2013 年 |
|  | 117.69 | 耕地 | 水稻 | 租赁 | 2014—2019 年 |
| 4 | 2003.6 | 耕地 | 水稻 | 租赁 | 2009—2016 年 |
| 5 | 925.35 | 耕地 | 水稻 | 租赁 | 2009—2016 年 |
| 6 | 1061.3 | 耕地 | 水稻 | 租赁 | 2009—2016 年 |
| 7 | 638.58 | 耕地 | 水稻 | 租赁 | 2009—2016 年 |
| 8 | 226.7 | 耕地 | 水稻 | 租赁 | 2009—2016 年 |
| 9 | 190.16 | 耕地 | 水稻 | 租赁 | 2009—2016 年 |
| 10 | 183.08 | 耕地 | 水稻 | 租赁 | 2009—2016 年 |
| 11 | 181.05 | 耕地 | 水稻 | 租赁 | 2009—2016 年 |
| 12 | 181.05 | 耕地 | 水稻 | 租赁 | 2009—2016 年 |
| 13 | 181.05 | 耕地 | 水稻 | 租赁 | 2009—2016 年 |
| 14 | 198.47 | 耕地 | 水稻 | 租赁 | 2009—2016 年 |
| 15 | 873.51 | 耕地 | 水稻 | 租赁 | 2009—2016 年 |
| 16 | 241.45 | 耕地 | 水稻 | 租赁 | 2009—2024 年 |
| 17 | 312.34 | 耕地 | 水稻 | 租赁 | 2009—2024 年 |
| 18 | 631.99 | 耕地 | 水稻 | 租赁 | 2010—2024 年 |
| 19 | 103 | 耕地 | 水稻 | 租赁 | 2010—2012 年 |

续表

| 业主序号 | 面积(合同)/亩 | 土地类别 | 经营项目 | 取得经营权方式 | 流转起止日期 |
|---|---|---|---|---|---|
| 20 | 135 | 耕地 | 水稻 | 租赁 | 2010—2017年 |
| 21 | 295 | 耕地 | 水稻 | 租赁 | 2010—2025年 |
| 22 | 120.16 | 耕地 | 水稻 | 租赁 | 2010—2020年 |
| 23 | 235.52 | 耕地 | 水稻 | 租赁 | 2011—2018年 |
| 24 | 724.47 | 耕地 | 水稻 | 租赁 | 2011—2016年 |
| 25 | 560 | 耕地 | 水稻 | 租赁 | 2011—2013年 |
| 26 | 173.62 | 耕地 | 水稻 | 租赁 | 2012—2020年 |
| 27 | 122.4 | 耕地 | 水稻 | 租赁 | 2012—2018年 |
|  | 83.51 | 耕地 | 水稻 | 租赁 | 2013—2019年 |
| 28 | 208 | 耕地 | 水稻 | 租赁 | 2011—2020年 |
|  | 273.31 | 耕地 | 水稻 | 租赁 | 2012—2022年 |
| 29 | 183 | 耕地 | 水稻 | 租赁 | 2012—2014年 |
| 30 | 190.93 | 耕地 | 水稻 | 租赁 | 2012—2020年 |
| 31 | 380.59 | 耕地 | 水稻 | 租赁 | 2012—2020年 |
| 32 | 404.45 | 耕地 | 水稻 | 租赁 | 2012—2022年 |
| 33 | 250.3 | 耕地 | 水稻 | 租赁 | 2012—2018年 |
|  | 42.42 | 耕地 | 水稻 | 租赁 | 2013—2013年 |
| 34 | 105.23 | 耕地 | 水稻 | 租赁 | 2012—2018年 |
| 35 | 104.7 | 耕地 | 水稻 | 租赁 | 2012—2018年 |
| 36 | 220.11 | 耕地 | 水稻 | 租赁 | 2013—2019年 |
| 37 | 570 | 耕地 | 水稻 | 租赁 | 2013—2019年 |
| 38 | 486 | 耕地 | 水稻 | 租赁 | 2013—2019年 |
| 39 | 199.7 | 耕地 | 水稻 | 租赁 | 2013—2019年 |
| 40 | 110.58 | 耕地 | 水稻 | 租赁 | 2013—2018年 |
| 41 | 105 | 耕地 | 水稻 | 租赁 | 2013—2018年 |
| 42 | 101 | 耕地 | 水稻 | 租赁 | 2013—2018年 |
| 43 | 180 | 耕地 | 水稻 | 租赁 | 2013—2018年 |
| 44 | 192.05 | 耕地 | 水稻 | 租赁 | 2013—2018年 |
| 45 | 147.98 | 耕地 | 水稻 | 租赁 | 2013—2018年 |

续表

| 业主序号 | 面积(合同)/亩 | 土地类别 | 经营项目 | 取得经营权方式 | 流转起止日期 |
|---|---|---|---|---|---|
| 46 | 108 | 耕地 | 水稻 | 租赁 | 2013—2019 年 |
| 47 | 222.82 | 耕地 | 水稻 | 租赁 | 2013—2019 年 |
| 48 | 115.56 | 耕地 | 水稻 | 租赁 | 2013—2019 年 |
| 49 | 206.29 | 耕地 | 水稻 | 租赁 | 2013—2019 年 |
| 50 | 250.59 | 耕地 | 水稻 | 租赁 | 2013—2019 年 |
| 51 | 199.72 | 耕地 | 水稻 | 租赁 | 2013—2019 年 |
| 52 | 199.19 | 耕地 | 水稻 | 租赁 | 2013—2019 年 |
| 53 | 355.8 | 耕地 | 水稻 | 租赁 | 2013—2019 年 |
| 54 | 717.23 | 耕地 | 水稻 | 租赁 | 2013—2019 年 |
| 55 | 850.24 | 耕地 | 水稻 | 租赁 | 2013—2019 年 |
| 56 | 217.6 | 耕地 | 水稻 | 租赁 | 2013—2019 年 |
| 57 | 199.07 | 耕地 | 水稻 | 租赁 | 2013—2019 年 |
| 58 | 235.43 | 耕地 | 水稻 | 租赁 | 2013—2019 年 |
| 59 | 128.64 | 耕地 | 水稻 | 租赁 | 2013—2019 年 |
| 60 | 109 | 耕地 | 水稻 | 租赁 | 2013—2019 年 |
| 61 | 112.2 | 耕地 | 水稻 | 租赁 | 2013—2019 年 |
| 62 | 130.3 | 耕地 | 水稻 | 租赁 | 2013—2019 年 |
| 63 | 1375.0 | 耕地 | 水稻 | 租赁 | 2013—2019 年 |
| 64 | 118.15 | 耕地 | 水稻 | 租赁 | 2014—2019 年 |
| 65 | 340.8 | 耕地 | 水稻 | 租赁 | 2014—2019 年 |
| 66 | 245.1 | 耕地 | 水稻 | 租赁 | 2014—2019 年 |
| 67 | 101.4 | 耕地 | 水稻 | 租赁 | 2014—2019 年 |
| 68 | 100.9 | 耕地 | 水稻 | 租赁 | 2014—2019 年 |
| 69 | 452.4 | 耕地 | 水稻 | 租赁 | 2014—2019 年 |
| 70 | 105.7 | 耕地 | 水稻 | 租赁 | 2014—2019 年 |
| 71 | 15 | 耕地 | 水稻 | 租赁 | 2014—2019 年 |
| 72 | 175 | 耕地 | 水稻 | 租赁 | 2014—2019 年 |
| 总计 | 26328 | | | | |

注:数据来源于平镇土地流转中心办公室,2014 年 5 月。

# 附录D　关于鼓励家庭农场建设发展的通知[①]

各镇农经站、工商所：

为深入落实中央1号文件精神，创新农业生产经营体制，进一步推进我县家庭农场建设，提高农业集约化经营、标准化生产、社会化服务水平，现就我县家庭农场建设发展，通知如下。

## 一、鼓励发展家庭农场

家庭农场是指以农户家庭为基本生产经营单位，以家庭成员为主要劳动力，从事农业规模化、集约化、商品化生产经营，以农业收入为家庭主要收入来源的，实行自主经营、自我积累、自我发展、自负盈亏和科学管理，并在工商部门办理家庭农场注册登记的新型农业经营主体。

## 二、家庭农场条件

1. 适度规模。种植业：粮棉油集中连片规模在100亩以上，设施蔬菜(含瓜果)在20亩以上、露地蔬菜在30亩以上，苗木花卉等在100亩以上。畜禽业：猪、羊年出栏在100头以上，家禽年出来2万羽以上，蛋禽存栏5000羽以上，其余畜禽规模按排泄物产生量折算达到相应标准。水产业：规模养殖面积100亩以上、精养面积20亩以上。种养结合的综合性农场在各项标准达上述标准的50%以上。土地、山场、水面流转年限3年以上。

2. 经营管理。具有一定的生产、管理水平，注重农业标准化生产，推广应用新品种、新技术、新材料，机械化操作水平较高，品牌意识和产品市

① F县农业委员会和工商行政管理局合发文件，农发〔2013〕29号。

场竞争力较强，农产品质量安全水平较高，对周边农户具有明显示范带动效应，产品销售渠道较完备，基本实现订单生产和销售。

## 三、登记注册流程

家庭农场经营主体为个人经营或家庭经营的个体工商户，由各家庭农场所在地工商所负责登记注册，并提交核准通知书、申请人身份证复印件、村委会出具的经营场地证明、县农委或镇农经站出具的家庭农场核实情况证明等材料，当事人不能到场的还需出具委托书以及委托人、被委托人的身份证复印件。

## 四、家庭农场管理

县工商局各工商所负责对家庭农场注册登记，按照相关法律法规实施监管，对已开办的家庭农场要加大帮扶力度，实行定期和不定期的回访制度，积极主动帮助其解决在经营过程中遇到的困难和问题。

县农委负责对家庭农场的管理，制定、落实相关扶持政策，指导家庭农场开展规模化、集约化、商品化生产经营，引导具备家庭农场雏形，从事农业生产经营的农户向家庭农场经营模式转变，同时对农业生产有热情的农户，鼓励其创办农村家庭农场，扩大家庭农场群体，推动农业生产经营体制创新。

二〇一三年四月十日

# 参 考 文 献

[1] 巴比. 社会研究方法基础[M]. 邱泽奇,译. 8 版. 北京:华夏出版社,2002.

[2] 恰亚诺夫. 农民经济组织[M]. 萧正洪,译. 北京:中央编译出版社,1996.

[3] 萨缪尔森,诺德豪斯. 经济学[M]. 萧深,等,译. 16 版. 北京:华夏出版社,1999.

[4] 北京天则经济研究所《中国土地问题》课题组,张曙光. 土地流转与农业现代化[J]. 管理世界,2010(7):66-85.

[5] 陈义媛. 资本主义式家庭农场的兴起与农业经营主体分化的再思考——以水稻生产为例[J]. 开放时代,2013a(4):137-156.

[6] 陈义媛. 遭遇资本下乡的家庭农业[J]. 南京农业大学学报(社会科学版),2013b(6):24-26.

[7] 陈洁,罗丹. 种粮大户:一支农业现代化建设的重要力量[J]. 求是,2012(3):32-34.

[8] 崔建,冯智强. 农业企业化:我国农业现代化的主要途径[J]. 经济问题探索,2007(2):75-78.

[9] 陈柏峰. 土地流转对农民阶层分化的影响——基于湖北省京山县调研的分析[J]. 中国农村观察,2009(4):57-64.

[10] 陈柏峰. 中国农村的市场化发展与中间阶层——赣南车头镇调查[J]. 开放时代,2012(3):31-46.

[11] 陈翰笙. 解放前的地主与农民——华南农村危机研究[M]. 北京:中国社会科学出版社,1984.

[12] 狄金华. "乡域政治":何以可能,何以可为——评吴毅《小镇喧

器——一个乡镇政治运作的演绎与阐释》[J]. 开放时代，2008(4)：164-174.
[13] 董正华. 小农制与东亚现代化模式——对台湾地区和韩国经济转型时期农业制度的考察[J]. 北京大学学报(哲学社会科学版)，1994，31(3)：66-78.
[14] 董正华. 中外农业生产中的家庭经营与小农传统——农业资本主义，还是"农民的生产方式"[J]. 人民论坛・学术前沿，2014a(2)：17-47.
[15] 董正华. 走向现代的小农：历史的视角与东亚的经验[M]. 北京：中国人民大学出版社，2014b.
[16] 邓大才. "小承包大经营"的"中农化"政策研究——台湾"小地主大佃农"制度的借鉴与启示[J]. 学术研究，2011(10)：80-86.
[17] 杜吟棠. 农业产业化经营和农民组织创新对农民收入的影响[J]. 中国农村观察，2005(3)：9-18.
[18] 恩格斯. 法德农民问题[M]//马克思恩格斯选集：第4卷. 北京：人民出版社，1972.
[19] 费孝通. 学术自述与反思[M]. 北京：生活・读书・新知三联书店，1996.
[20] 费孝通. 江村经济——中国农民的生活[M]. 北京：商务印书馆，2001.
[21] 方行. 中国封建经济论稿[M]. 北京：商务印书馆，2004.
[22] 冯小. 农民专业合作社制度异化的乡土逻辑——以"合作社包装下乡资本"为例[J]. 中国农村观察，2014(2)：2-8.
[23] 龚为纲. 农业治理转型——基于一个全国产粮大县财政奖补政策实践的分析[D]. 武汉：华中科技大学，2014.
[24] 桂华. "没有资本主义化"的中国农业发展道路[J]. 战略与管理，2013(11)：8-36.
[25] 桂华，贺雪峰. 再论中国农村区域差异——一个农村研究的中层理

论建构[J]. 开放时代,2013(4):157-171.
[26] 高原. 市场经济中的小农农业和村庄:微观实践与理论意义[J]. 开放时代,2011(12):113-128.
[27] 高小贤. 当代中国农村劳动力转移及农业女性化趋势[J]. 社会学研究,1994(2):83-90.
[28] 高强,刘同山,孔祥智. 家庭农场的制度解析:特征、发生机制与效应[J]. 经济学家,2013(6):48-56.
[29] 国务院研究室课题组. 农产品流通体制改革与政策保障[M]. 北京:红旗出版社,1992.
[30] 伯恩斯坦. 农政变迁的阶级动力[M]. 汪淳玉,译. 北京:社会科学文献出版社,2011.
[31] 黄宗智. 华北的小农经济与社会变迁[M]. 北京:中华书局,2000.
[32] 黄宗智. 制度化了的"半工半耕"过密型农业(上)[J]. 读书,2006a(2):30-37.
[33] 黄宗智. 长江三角洲小农家庭与乡村发展[M]. 北京:中华书局,2006b.
[34] 黄宗智. 制度化了的"半工半耕"过密型农业(下)[J]. 读书,2006c(3):72-80.
[35] 黄宗智,彭玉生. 三大历史性变迁的交汇与中国小规模农业的前景[J]. 中国社会科学,2007(4):74-88.
[36] 黄宗智. 中国被忽视的非正规经济:现实与理论[J]. 开放时代,2009(2):51-73.
[37] 黄宗智. 中国发展经验的理论与实用含义——非正规经济实践[J]. 开放时代,2010(10):134-158.
[38] 黄宗智. 小农户与大商业资本的不平等交易:中国现代农业的特色[J]. 开放时代,2012a(3):88-99.
[39] 黄宗智,高原,彭玉生. 没有无产化的资本化:中国的农业发展[J]. 开放时代,2012b(3):10-30.

[40] 黄宗智.《中国新时代的小农经济》导言[J]. 开放时代，2012c(3)：5-9.

[41] 黄宗智. 中国的非正规经济再论证[C]//黄宗智. 中国乡村研究(第十辑). 福州：福建教育出版社，2013a.

[42] 黄宗智，高原. 中国农业资本化的动力：公司，国家，还是农户？[C]//黄宗智. 中国乡村研究(第十辑). 福州：福建教育出版社，2013b.

[43] 黄宗智. "家庭农场"是中国农业的发展出路吗？[J]. 开放时代，2014(2)：176-194.

[44] 黄祖辉，王朋. 农村土地流转：现状、问题及对策——兼论土地流转对现代农业发展的影响[J]. 浙江大学学报(人文社会科学版)，2008，38(2)：38-47.

[45] 黄延廷. 家庭农场优势与农地规模化的路径选择[J]. 重庆社会科学，2010(5)：20-23.

[46] 黄桂弟. 发展家庭农场 建设现代农业——来自松江家庭农场的思考和启示[J]. 统计科学与实践，2010(8)：43-44.

[47] 贺雪峰. 个案调查与区域比较：农村政策基础研究的进路[J]. 华中科技大学学报(社会科学版)，2007，21(1)：112-119.

[48] 贺雪峰. 论农地经营的规模——以安徽繁昌调研为基础的讨论[J]. 南京农业大学学报(社会科学版)，2011a，11(2)：6-14.

[49] 贺雪峰. 取消农业税后农村的阶层及其分析[J]. 社会科学，2011b(3)：70-79.

[50] 贺雪峰. 论中国农村的区域差异——村庄社会结构的视角[J]. 开放时代，2012a(10)：108-129.

[51] 贺雪峰. 当下中国亟待培育新中农[J]. 人民论坛，2012b(5)：60-61.

[52] 贺雪峰. 关于"中国式小农经济"的几点认识[J]. 南京农业大学学报(社会科学版)，2013a(6)：1-6.

[53] 贺雪峰. 小农立场[M]. 北京：中国政法大学出版社，2013b.

[54] 胡鞍钢,吴群刚.农业企业化:中国农村现代化的重要途径[J].农业经济问题,2001(1):9-21.

[55] 黄忠怀,邓永平.都市里的小农:城市郊区"农民农"现象及其成因——基于上海浦东Z镇的实证分析[J].华东理工大学学报(社会科学版),2013,28(2):100-108.

[56] 韩俊.土地政策:从小规模均田制走向适度规模经营[J].调研世界,1998(5):8-9.

[57] 何小勤.农业劳动力老龄化研究——基于浙江省农村的调查[J].人口与经济,2012(2):69-77.

[58] 景晓芬,马凤鸣.生命历程视角下农民工留城与返乡意愿研究——基于重庆和珠三角地区的调查[J].人口与经济,2012(3):57-64.

[59] 柯志明.米糖相克——日本殖民主义下台湾的发展与从属(1895—1945)[M].台北:群学出版社,2006.

[60] 考茨基.土地问题[M].梁琳,译.北京:生活·读书·新知三联书店,1955.

[61] 波兰尼.大转型——我们时代的政治与经济起源[M].冯钢,刘阳,译.杭州:浙江人民出版社,2007.

[62] 列宁.俄国资本主义的发展——大工业国内市场形成的过程[M].曹葆华,译.北京:人民出版社,1957.

[63] 列宁.列宁全集(第3卷)[M].中共中央马克思恩格斯列宁斯大林著作编译局,译.北京:人民出版社,1984.

[64] 卢昌军,邓大才.从"以业为商"到"以农为市"——社会化小农的市场维度考察[J].华中师范大学学报(人文社会科学版),2007,46(4):18-22.

[65] 卢晖临,李雪.如何走出个案——从个案研究到扩展个案研究[J].中国社会科学,2007(1):118-130.

[66] 李春玲,吕鹏.社会分层理论[M].北京:中国社会科学出版社,2008.

[67] 刘建洲. 无产阶级化历程：理论解释、历史经验及其启示[J]. 社会，2012,32(2):51-83.

[68] 刘磊. 阶级视野的远去与回归——以《大工地：建筑业农民工的生存图景》为例展开[J]. 中国农业大学学报(社会科学版)，2013,30(1):90-101.

[69] 刘娟. 遭遇高速：村庄土地征占中的政治[D]. 北京：中国农业大学，2012.

[70] 林辉煌. 江汉平原的农民流动与阶层分化：1981—2010——以湖北曙光村为考察对象[J]. 开放时代，2012(3):47-70.

[71] 弗里德曼. 中国东南的宗族组织[M]. 刘晓春，译. 上海：上海人民出版社，2000.

[72] 马克思. 法兰西内战[M]//马克思恩格斯选集・2卷. 北京：人民出版社，1972.

[73] 马克思. 资本论・1卷[M]. 北京：人民出版社，2004.

[74] 毛泽东. 毛泽东农村调查文集[M]. 人民出版社，1982.

[75] 孟捷，李怡乐. 改革以来劳动力商品化和雇佣关系的发展——波兰尼和马克思的视角[J]. 开放时代，2013(5):74-106.

[76] 聂建亮，钟涨宝. 土地流转的策略选择与资源动用——基于对云南省W村的个案调查[J]. 南京农业大学学报(社会科学版)，2013(2):101-107.

[77] 潘毅，卢晖临，等. 农民工：未完成的无产阶级化[J]. 开放时代，2009(6):5-35.

[78] 渠敬东. 项目制：一种新的国家治理体制[J]. 中国社会科学，2012(5):113-132.

[79] 任守云. 市场嵌入与自我剥削——李村商品化过程研究[D]. 北京：中国农业大学，2012.

[80] 施坚雅. 中国农村的市场和社会结构[M]. 史建云，徐秀丽，译. 北京：中国社会科学出版社，1998.

[81] 孙新华. 土地流转与农户家计：两种流转模式的比较——基于江西省T村的实证调查[J]. 贵州社会科学，2012(4):77-83.

[82] 孙新华. 强制商品化："被流转"的市场化困境——基于五省六地的调查[J]. 南京农业大学学报(社会科学版)，2013(5):25-31.

[83] 孙新华. 农业企业化与农民半无产化——工商企业流转农地对农村生产关系的再造[C]//周晓虹，谢寿光. 中国研究2014年秋季卷(总第20期). 北京：社会科学文献出版社，2016:162-184.

[84] 孙立平，郭于华. "软硬兼施"：正式权力非正式运作的过程分析——华北B镇收粮的个案研究[C]//清华大学社会学系. 清华社会学评论(特辑). 厦门：鹭江出版社，2000:21-46.

[85] 托达罗. 第三世界的经济发展[M]. 于同申，等，译. 北京：中国人民大学出版社，1988.

[86] 屠晶. 资本主导型土地流转后的农业模式研究[D]. 北京：中国农业大学，2014.

[87] 王铭铭. 走在乡土上——历史人类学札记[M]. 北京：中国人民大学出版社，2003.

[88] 王铭铭. 社会人类学与中国研究[M]. 南宁：广西师范大学出版社，2005.

[89] 武广汉. "中间商＋农民"模式与农民的半无产化[J]. 开放时代，2012(3):100-111.

[90] 王立新. 农业转型概念的双重化[J]. 史学理论研究，2008(2):52-57.

[91] 王立新. 农业资本主义的理论与现实：绿色革命期间印度旁遮普邦的农业发展[J]. 中国社会科学，2009(5):189-203.

[92] 王立新. 印度绿色革命的政治经济学：发展、停滞和转变[M]. 北京：社会科学文献出版社，2011.

[93] 王立新. 农业问题研究中的理论模式——以生产要素概念图式为参照框架的考察[J]. 河北师范大学学报(哲学社会科学版)，2012(2):11-19.

[94] 吴重庆."界外":中国乡村"空心化"的反向运动[J].开放时代,2014(1):145-154.

[95] 万俊毅.准纵向一体化、关系治理与合约履行——以农业产业化经营的温氏模式为例[J].管理世界,2008(12):93-102.

[96] 王绍光.大转型:1980年代以来中国的双向运动[J].中国社会科学,2008(1):129-148.

[97] 王绍光.中国仍然是低福利国家吗?——比较视角下的中国社会保护"新跃进"[J].人民论坛·学术前沿,2013(11):70-94.

[98] 华勒斯坦.历史资本主义[M].路爱国,等,译.北京:社会科学文献出版,1999.

[99] 王春超,李兆能.农村土地流转中的困境:来自湖北的农户调查[J].华中师范大学学报(人文社会科学版),2008,47(4):51-56.

[100] 王跃生.农村家庭代际关系理论和经验分析——以北方农村为基础[J].社会科学研究,2010(4):116-123.

[101] 奚建武."农民农":城镇化进程中一个新的问题域——以上海郊区为例[J].华东理工大学学报(社会科学版),2011,26(3):84-90.

[102] 熊万胜.市场里的差序格局——对我国粮食购销市场秩序的本土化说明[J].社会学研究,2011(5):31-54.

[103] 徐勇,邓大才.社会化小农:解释当今农户的一种视角[J].学术月刊,2006(7):5-13.

[104] 徐勇."再识农户"与社会化小农的建构[J].华中师范大学学报(人文社会科学版),2006(3):2-8.

[105] 徐嘉鸿.农村土地流转中的中农现象——基于赣北Z村实地调查[J].贵州社会科学,2012(4):84-90.

[106] 余练,产权的地方性形态及其表达逻辑——基于对W村土地纠纷的考察[J].中国农业大学学报(社会科学版),2013,30(1):150-156.

[107] 余练,刘洋.流动性家庭农场:中国小农经济的另一种表达[J].南

京农业大学学报(社会科学版),2013(6):9-13.

[108] 尹成杰.关于农业产业化经营的思考[J].管理世界,2002(4):1-6.

[109] 叶敏,马流辉,罗煊.驱逐小生产者:农业组织化经营的治理动力[J].开放时代,2012(6):130-145.

[110] 应瑞瑶.合作社的异化与异化的合作社——兼论中国农业合作社的定位[J].江海学刊,2002(6):69-75.

[111] 叶敬忠.发展干预中的权力滴流误区与农民组织[J].广西民族大学学报(哲学社会科学版),2008,30(2):50-55.

[112] 叶敬忠,安苗.现代农业发展模式的理论溯源与实践反思[J].贵州社会科学,2010(10):10-17.

[113] 叶敬忠.留守人口与发展遭遇[J].中国农业大学学报(社会科学版),2011,28(1):5-12.

[114] 叶敬忠.没有小农的世界会好吗?——兼序《新小农阶级》中译本[J].中国农业大学学报(社会科学版),2013,30(3):12-21.

[115] 杨魁森.物化的时代——论商品经济的基本特征[J].吉林大学社会科学学报,1999(7):3-12.

[116] 杨华."中农"阶层:当前农村社会的中间阶层——"中国隐性农业革命"的社会学命题[J].开放时代,2012(3):71-87.

[117] 范德普勒格.新小农阶级:帝国和全球化时代为了自主性和可持续性的斗争[M].潘璐,叶敬忠,等,译.北京:社会科学文献出版社,2013.

[118] 周雪光.西方社会学关于中国组织与制度变迁研究状况述评[J].社会学研究,1999(4):26-43.

[119] 周飞舟,赵阳.剖析农村公共财政:乡镇财政的困境和成因——对中西部地区乡镇财政的案例研究[J].中国农村观察,2003(4):25-37.

[120] 周飞舟.从汲取型政权到"悬浮型"政权——税费改革对国家与农民关系之影响[J].社会学研究,2006(3):1-40.

[121] 周飞舟.财政资金的专项化及其问题:兼论“项目治国”[J].社会,2012(1):1-37.
[122] 朱学新.家庭农场是苏南农业集约化经营的现实选择[J].农业经济问题,2006(12):39-42.
[123] 朱学新.法国家庭农场的发展经验及其对我国的启示[J].农村经济,2013(11):122-126.
[124] 朱启臻.关于农业社会学的几点思考[J].中国农业大学学报(社会科学版),2009(1):188-191.
[125] 钟真,孔祥智.中间商对生鲜乳供应链的影响研究[J].中国软科学,2010(6):68-79.
[126] 斯科特.国家的视角:那些试图改善人类状况的项目是如何失败的[M].王晓毅,译.北京:社会科学文献出版社,2011.
[127] 卓炯.对商品经济的再认识[J].社会科学战线,1984(3):68-75.
[128] 卓炯.劳动价值学说就是劳动力创造价值的学说——兼与孙尚清同志商榷[J].南方经济,1986(2):71-75.
[129] 朱启臻,杨汇泉.谁在种地——对农业劳动力的调查与思考[J].中国农业大学学报(社会科学版),2011,28(1):162-169.
[130] 郑风田.谁来种地,如何破解?[J].中国畜牧业,2012(5):30.
[131] 张忠根,黄祖辉.规模经营:提高农业比较效益的重要途径[J].农业技术经济,1997(5):5-7.
[132] 张德粹.小农经营及其出路[J].中国经济月刊(台北),1945(67):4-6.
[133] 章黎东.松江区新浜镇家庭农场调查报告[J].上海农村经济,2009(3):14-15.
[134] 张颖,任大鹏.论农民专业合作社的规范化——从合作社的真伪之辩谈起[J].农业经济问题,2010(4):41-45.
[135] 郑风田,程郁.从农业产业化到农业产业区——竞争型农业产业化发展的可行性分析[J].管理世界,2005(7):64-73.

[136] 祖田修. 农学原论[M]. 张玉林,等,译. 北京:中国人民大学出版社,2003.

[137] 章铮,杜峥鸣,乔晓春. 论农民工就业与城市化——基于年龄结构-生命周期分析. 中国人口科学[J]. 2008(6):8-18.

[138] ALAVI H. Peasantry of Chayanov's Macro Theory to the Case of Java[M]//HOBSBAWN E J, et al. Peasants in History: Essays in Honor of Daniel Thorner. Bombay: Oxford University Press, 1980:221-248.

[139] ABDULAZIZ B. The Dual Policy in the Dual Economy—The Political Economy of Urban Bias in Dictatorial Regimes [J]. Journal of Development Economics, 2013, 105(1):77-85.

[140] ASTON T H, PHILPIN C H E. The Brenner Debate: Agrarian Class Structure and Economic Development in Pre-Industrial Europe[M]. London: Cambridge University Press, 1985.

[141] BOSERUP E. The Conditions of Agricultural Growth: The Economics of Agrarian Change Under Population Pressure [M]. London: Earthscan, 1993.

[142] BOSERUP E. The Impact of Population Growth on Agricultural Output [J]. Quarterly Journal of Economics, 1975, 89 (2): 257-270.

[143] BERNSTEIN H. Capitalism and Petty Commodity Production [J]. Social Analysis: The International Journal of Social & Cultural Practice, 1986, 3(20):11-28.

[144] BERNSTEIN H. Capitalism and Petty-Bourgeois Production: Class Relations and Divisions of Labour[J]. Journal of Peasant Studies, 1988, 15(2):258-271.

[145] BERNSTEIN H, et al. Chayanov: Looking Back, Looking Forward [J]. Journal of Peasant Studies, 2009, 36(1):55-81.

[146] BYRES T J. The Agrarian Question, Forms of Capitalist Agrarian Transition and the State: An Essay with Reference to Asia[J]. Social Scientist, 1986,14(11/12):3-67.

[147] BERGER P. Pyramids of Sacrifice: Political Ethnic and Social Change[M]. New York:Basic Books,1974:223.

[148] BARBARA H W. Capitalism and the Common Man:Peasants and Petty Production in Africa and South Asia[J]. Agrarian South: Journal of Political Economy, 2012,1(2):109-160.

[149] JANVRY A. The Agrarian Question and Reformism in Latin America [M]. Baltimore:Johns Hopkins University Press,1981.

[150] ELLIS F. Peasant Economics: Farm Households and Agrarian Development[M]. Cambridge:Cambridge University Press,1993.

[151] FRANKEL F R. The Politics of the Green Revolution: Shifting Patterns of Peasant Participation in India and Pakistan [C]// THOMAS T P, DONALD K F,1973:120-151.

[152] FRIEDMANN H. World Market, State and Family Farm: Social Base of Household Production in the Era of Wage Labor [J]. Comparative Studies in Society and History, 1978, 20 (4): 545-586.

[153] FRIEDMANN H. Household Production and the National Economy:Concepts for the Analysis of Agrarian Formation [J]. Journal of Peasant Studies,1979,7(2):158-184.

[154] GOODMAN D, REDCLIFT M. From Peasant to Proletarian: Capitalist Development and Agrarian Transitions [M]. Oxford: Basil Blackwell,1981:5,78.

[155] GOODMAN D, et al. From Farming to Biotechnology: A Theory of Agro-industrial Development [M]. Oxford: Basil Blackwell, 1987:150-151.

[156] GEERTZ C. Agriculture Involution: The Process of Ecological Change in Indonesia [M]. Berkeley: University of California Press, 1963.

[157] GEERTZ C. Studies in Peasant Life: Community and Society [J]. Biennial Review of Anthropology, 1961,2(1):1-41.

[158] GRANOVETTER M. Economic Action and Social Structure: The Problem of Embeddedness American [J]. Journal of Sociology, 1985,91(5):485-512.

[159] HARRISS J. Rural Development: Theories of Peasant Economy and Agrarian Change [M]. London: Hutchinson University Library, 1982.

[160] LEHMANN D. Two Paths of Agrarian Capitalism, or a Critique of Chayanovian Marxism [J]. Comparative Studies in Society and History, 1986,28(4):601-627.

[161] WINTER M. The Commoditization Debate-labor Process, Strategy and Social Network[J]. Sociologia Ruralis, 1987,27(1): 75-76.

[162] MARSDEN T K. Theoretical Issues in the Continuity of Perry Commodity Production[C] // WHATMORE S, LOWE T, et al. Rural Enterprise: Shifting Perspectives on Small-scale Production. London: David Fulton Publishers, 1991.

[163] BUTTEL M M H. New Directions in the Political Economy of Agriculture [J]. Sociological Perspectives, 1990,33(1):89-109.

[164] MICHAEL P. Obstacles to the Development of a Capitalist Agriculture: A Comment on Mann and Dickinson [J]. Journal of Peasant Studies, 1979,7(1):119-121.

[165] PLOEG J D V D, YE J. Multiple Job Holding in Rural Villages and the Chinese Road to Development [J]. Journal of Peasant

Studies, 2010,37(3):513-530.

[166] PLOEG J D V D. The Food Crisis, Industrialized Farming and the Imperial Regime [J]. Journal of Agrarian Change, 2010,10(1): 98-106.

[167] PLOEG J D V D, YE J, PAN L. Peasants, Time and the Land: The Social Organization of Farming in China [J]. Journal of Rural Studies,2014,36(8):172-181.

[168] PATNAIK U. Neo-populism and Marxism: The Chayanovian View of the Agrarian Question and its Fundamental Fallacy [J]. Journal of Peasant Studies,1979, 6(4):375-420.

[169] MANN S A,DICKINSON J M. Obstacles to the Development of Capitalist Agriculture [J]. Journal of Peasant Studies,1978,5(4): 466-481.

[170] SHANIN T. The Nature and Logic of the Peasant Economy Ⅰ:A Generalisation [J]. Journal of Peasant Studies, 1973, 1(1) : 63-80.

[171] SHANIN T. The Nature and Logic of the Peasant Economy Ⅱ: Diversity and Change & III Policy and Intervention [J]. Journal of Peasant Studies,1974,1(1):186-208.

[172] SWEEZY P M, DOBB M. The Transition from Feudalism to Capitalism[J]. Science & Society, 1950,14(2):134-167.

[173] THOMAS T P, DONALD K F. Food, Population, and Employment: The Impact of the Green Revolution [M]. New York: Praeger Publishers,1973.

[174] VERGOPOULOS K. Capitalism and Peasant Productivity [J]. Journal of Peasant Studies, 1978,5(4):446-465.

[175] WILSON T D. Primitive Accumulation and the Labor Subsidies to Capitalism [J]. Review of Radical Political Economics, 2012,44

(2):201-212.

[176] WEBER M. Capitalism and Rural Society in Germany[M]// GERTH H H, MILLS C W. From Max Weber: Essays in Sociology. New York:Oxford University Press,1958:363.

[177] YE J, WANG Y, LONG N. Farmer Initiatives and Livelihood Diversification: From the Collective to a Market Economy in Rural China [J]. Journal of Agrarian Change, 2009, 9 (2): 175-203.

[178] ZHANG F, DONALDSON J A. The Rise of Agrarian Capitalism with Chinese Characteristics: Agricultural Modernization, Agribusiness and Collective Land Rights [J]. China Journal, 2008 (60):25-48.

[179] ZHANG F, DONALDSON J A. From Peasants to Farmers: Peasant Differentiation, Labor Regimes, and Land-Rights Institutions in China's Agrarian Transition [J]. Politics & Society, 2010,38(4):458-489.

[180] ZHANG F, DONALDSON J A. The Beginning of the End? Agricultural Modernization and Dissolution of the Peasantry in Contemporary China [J]. China Studies, 2008(7-8), 187-214.

[181] ZHANG F. The Political Economy of Contract Farming in China's Agrarian Transition [J]. Journal of Agrarian Change, 2012,12(4):460-483.

# 后　　记

从结束求学到参加工作，不觉已过去了两年。这段时间一直处于忙忙碌碌的调研、学习之中，工作了之后的生活状态似乎和博士求学期间一致，所以一时竟也不觉得时间已经流逝。随着本书修订接近尾声，才发现时间过得很快，蓦然回首，发现这样紧张而充实的科研生活已经延续了五年，这样的生活波澜不惊，也没做出什么值得骄傲的成绩，但从一个懵懂的博士新生，到成为专职的教学科研人员，这五年的坚持和努力让我觉得踏实，也感到满足。

眼前这本书，可算作是对这段生活的阶段性小结。作为个人学术历程的第一部作品，自知本书中定会存在种种遗憾，但我始终相信随着学识和阅历的增长，认识和思考水平都会处于不断的成长之中。因此，面对本书中诸多不成熟的观点，无论优劣，我愿意将其视为自己整个学术生涯的起点。

本书的最终面世离不开身边诸多师友的帮助和启迪。首先应该感谢的是我的博士导师——中国农业大学人文与发展学院的叶敬忠教授，叶老师在五年前给了我一个宝贵的学习机会，我也有幸成为叶老师指导的科研团队的一员。虽有幸进入团队，但在与同门的合作交流中，因为自己在专业知识上的欠缺，在外语水平上的不足等等，我经常会因在团队中的落后而心生痛苦焦虑之感。让我倍感温暖的是，叶老师对我缺点的包容，以及他对学生研究兴趣的尊重，使我慢慢卸下包袱，并全身心地投入到自己的学习和研读计划中，让我体会到以积极的心态全身心投入科研是一件多么幸福的事情。在中国农业大学的博士生学习及生活中，无论是经典著作或其他中外文献的阅读，定期的读书会讨论、交流，还是论文的实地调研，叶老师都给了我很多战略性的指导和启迪，并督促我打破原有的结构性思维，用全新而广阔的视野来深入思考自己的研究主题，这才使得我在本书的准备工作和具体的写作中显得紧张而又从容。当然，我必须感谢团队读书会、调研汇报交流会等集体生活，特别是在2015年1月份的师门内部读书会讨论中，刘燕丽老师、吴惠芳老师、贺聪志老师、汪淳玉老师、潘璐老师、陆继霞老师等针对我的研究，每一位都真诚地给予我许多具体的修改建议，正是他们诸多颇具启发性和创新性的建议直接形成了我后期对作品的撰写与修改思路。在叶老师团队中的学习，不仅仅是学术思想上的收获，更多的是老师们为人、为学的态度和品性使我深受触动。见贤思齐，从他们身上感受到的品格，也使得我在博士生的学习及生活中不断思考，进而不知不觉地慢慢内化为我的人生追求。如今有幸能在高校为人师表，我在日常的教学和科研中，时时提醒自己，叶老师严于律己、持之以恒、追求完美的治学态度和他宽以待人、朴实无华的个人修养，正是我需要深切体会并努力追求的典范。

紧张又愉快的博士学习生涯，离不开团队当中同门的关怀和帮助。他们是刘娟、陈世栋、王为径、丁宝寅、陈晶环、李华、宁夏、付会洋、王维、郁世平、许惠娇、蒋燕、陈兴彦等同学。共同的学习和读书生活、坦诚的交流和日常生活中近距离的相处使我们获得了纯真的友谊。

感谢我硕士学习期间的良师贺雪峰教授，是他的督促和鼓励增加了我硕士毕业继续求学的勇气和信心。从去北京求学至参加工作以来，他一直关心着我的成长，给予了我许多精神上的鼓励和帮助。此书的修改和出版，亦得益于贺雪峰教授的鼓励和帮助。

在我的求学生涯中，一直有一群志同道合的好朋友。他们是谢小芹、刘升、曾红萍、陈义媛、焦长权、谭林丽、孙新华、夏柱智、徐嘉鸿、石顺林、曾凡木、王丽惠、吴秋菊等，这些好友给我的无私帮助和诚挚的建议使我的学习与工作避免了诸多困扰，也给我紧张的生活和工作带来了很多快乐。大家曾经一起进出图书馆、食堂，一起爬山、散步，如今又是一起走在农村研究道路上的同路人。

感谢西北农林科技大学人文社会发展学院各位领导和同事对我的关

心与照顾，让我很快地融入“人文家园”，并愉快地工作、学习和生活。学院建立的陕西省乡村治理与社会建设协同创新研究中心成立了“农业治理研究”课题组，这本书的修改得到了课题组成员的关心和帮助。

特别要感谢平镇村民，没有他们无私分享自己的故事，就不可能有本书的成形。在平镇的数次驻村调研，让我和不少人成为好朋友，时至今日，我们还经常通过电话联系，他们对我工作和生活的关心，让我深为感动。本书是关于他们的故事，感谢他们的关心、爱护和帮助。

最后，我要特别感谢的是我的父母，他们给予了我世间最美好、最真挚、最温暖的爱。我多年求学生涯中的每一点进步、每一分收获和每一分喜悦都浸透着他们的心血和汗水。感谢我的爱人陈靖，因为他的理解和支持，使我的学习和工作充满快乐，生活倍感幸福。